I0385093

www.ingramcontent.com/pod-product-compliance
Lightning Source LLC
Chambersburg PA
CBHW072044110526
44590CB00018B/3031
9781922583444

مبادئ العربية

في الصرف و النحو

المجلد الثاني

للمعلم رشيد الشرتوني

تنقيح و إعداد

حميد المحمدي

بسم الله الرحمن الرحيم

الحمدُ للهِ على ما أَنعمَ و الشُّكرُ له على ما أولى و ٱلصّلاةُ و ٱلسّلامُ
على ٱلهادي إلى ٱلرشاد و أفصح مَن نَطَقَ بٱلضّاد سيّدنا و نَبيّنا
أبي ٱلقاسم محمّدٍ و آلهِ ٱلطّاهرينَ و صحبه ٱلمنتجبينَ.

قال ٱللّه تعالى في محكم كتابه:
«إنّآ أنزلناهُ قُرآناً عَربيّاً لَعلّكُمْ تَعْقِلُونَ»

كانت اللغةُ العربيةُ و ما زالت و ستبقى مفتاحَ كنوزِ التراثِ الإسلامي النفيس و المدخلَ إلى العلوم الإسلامية الغنيّة؛ فهي الأداةُ للنفاذ إلى حقائق القرآن و أسراره و السبيلُ للاطلاع على معاني السنّة الشريفة و أغوارها، و طريق معرفة الأدب العربي و آفاقه.

من هذا المنطلق دَأَبَ السَّلفُ و الخَلفُ على حفظ و تدوين تلك الأمانةِ العظيمةِ، و تسابقوا مُخلصين في تأسيس علومها من النحو والصرف و البلاغة و في جمع آثارها شعراً و نثراً، كي يبقى بنيانها رصيناً، شامخاً، راسخاً، وطيدَ الدّعامة، مكينَ الأساس؛ و استحقّوا منّا على جهودهم الهائلة عظيمَ التّقدير و الثّناء، و من الله جزيلَ الثّواب و العطاء.

لقد انبرى العلماءُ المتقدّمون لتدوين الكتب اللّغوية «كالكافية و شروح الألفيّة و مغني اللّبيب في النحو، والشافية و شرح النظام في الصرف، وأساس البلاغة والمطوّل في البلاغة» بأساليب متنوّعة و مناهج مختلفة فجمعُوا القواعدَ في علم مستقل وفق ترتيب خاص؛ وهكذا امتاز علمُ النّحو عن علمِ الصرف وامتاز كلاهما عن البلاغة.

و هذه الكتبُ أدّت دوراً كبيراً في الحياة العلميّة بالرغم من كونها فاقدة للمواصفات التي يجب أن تتوفَّر في الكتاب الدِّراسي. والسببُ هو أنّ مؤلفيها لم يُدوّنوها لغرض التدريس بل لعرض المطالب والبحوث وما جادت به عبقريّتهم من آراء جديدة و من ثَمَّ اعتمدها الخلف

كتباً دراسـيّة، بعد أن وجدها متناً علميّاً قابلاً للبحث و التحقيق.

و في الآونة الأخيرة دُوّنت كتبٌ دراسيةٌ لغوّية لهدف التدريس و كان من أفضلها كتاب «مبادئ العربية» بأجزائه الأربعة، لأ نّه جاء مراعياً المنهج التعليمي الحديث و حاوياً لمزايا جليلة، منها:

١. المرحليّة والتدرّج في عرض المطالب.
٢. تهيئة الأرضيّة اللازمة في ذهن الطالب لتعلّم المسألة وذلك من خلال تصدير الدرس بمجموعة من الأسئلة التي تُثير ذهنَ الطالب لمعرفة واستنباط الجواب؛ علماً أنّ هذا التصدير والتقديم لم يؤدِّ إلى انقطاع في التسلسل المطلوب بحيث يكون الطالب قادراً على استيعاب و فهم المطالب من خلال مراجعة الأجوبة دون الأسئلة.
٣. استعمال الأساليب الحديثة في تنظيم و تنسيق المطالب، و هذا الأمر يؤدي إلى السهولة في التعليم و التعلم و إلى ترسيخ المطالب في الذهن.
٤. منح كل مسألة ما تستحقه من الأهمية فلذا تلاحظ أنّه ذكر في الجزء الثالث والرابع بعض المسائل التي ليس لها أهمية كبيرة تحت عنوان «فائدة» أو «فوائد» بالإضافة إلى أنّه أعرض عن المسائل التي لا ثمرة لها.
٥. تذييل أكثر الدروس بالتمارين المناسبة.

كلُّ هذه المزايا الجليلة جعلت من الكتاب متناً دراسياً معتمداً من قبل المراكز التعليمية في بعض البلدان.

ولكن هذه التجربة لم تسلم من بعض الشوائب التي شوّهت جماله و أضعفت شأنه وجودته، فأصبح رفع تلك الشوائب أمنية في نفوس كثير من الأساتذة و هدفاً لدى بعض المراكز التعليمية و بعد الحث الأكيد والإصرار الشديد لتلك المراكز و الأساتذة الكرام مددتُ يدي لهذه المهمة وأردتُ تحقيقَ هدفين:

أ. نزع الشوائب ليستريح منها المعلم و المتعلم.
ب. منح الكتاب مزايا أُخرى تجعل منه كتاباً دراسياً نموذجياً.

و من خلال عرض الملاحظات المذكورة أدناه سيتبين لك شوائب الكتاب و كيفية علاجها

والمزايا التي أُضيفت إليه.

١. في أغلب المواضع من الأجزاء الأربعة **لم يُضبَط النصّ** من حيث إدراج الفوارز والنقاط و همزات الوصل والقطع و... فقد قمنا برفع هذا النقص.

٢. انطواؤه على **أخطاء مطبعية** كثيرة حروفاً و حركات، واحتواؤه على مقدارٍ يسير من مطالب علمية غير صحيحة؛ ولقد سعينا إلى أن تكون هذه الطبعة خالية من الأخطاء المطبعية و غيرها، وأعددنا جدولاً عن بعض الأخطاء يمكن أن يُنشر لاحقاً.

٣. طباعة بعض الجمل في الجزء الرابع **بخط دقيق** بحيث يصعب على القارئ مطالعته كالجمل التي جاءت تحت عنوان «فوائد»؛ بالإضافة إلى **سقوط بعض الحروف** عن الطباعة أو أنّها طُبعت بشكل غير مقروء و بغيةً لإخراج هذا الكتاب بحلة جميلة استفدنا أحدث آلات الطباعة.

٤. عرض شواهد وأمثلة تتعارض مع القيم الأخلاقية، مثلاً:
«في الخمر سِرّ ليس في العنب». وقد بدّلنا هذه الشواهد و أمثالها بشواهد أُخرى.

٥. ذكر شواهد مع عدم الإشارة إلى أنّها من القرآن الكريم أو السنّة الشريفة بالإضافة إلى التصرف فيها أحياناً.

٦. فقدان التوازن في كمية تمارين الدروس حيث تلاحظ وفرة في عدد تمارين درس ما و ندرة ذلك في درس آخر. فأوجدنا التعادل المطلوب بالحذف و الإضافة.

٧. عدم التشجيع على إعراب الجمل وافتقاده لتمارين الإعراب. و لهذا اخترنا تمارين للإعراب عند نهاية كثير من الدروس تحت عنوان «**إعراب القرآن و الحديث**».

٨. خلوّه من الأسئلة الاختبارية و التمارين التطبيقية الوافية في آخر كل بابٍ. ولا يخفى ما لها من دورٍ إيجابي في ترسيخ المعلومات لأنّهما يشكلان أسلوباً خاصاً في المراجعة، و لذا استحدثنا عنوانين «**الأسئلة العامّة**» و «**التمارين العامّة**» لملء الفراغ الحاصل.

و أخيراً نلفت نظر الأساتذة الكرام إلى أمرين هامّين:

أ. انطلاقاً من الهدف السامي لتعليم اللغة العربية أي الوصول إلى المعرفة الصحيحة لمفاهيم الدين الإسلامي الذي جعل تهذيب النفس و مكارم الأخلاق هدفاً للإنسان في سيره المعنوي والتكاملي نحو الله عزّوجلّ، توخَّينا عرض عدّة آلاف من الشواهد المختارة من القرآن الكريم و من كتب أحاديث السنّة الشريفة كنهج البلاغة، بحار الأنوار، كنز العمال، تحف العقول، و ميزان الحكمة. و نهيب بالأساتذة الكرام الإشارة إلى مداليلها المعنوية و الروحية بالإضافة إلى توضيح فوائدها الأدبية واللغوية.

علماً أ نّنا أبقينا بعض الشواهد العصرية والتي تشكل نصوصاً عربية جديدة ليطّلع الطالب على آخرالنتاجات الأدبية والمصطلحات الجديدة.

ب. لقد قمت بهذه المهمة – و كما ذكرت سابقاً – بعد الإلحاح الشديد من قبل المراكز التعليمية و من قبل الأساتذه الكرام، وقد استغرق منا هذا العمل والجهد أربع سنوات؛ جمعنا وبوّبنا خلالها الشواهد اللازمة التي بلغت حوالي ثلاثة آلاف صفحة؛ ورغم ذلك لا ندري مبلغ توفيقنا ولكن الذي ندري هو أننا لم نألُ جهداً في سبيل إخراج هذا الكتاب في ثوبٍ أجمل و ما نرجوه و نتوخاه من الأساتذة و العلماء الكرام إتحافنا بملاحظاتهم و انتقاداتهم القيمة.

و في الختام نشكر كلَّ مَن ساعدنا في إعداد و إخراج بعض مجلدات هذا الكتاب من الإخوة؛ فلهم من الله جزيل الثواب والتوفيق ومنا جميل الشكر و الثناء.

وأسأل الله مخلصاً أن يجعل هذا الكتاب نافعاً لأساتذة لغة القرآن الكريم و عوناً لطلابها و محققاً للهدف المرجوّ من إعداده، والله من وراء القصد.

حميد المحمدي
١٥ شعبان المعظم ١٤١٥ هـ

بسم الله الرحمن الرحيم

مبادئ العربية

في الصرف و النحو

المجلد الثاني

للمعلم رشيد الشرتوني

تنقيح و إعداد

حميد المحمدي

بسم الله الرحمن الرحيم

الحمدُ للهِ على ما أَنعمَ و الشُّكرُ له على ما أولى و ٱلصّلاةُ و ٱلسّلامُ
على ٱلهادي إلى ٱلرشاد و أفصح مَن نَطَقَ بٱلضّاد سيّدنا و نَبيّنا
أبي ٱلقاسم محمّدٍ و آلهِ ٱلطّاهرينَ و صحبه ٱلمنتجبينَ.

قال ٱلله تعالى في محكم كتابه:
«إِنَّا أنزلناهُ قُرآناً عَربيّاً لَعلَّكُمْ تَعْقِلُونَ»

كانت اللغةُ العربيةُ و ما زالت و ستبقى مفتاحَ كنوزِ التراثِ الإسلامي النفيس و المدخلَ إلى العلوم الإسلامية الغنيّة؛ فهي الأداةُ للنفاذ إلى حقائق القرآن و أسراره و السبيلُ للاطلاع على معاني السنّة الشريفة و أغوارها، و طريق معرفة الأدب العربي و آفاقه.

من هذا المنطلق دَأَبَ السَّلفُ و الخلفُ على حفظ و تدوين تلك الأمانةِ العظيمةِ، و تسابقوا مُخلصين في تأسيس علومها من النحو والصرف و البلاغة و في جمع آثارها شعراً و نثراً، كي يبقى بنيانها رصيناً، شامخاً، راسخاً، وطيدَ الدّعامة، مكينَ الأساس؛ و استحقّوا منّا على جهودهم الهائلة عظيمَ التّقدير و الثّناء، و من الله جزيلَ الثّواب و العطاء.

لقد انبرى العلماءُ المتقدّمون لتدوين الكتب اللّغوية «كالكافية و شروح الألفيّة و مغني اللّبيب في النحو، والشافية و شرح النظام في الصرف، وأساس البلاغة والمطوّل في البلاغة» بأساليب متنوّعة و مناهج مختلفة فجمعُوا القواعدَ في علم مستقل وفق ترتيب خاص؛ وهكذا امتاز علمُ النّحو عن علمِ الصرف وامتاز كلاهما عن البلاغة.

و هذه الكتبُ أدّت دوراً كبيراً في الحياة العلميّة بالرغم من كونها فاقدة للمواصفات التي يجب أن تتوفَّر في الكتاب الدِّراسي. والسببُ هو أنّ مؤلفيها لم يُدوّنوها لغرض التدريس بل لعرض المطالب والبحوث وما جادت به عبقريّتهم من آراء جديدة و من ثَمَّ اعتمدها الخلف

كتباً دراسيّة، بعد أن وجدها متناً علميّاً قابلاً للبحث و التحقيق.

و في الآونة الأخيرة دُوّنت كتبٌ دراسيةٌ لغوّية لهدف التدريس و كان من أفضلها كتاب «مبادئ العربية» بأجزائه الأربعة، لأنّه جاء مراعياً المنهج التعليمي الحديث و حاوياً لمزايا جليلة، منها:

١. المرحليّة والتدرّج في عرض المطالب.
٢. تهيئة الأرضيّة اللازمة في ذهن الطالب لتعلّم المسألة وذلك من خلال تصدير الدرس بمجموعة من الأسئلة التي تُثير ذهنَ الطالب لمعرفة واستنباط الجواب؛ علماً أنّ هذا التصدير والتقديم لم يؤدِّ إلى انقطاع في التسلسل المطلوب بحيث يكون الطالب قادراً على استيعاب و فهم المطالب من خلال مراجعة الأجوبة دون الأسئلة.
٣. استعمال الأساليب الحديثة في تنظيم و تنسيق المطالب، و هذا الأمر يؤدي إلى السهولة في التعليم و التعلم و إلى ترسيخ المطالب في الذهن.
٤. منح كل مسألة ما تستحقه من الأهمية فلذا تلاحظ أنّه ذكر في الجزء الثالث والرابع بعض المسائل التي ليس لها أهمية كبيرة تحت عنوان «فائدة» أو «فوائد» بالإضافة إلى أنّه أعرض عن المسائل التي لا ثمرة لها.
٥. تذييل أكثر الدروس بالتمارين المناسبة.

كلُّ هذه المزايا الجليلة جعلت من الكتاب متناً دراسياً معتمداً من قبل المراكز التعليمية في بعض البلدان.

ولكن هذه التجربة لم تسلم من بعض الشوائب التي شوّهت جماله و أضعفت شأنه وجودته، فأصبح رفع تلك الشوائب أمنية في نفوس كثير من الأساتذة و هدفاً لدى بعض المراكز التعليمية و بعد الحث الأكيد والإصرار الشديد لتلك المراكز و الأساتذة الكرام مددتُ يدي لهذه المهمة وأردتُ تحقيقَ هدفين:

أ. نزع الشوائب ليستريح منها المعلم و المتعلم.

ب. منح الكتاب مزايا أُخرى تجعل منه كتاباً دراسياً نموذجياً.

و من خلال عرض الملاحظات المذكورة أدناه سيتبين لك شوائب الكتاب و كيفية علاجها

والمزايا التي أُضيفت إليه.

١. في أغلب المواضع من الأجزاء الأربعة **لم يُضبَط النصّ** من حيث إدراج الفوارز والنقاط و همزات الوصل والقطع و... فقد قمنا برفع هذا النقص.

٢. انطواؤه على **أخطاء مطبعية** كثيرة حروفاً و حركات، واحتواؤه على مقدارٍ يسير من مطالب علمية غير صحيحة؛ ولقد سعينا إلى أن تكون هذه الطبعة خالية من الأخطاء المطبعية و غيرها، وأعددنا جدولاً عن بعض الأخطاء يمكن أن يُنشر لاحقاً.

٣. طباعة بعض الجمل في الجزء الرابع **بخط دقيق** بحيث يصعب على القارئ مطالعته كالجمل التي جاءت تحت عنوان «فوائد»؛ بالإضافة إلى **سقوط بعض الحروف** عن الطباعة أو أنّها طُبعت بشكل غير مقروء و بغيةً لإخراج هذا الكتاب بحلة جميلة استفدنا أحدث آلات الطباعة.

٤. عرض شواهد وأمثلة تتعارض مع القيم الأخلاقية، مثلاً:
«في الخمر سِرّ ليس في العنب». وقد بدّلنا هذه الشواهد و أمثالها بشواهد أُخرى.

٥. ذكر شواهد مع عدم الإشارة إلى أنّها من القرآن الكريم أو السنّة الشريفة بالإضافة إلى التصرف فيها أحياناً.

٦. فقدان التوازن في كمية تمارين الدروس حيث تلاحظ وفرة في عدد تمارين درس ما و ندرة ذلك في درس آخر. فأوجدنا التعادل المطلوب بالحذف و الإضافة.

٧. عدم التشجيع على إعراب الجمل وافتقاده لتمارين الإعراب. و لهذا اخترنا تمارين للإعراب عند نهاية كثير من الدروس تحت عنوان «**إعراب القرآن و الحديث**».

٨. خلوّه من الأسئلة الاختبارية و التمارين التطبيقية الوافية في آخر كل بابٍ. ولا يخفى ما لها من دورٍ إيجابي في ترسيخ المعلومات لأنّهما يشكلان أسلوباً خاصاً في المراجعة، و لذا استحدثنا عنوانين «**الأسئلة العامّة**» و «**التمارين العامّة**» لملء الفراغ الحاصل.

و أخيراً نلفت نظر الأساتذة الكرام إلى أمرين هامّين:

أ. انطلاقاً من الهدف السامي لتعليم اللغة العربية أي الوصول إلى المعرفة الصحيحة لمفاهيم الدين الإسلامي الذي جعل تهذيب النفس و مكارم الأخلاق هدفاً للإنسان في سيره المعنوي والتكاملي نحو الله عزّوجلّ، توخَّينا عرض عدّة آلاف من الشواهد المختارة من القرآن الكريم و من كتب أحاديث السنّة الشريفة كنهج البلاغة، بحار الأنوار، كنز العمال، تحف العقول، و ميزان الحكمة. و نهيب بالأساتذة الكرام الإشارة إلى مداليلها المعنوية و الروحية بالإضافة إلى توضيح فوائدها الأدبية واللغوية.
علماً أ نّنا أبقينا بعض الشواهد العصرية والتي تشكل نصوصاً عربية جديدة ليطّلع الطالب على آخرالنتاجات الأدبية والمصطلحات الجديدة.

ب. لقد قمت بهذه المهمة - و كما ذكرت سابقاً - بعد الإلحاح الشديد من قبل المراكز التعليمية و من قبل الأساتذه الكرام، وقد استغرق منا هذا العمل والجهد أربع سنوات؛ جمعنا وبوّبنا خلالها الشواهد اللازمة التي بلغت حوالي ثلاثة آلاف صفحة؛ ورغم ذلك لا ندري مبلغ توفيقنا ولكن الذي ندري هو أننا لم نألُ جهداً في سبيل إخراج هذا الكتاب في ثوبٍ أجمل و ما نرجوه و نتوخاه من الأساتذة و العلماء الكرام إتحافنا بملاحظاتهم و انتقاداتهم القيمة.

و في الختام نشكر كلَّ مَن ساعدنا في إعداد و إخراج بعض مجلدات هذا الكتاب من الإخوة؛ فلهم من الله جزيل الثواب والتوفيق ومنا جميل الشكر و الثناء.

وأسأل الله مخلصاً أن يجعل هذا الكتاب نافعاً لأساتذة لغة القرآن الكريم و عوناً لطلابها و محققاً للهدف المرجوّ من إعداده، والله من وراء القصد.

حميد المحمدي
١٥ شعبان المعظم ١٤١٥ هـ

قسم

الصرف

- ١ -

تعريف الصرف

١. ما هو الصرف؟

٢. كم نوعاً الكلمة؟

٣. هل يجري الصرف على كل أنواع الكلمة؟

٤. ماذا يسمى تحويل الكلمة من صورة إلى أُخرى؟

٥. كيف يكون تصريف الأفعال؟

٦. كيف يكون تصريف الأسماء؟

١. **الصرف** علمٌ يبحثُ عن تحويل الكلمة إلى صُوَر مختلفة بحسَب المعنى المقصود.

٢. الكلمة ثلاثةُ أنواع:

- اسم، مثل: **رَجُل** ، **دجاجة** و **شجرة**.
- و فعل، مثل: **شَرِبَ** ، **يَدرُس** و **اُكْتُبْ**.
- و حرف، مثل: **علىٰ** ، **مِنْ** ، **في** ، **لا** و **إن**.

٣. إنّ الصّرف يجري على الاسم و الفعل فقط لأنهما يَقبلان التحويل إلى صوَرٍ مختلفة، و لا يجري على الحرف لأنّه يُلازم صورة واحدة.

٤. إنَّ تحويل الكلِمة من صورة إلى أُخرى يُسمّىٰ تصريفاً.

٥. يكون تصريف الأفعال بنقلها من الماضي إلى المضارع فالأمر، نحو:

ماضٍ		مضارع		أمر
فَرِحَ	←	**يَفرَحُ**	←	**اِفْرَحْ**
غَرَّدَ	←	**يُغَرِّدُ**	←	**غَرِّدْ**

٦. يكون تصريف الأسماء:

* بنقلها إلى مثنى أمر جمع، نحو: نهرٌ ← نَهْرانِ ← أنْهار.
* و بتصغيرها، نحو: نَهْرٌ ← نُهَيْرٌ.
* و بالنسبة إليها، نحو: نَهْرٌ ← نَهريٌّ.

تمرين ١. ميّز الفعل و الاسم و الحرف في الكلمات المطبوعة بخطّ أسوَد:

١. مناجاةُ ٱللّهِ جلَّ ثَناؤُهُ لِعِيسَى ٱبْنِ مَرْيَمَ صَلَواتُ ٱللّه عَلَيهما:

يا عِيسىٰ أنْتَ ٱلْمَسِيحُ بِأمْري و أنْتَ **تَخْلُقُ** مِنَ ٱلطِّينِ بإذْني و أنْتَ **تُحْيي** ٱلمَوْتىٰ بِكَلامي، **فَكُنْ** إليَّ رَاغِباً و مِنّي رَاهِباً وَ**لَنْ تَجِدَ** مِنّي مَلْجَأً **إلّا** إليَّ.[١]

٢. وَ مِنْ كَلامِ النَّبيّ صلّى الله عليه وآله: إنَّ عيسىٰ عليه السلام **قَامَ خَطِيباً** في بَني إسْرائيل:

لا تَكَلَّمُوا بِٱلْحِكْمَةِ عِنْدَ **ٱلْجُهَّالِ** فَتَظْلِمُوهَا وَ لا **تَمْنَعُوهَا** أهْلَهَا **فَتَظْلِمُوهُمْ** وَ لا **تُكَافِئُوا** ظَالِماً **فَيَبْطُلَ** فَضْلُكُم.

يَا بَنِي إسْرَائيلَ، **ٱلأُمورُ** ثَلاثَةٌ: أمْرٌ بَيِّنٌ رُشْدُهُ **فَٱتَّبِعُوهُ**، وَ أمْرٌ بَيِّنٌ غَيُّهُ **فَٱجْتَنِبُوهُ**، وَ أمْرٌ **ٱخْتُلِفَ** فِيه فَرُدُّوهُ **إلَى** ٱللّهِ.[٢]

٣. مَواعِظُ ٱلمَسِيحِ في ٱلإِنْجِيلِ وَ غَيرِهِ:

يَا صَاحِبَ ٱلْعِلْمِ **عَظِّمِ** ٱلْعُلَمَاءَ لِعِلْمِهِمْ، **وَدَعْ** مُنَازَعَتَهُمْ، وَ صَغِّرِ **ٱلْجُهَّالَ لِجَهْلِهِمْ** وَ لا تَطْرُدْهُمْ، وَ لٰكِنْ قَرِّبْهُمْ وَ عَلِّمْهُمْ.

يَا صَاحِبَ ٱلْعِلْمِ ٱعْلَمْ أنَّ **كُلَّ** نِعْمَةٍ عَجَزْتَ عَنْ شُكْرِهَا **بِمَنْزِلَةِ** سَيِّئَةٍ **تُؤَاخَذُ عَلَيْهَا**.[٣]

---

١. تحف العقول / ص ٤٩٦.

٢. تحف العقول / ص ٣٧.

٣. تحف العقول / ص ٥٠٣.

تمرين ٢. لاحظ كيف تحوّلت كلمة «كتب» إلىٰ صور مختلفة بحسب المعنى المقصود:

١. القرآن الكريم: فَقُلْ سَلامٌ عَلَيْكُمْ كَتَبَ رَبُّكُمْ عَلىٰ نَفْسِهِ ٱلرَّحْمَةَ.[١]

٢. القرآن الكريم: وَ لَقَدْ كَتَبْنَا فِي ٱلزَّبُورِ مِن بَعْدِ ٱلذِّكْرِ أَنَّ ٱلْأَرْضَ يَرِثُهَا عِبادِيَ ٱلصَّالِحُونَ.[٢]

٣. القرآن الكريم: وَ ٱللهُ يَكْتُبُ مَا يُبَيِّتُونَ فَأَعْرِضْ عَنْهُمْ وَ تَوَكَّلْ عَلَى ٱللهِ.[٣]

٤. القرآن الكريم: ... ٱلَّذِي يَجِدُونَهُ مَكْتُوباً عِنْدَهُمْ فِي ٱلتَّوْرَاةِ وَ ٱلْإِنْجِيلِ.[٤]

٥. القرآن الكريم: وَ ٱكْتُبْ لَنَا فِي هٰذِهِ ٱلدُّنْيَا حَسَنَةً.[٥]

٦. القرآن الكريم: وَ قَالُوا أَسَاطِيرُ ٱلْأَوَّلِينَ ٱكْتَتَبَهَا.[٦]

٧. القرآن الكريم: وَ إِنَّ عَلَيْكُمْ لَحَافِظِينَ ❊ كِراماً كَاتِبِينَ.[٧]

٨. القرآن الكريم: كِتَابٌ فُصِّلَتْ ءَايَٰتُهُ.[٨]

٩. القرآن الكريم: فِيهَا كُتُبٌ قَيِّمَةٌ.[٩]

---

١. سورة الأنعام / الآية ٥٤.

٢. سورة الأنبياء/ الآية ١٠٥.

٣. سورة النساء / الآية ٨١.

٤. سورة الأعراف / الآية ١٥٧.

٥. سورة الأعراف / الآية ١٥٦.

٦. سورة الفرقان / الآية ٥.

٧. سورة الإنفطار/ الآيتان ١٠ و ١١.

٨. سورة فصّلت / الآية ٣.

٩. سورة البيّنة / الآية ٣.

- ٢ -

تقسيم الفعل

٧. ما هو الفعل؟

٨. كم نوعاً الفعل باعتبار عدد حروفه الأصلية؟

٩. كم نوعاً الفعل الثلاثي باعتبار نوع حروفه الأصلية؟

١٠. ما هو الفعل الصحيح؟

١١. ما هو الفعل السالم؟

١٢. ما هو الفعل المعتل؟

١٣. كم هي حروف العلة؟

١٤. ما هو التضعيف؟

٧. **الفعل** لفظٌ يدُلُّ على حالة أو حدث في الزمن الماضي أو الحاضر أو المستقبل، **نحو**: **حَسُنَ** (البارحة)- **يَأخُذُ** (اليوم أو غداً).

٨. الفعلُ باعتبار عدد حروفه الأصلية نوعان:

* **ثلاثي**، و هو ما كان مركَّباً من ثلاثة أحرف، **نحو**: **نَصَرَ**.
* و **رباعي**، و هو ما كان مركَّباً من أربعة أحرف، **نحو**: **دَحْرَجَ**.

٩. الفعلُ الثلاثي باعتبار حروفه الأصلية نوعان: **صحيح** و **معتل**.

١٠. الفعلُ الصحيح هوَ ما **خلت أصوله** من حروف العلّة، و هو ثلاثة أنواع: سالم، مهموز و مضاعف، نحو: **عَلِمَ** ، **سَأَلَ** و **فَرَّ**.

١١. الفعلُ السالمُ هوَ الفعل الصحيح الذي **خلت أُصُوله** من الهمزةِ وَ التضعيف. نحو: **عَلِمَ** ، **سَلِمَ** ، **ضَرَبَ** وَ **شَكَرَ**.

١٢. الفعلُ المعتلّ هوَ ما كان **أحد أُصوله** حرف علة، نحو: **وَعَدَ**، **قالَ** و**رَمى**.

١٣. حروف العلّه ثلاثة و هي: الألفُ (ا) و الواو (و) و الياء(ي).

١٤. التضعيفُ هُو أن يجتمع في **أصول الفعل** حرفان من جنس واحد، نحو: **شَدَّ (شدْدَ)** ، **زَلْزَلَ**.

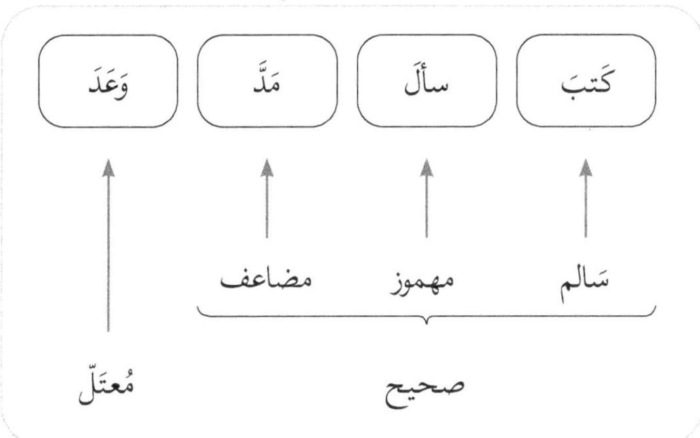

تمرين٣. بيّن كلّ نوعٍ مِن الأفعال الثّلاثيّة الواردة:

١. القرآن الكريم: وَعَدَ ٱللهُ ٱلَّذِينَ ءَامَنُوا وَ عَمِلُوا ٱلصَّالِحَاتِ لَهُم مَغْفِرَةٌ و أَجْرٌ عَظِيمٌ.[١]

٢. القرآن الكريم: قَالَ هَلْ عَلِمْتُمْ مَا فَعَلْتُمْ بِيُوسُفَ وَ أَخِيهِ إِذْ أَنْتُمْ جَاهِلُونَ.[٢]

٣. القرآن الكريم: لَقَدْ مَنَّ ٱللهُ عَلَى ٱلْمُؤْمِنِينَ إِذْ بَعَثَ فِيهِمْ رَسُولاً مِنْ أَنْفُسِهِمْ.[٣]

٤. القرآن الكريم: رَبِّ إِنَّهُنَّ أَضْلَلْنَ كَثِيراً مِنَ ٱلنَّاسِ فَمَنْ تَبِعَنِي فَإِنَّه مِنِّي وَ مَنْ عَصَانِي فَإِنَّكَ غَفُورٌ رَحِيمٌ.[٤]

٥. القرآن الكريم: أُبَلِّغُكُمْ رِسَالاتِ رَبِّي وَ أَنْصَحُ لَكُمْ وَ أَعْلَمُ مِنَ ٱللهِ مَا لا تَعْلَمُونَ.[٥]

---

١. سوره المائدة / الآية ٩.

٣. سورة يوسف / الآية ٨٩.

٣. سورة آل عمران / الآية ١٦٤.

٤. سورة إبراهيم / الآية ٣٦.

٥. سورة الأعراف / الآية ٦٢.

- ٣ -

الفعل الصحيح و المعتل

١٥. ما هو ميزان الفعل الثلاثي؟

١٦. ما هو الفعل المضاعف؟

١٧. ما هو الفعل المهموز؟

١٨. كم نوعاً الفعل المهموز؟

١٩. كم نوعاً الفعل المعتل؟

٢٠. ماذا يسمي الفعل الذي فيه حرفا علّة؟

٢١.ما هو المعتبر في الهمز و التضعيف و العلّة؟

١٥. ميزانُ الفعل الثلاثي «**فَعَلَ**» لذلك يُسمّى:

- الحرف الأوّل: فاء الفعل.
- الحرف الثاني: عين الفعل.
- الحرف الثالث: لام الفعل.

١٦. **الفعل المضاعف** هو ما وُجد في أُصوله حرفان من جنس واحد؛ نحو: **فَرَّ** (فَرْرَ).

١٧. **الفعل المهموز** هو ما كان أحد أصوله همزة؛ نحو: **أَكَلَ**.

١٨.الفعل المهموز ثلاثة أنواع:

- مهموز **الفاء**، مثل: **أَخَذَ.**
- مهموز **العين**، مثل: **سَأَلَ.**
- مهموز **اللام**، مثل: **نَشَأَ.**

	ف	ع	ل
مَهموز الفاء	أ	خـ	ـذ
مَهموز العَين	سـ	أ	ل
مَهموز اللام	نـ	ـشـ	أ

١٩.الفعل المعتل ثلاثة أنواع:

- **مثال**: و هو معتل الفاء، مثل: **وَعَدَ.**
- **أجوف**: و هو معتل العين، مثل: **قالَ.**
- **ناقص**: و هو معتل اللام، مثل: **دَعَا** و **رَمَىٰ.**

	ف	ع	ل	
مُعتل الفاء	**و**	ع	ـد	مثال
مُعتل العَين	ق	**ـا**	ل	أجوف
مُعتل اللام	د	ع	**ـا**	ناقِص

٣٠. إنَّ الفعل الذي فيه حرفا علّة يسمّى الفعل اللفيف. و هو نوعان:

* لفيفٌ مفروق و هو ما اعتلّت فاؤه مع لامه؛ نحو: **وَفى**.
* و لفيفٌ مقرون و هو ما اعتلّت عينه مع لامه؛ نحو: **شَوى**.

	ف	ع	ل	
مُعتل الفاء وَ اللام	و	فـ	ى	لفيف مفروق
مُعتل العَين وَ اللام	شـ	و	ى	لفيف مقرون

٣١. يُعتبر في الهمز و التّضعيف و العلّة أصول **الفعل مجردة** عن الزوائد. و هكذا فإن:

* انْطَلَقَ **ليس مهموزاً** لأنَّ أصلَه «طلق».
* قَدَّمَ **ليس مُضاعفاً** لأنَّ أصلَه «قدم».
* قاتَلَ **ليس معتلاً** لأنَّ أصلَه «قتل».

تمرين٤. دلّ عَلى السّالم و الصّحيح و المعتل من الأفعال واذكر منْ أيّ نوعٍ هو:

نَصَرَ ، بَلَغَ ، رَجَعُوا ، أكَلَ ، خَشِيَ ، خَافَ ، مَدَّ ، وَدَّ ، وَقَىٰ ، وَسِعَ ، رَأىٰ ، قَرَأَ ، فَازَ ، طَوَىٰ ، شَكا ، نَهَىٰ ، جَاءَ ، فَكَّ ، وَعَدَ ، يَقِنَ ، هَدَىٰ ، ذَكَرَ ، عَبَدَ ، وَهَبَ ، وَأىٰ ، أوَىٰ ، مَشَىٰ ، خَرَجَ ، نَزَلَ.

تمرين٥. دلّ على المعتلّ من الأفعال واذكر من أيّ نوعٍ هو:

١. القرآن الكريم: و ٱلسَّلامُ عَلَيَّ يَوْمَ وُلِدْتُ وَ يَوْمَ أَمُوتُ وَ يَوْمَ أُبْعَثُ حَيّاً.[١]

٢. القرآن الكريم: وَ بَدَا لَهُمْ سَيِّئَاتُ مَا عَمِلُوا وَ حَاقَ بِهِمْ مَا كانُوا بِه يَسْتَهْزِؤُنَ.[٢]

٣. الإمام عليٌّ عليه السلام: مَا نَهَى ٱللهُ سُبْحانَهُ عَنْ شَيْءٍ إلّا وَ عَفَا عَنْهُ.[٣]

٤. الإمام عليٌّ عليه السلام: إذَا وَثِقْتَ بِمَوَدَّةِ أَخِيكَ فَلا تُبَالِ مَتَىٰ لَقِيتَهُ وَ لَقِيكَ.[٤]

---

١. سورة مريم/ الآية ٣٣.

٢. سورة الجاثية / الآية ٣٣.

٣. غرر الحكم / ص٧٤٣.

٤. غرر الحكم / ص ٣١٧.

- ٤ -

مزيدات الثلاثي

٢٢. ما هو الفعل الثلاثي المجرد؟

٢٣. ما هو الفعل الثلاثي المزيد؟

٢٤. علي كم وزناً يأتي الثلاثي إذا زيد عليه حرف واحد؟

٢٥. على كم وزناً يأتي الثلاثي إذا زيد عليه حرفان؟

٢٦. على كم وزناً يأتي الثلاثي إذا زيد عليه ثلاثة أحرف؟

٢٧. كم هي إذن أوزان مزيدات الثلاثي؟

٢٨. هل تصاغ مزيدات الثلاثي كلها من كل فعل ثلاثي مجرد؟

٢٢. **الفعلُ الثُّلاثي المجرَّد** هو ما كانت حروفه هي **الحروف الأصلية** وحدها، من غير زيادة عليها، مثل: **نَصَرَ** و **عَرَفَ**.

٢٣. **الفعل الثلاثي المزيد** هو ما أضيف فيه إلى الحروف الثلاثة الأصلية:

- **حرفٌ واحدٌ**، مثل: **أَكْرَمَ** و **قَاتَلَ**.
- أو **حرفان**، مثل: **اِنْطَلَقَ** و **تعاقَبَ**.
- أو **ثلاثة أحرف**، مثل: **اِسْتَغْفَرَ**.

٢٤. إذا زيدَ على الثلاثي حرف واحد يأتي على ثلاثة أوزان:

- **أفْعَلَ**؛ بزيادَة همزة في أوله، **نحو**: أَخْبَرَ.
- **فَعَّلَ**؛ بتشديد عين الفعل، **نحو**: خَبَّرَ (خَبْبَرَ).
- **فاعَلَ**؛ بزيادة الألف، **نحو**: خابَرَ.

	ف		ع		ل	
أ	خـ		ـبـ		ـر	أَفعَلَ
	خ		ـبـ	ـبـ	ـر	فَعَّلَ
	خ	ـا	بـ		ـر	فاعَلَ

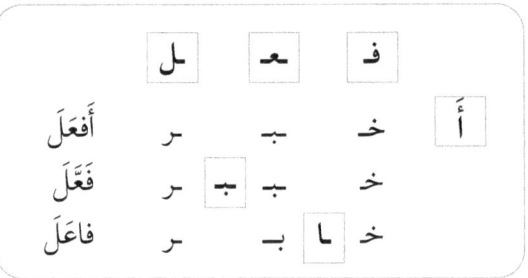

٢٥. إذا زيدَ على الثلاثي حرفان يأتي على خمسة أوزان:

- **اِنْفَعَلَ**؛ بزيادة الهمزة والنون، **نحو**: **اِنْقَبَلَ**.
- **اِفْتَعَلَ**؛ بزيادة الهمزة والتاء، **نحو**: **اِقْتَبَلَ**.
- **تَفَعَّلَ**؛ بزيادة التاء و تشديد العين، **نحو**: **تَقَبَّلَ**(تَقَبْبَلَ).
- **تَفَاعَلَ**؛ بزيادة التاء والألف، **نحو**: **تَقابَلَ**.

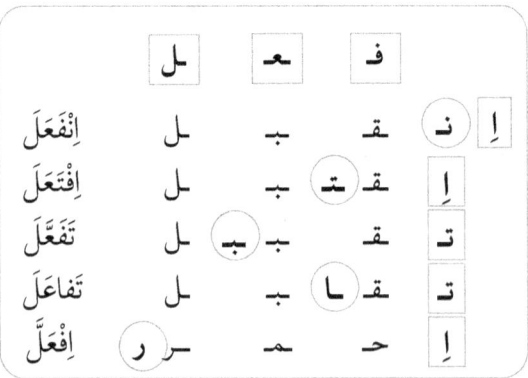

		ف		ع		ل		
اِ	نـ	قـ		ـبـ		ـل		اِنْفَعَلَ
	اِ	قـ	ـتـ	ـبـ		ـل		اِفْتَعَلَ
	تـ	قـ		ـبـ	ـبـ	ـل		تَفَعَّلَ
	تـ	قـ	ـا	ـبـ		ـل		تَفاعَلَ
	اِ	حـ		ـمـ		ـر	ر	اِفْعَلَّ

❊ **اِفْعَلَّ**؛ بزيادة الهمزة و تشديد اللام؛ **نحو: اِحْمَرَّ** (اِحْمَرْرَ).

٣٦. إذا زيد على الثلاثي أحرف يأتي على وزنين:

❊ **اِسْتَفْعَلَ**؛ بزيادة الهمزة و السين و التاء؛ **نحو: اِسْتَغْفَرَ.**

❊ **اِفْعَوْعَلَ**؛ بزيادة الهمزة و الواو و إحدى العينين؛ **نحو: اِحْدَوْدَبَ.**

	فـ	ـعـ		ـل	
اِستـ	غـ	فـ		ـر	اِسْتَفْعَل
اِ	حـ	ـد	ود	ب	اِفْعَوْعَل

٣٧. أوزان مزيدات الثُّلاثي عشرة:

❊ **أَفْعَلَ - فَعَّلَ - فاعَلَ.**

❊ **اِنْفَعَلَ - اِفْتَعَلَ - تَفَعَّلَ - تَفاعَلَ - اِفْعَلَّ.**

❊ **اِسْتَفْعَلَ - اِفْعَوْعَلَ.**

٣٨. كلا؛ و تُعرَف المستعملة منها من كتب اللغة؛ **نحو: فَتَحَ**، فلا يُصاغُ منه وزنا أَفْعَلَ و اِفْعَوْعَلَ.

تمرين٦. أُذكر أوزان الأفعال التالية ثُمّ عيّن الحروف الأصلية منها:

أَخْرَجَ ، اِسْتَبَقَ ، عَظَّمَ ، تَدايَنَ ، اِقْتَربَ ، اِنْتَقَمَ ، كَاتَبَ ، اِسْتَعْظَمَ ، تَمَثَّلَ، تَوَاعَدَ ، اِنْفَجَرَ ، تَنَازَعَ ، اِسْتَغْفَر ، اِكْتَتَبَ ، اِسْتَكْبَرَ ، تَذَكَّرَ ، تَقَطَّعَ.

تمرين٧. حوّل الأفعال التالية إلى الأفعال المزيدة، واكتب الصيغة الأولى منها:

كَسَر، نَصَر، عَمِل، عَرَف، ذَهَب، فَتَح، جَمَع.

تمرين٨. ميّز الفعل الثلاثي المجرد والفعل المزيد:

١. القرآن الكريم: فَإِذَا ٱنسَلَخَ ٱلْأَشْهُرُ ٱلْحُرُمُ فَٱقْتُلُوا ٱلْمُشْرِكِينَ حَيْثُ وَجَدتُّمُوهُمْ.[١]

٢. القرآن الكريم: ٱلَّذِينَ يَحْمِلُونَ ٱلْعَرْشَ وَ مَنْ حَوْلَهُ يُسَبِّحُونَ بِحَمْدِ رَبِّهِمْ وَ يُؤْمِنُونَ بِهِ وَ يَسْتَغْفِرُونَ لِلَّذِينَ ءَامَنُوا رَبَّنَا وَسِعْتَ كُلَّ شَيْءٍ رَحْمَةً وَ عِلْماً فَٱغْفِرْ لِلَّذِينَ تَابُوا وَ ٱتَّبَعُوا سَبِيلَكَ وَقِهِمْ عَذَابَ ٱلْجَحِيمِ.[٢]

٣. القرآن الكريم: وَ لَا تَبَرَّجْنَ تَبَرُّجَ ٱلْجَاهِلِيَّةِ ٱلْأُولَىٰ وَ أَقِمْنَ ٱلصَّلَاةَ وَ ءَاتِينَ ٱلزَّكَاةَ وَ أَطِعْنَ ٱللَّهَ وَ رَسُولَهُ.[٣]

تمرين٩. راجع كتب اللغة و اكتب أوزان مزيدات الثلاثي الواردة فيها من الأفعال التالية:

قَتَلَ ، ضَرَبَ ، عَبَدَ ، عَلِمَ ، جَلَسَ.

---

١. سورة البراءة / الآية ٥.

٢. سورة غافر / الآية ٧.

٣. سورة الأحزاب / الآية ٣٣.

- ٥ -

مزيدات الرباعي

٢٩. كم نوعاً الفعل الرباعي؟

٣٠. هل للرباعي ميزان كميزان الثلاثي و هل تسمى أحرفه كأحرف الثلاثي؟

٣١. ما هو الفعل الرباعي المجرّد؟

٣٢. ما هو الفعل الرباعي المزيد؟

٣٣. على كم وزناً يأتي الرباعي إذا زيد عليه حرف واحد؟

٣٤. على كم وزناً يأتي الرباعي إذا زيد عليه حرفان؟

٣٥. كم هي اذن أوزان مزيدات الرباعي؟

٣٦. هل تصاغ مزيدات الرباعي كلّها من كل فعل رباعي مجرّد؟

٢٩. **الفعل الرُّباعي** نوعان:

- **سالم** و هو ما خلت أصوله من التضعيف، **نحو: دَحْرَجَ.**
- و **مضاعف** و هو ما كان الحرف الأوّل فيه مثل الثالث، و الثاني مثل الرابع، **نحو: زَلْزَلَ.**

٣٠. ميزان الرُّباعي «فَعْلَلَ» بتكرار اللام، و أحرفه تسمّى كأحرف الثلاثي فيسمّى:

- الحرف الأوّل منه، **الفاء.**
- و الحرف الثاني، **العين.**
- والحرف الثالث، **اللام الأُولى.**

❊ والحرف الرابع، اللام الثانية.

٣١. الفعـل الرُّباعـي المجرّد هو مـا كان خالياً من الزيادة أي ليس فيه غير الأحرف الأربعة الأصلية؛ نحو: **دَحْرَجَ**.

٣٢. الفعل الرُّباعي المزيد هو ما أُضيف إلى أصوله الأربعة حرف أو حرفان.

٣٣. إذا زيد على الرُّباعي حرف واحد يأتي على وزن واحد و هو:

❊ **تَفَعْلَلَ**؛ بزيادة التاء؛ نحو: **تَدَحْرَجَ**.

٣٤. إذا زيد على الرباعي حرفان يأتي على وزنين:

❊ **اِفْعَنْلَلَ**؛ بزياده الهمزة و النون؛ نحو: **اِحْرَنْجَمَ**.

❊ **اِفْعَلَلَّ**؛ بزيادة الهمزة و تشديد اللام الثانية؛ نحو: **اِقْشَعَرَّ**.

٣٥. أوزان مزيدات الرُّباعي ثلاثة:

	فـ	ـعـ		ـلـ	ـل		
تـ	ـد	حـ		ـر	ج		تَفَعْلَلَ
اِ	حـ	ـر	نـ	ـجـ	ـم		اِفْعَنْلَلَ
اِ	قـ	ـشـ		ـعـ	ـر	ر	اِفْعَلَلَّ

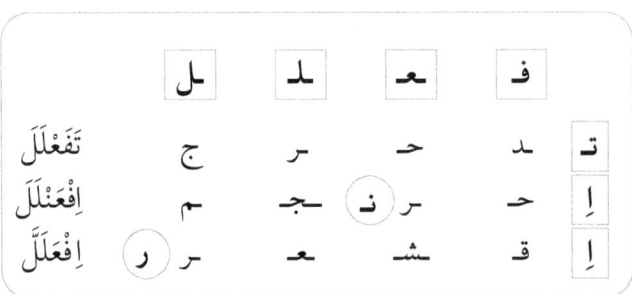

❊ **تَفَعْلَلَ - اِفْعَنْلَلَ - اِفْعَلَلَّ.**

٣٦. كلا؛ و يُعـرَف ذلـك مـن كتب اللغة؛ نحو: **دَحْرَجَ**، فلا يصاغ منـه وزنا **اِفْعَنْلَلَ** و **اِفْعَلَلَّ**.

تمرين ١٠. فرِّق بين السالم و المضاعف و دلّ على أوزانها من الأفعال الآتية:

١. القرآن الكريم: قَالَتِ ٱمْرَأَتُ ٱلْعَزِيزِ ٱلْآنَ حَصْحَصَ ٱلْحَقُّ أَنَا رَاوَدتُّهُ عَن نَّفْسِهِ وَ إِنَّهُ لَمِنَ ٱلصَّادِقِينَ.[١]

٢. القرآن الكريم: فَوَسْوَسَ إِلَيْهِ ٱلشَّيْطَانُ.[٢]

٣. القرآن الكريم: وَ إِذَا ذُكِرَ ٱللَّهُ وَحْدَهُ ٱشْمَأَزَّتْ قُلُوبُ ٱلَّذِينَ لَا يُؤْمِنُونَ بِٱلْآخِرَةِ.[٣]

٤. القرآن الكريم: وَ مِنَ ٱلنَّاسِ مَن يَعْبُدُ ٱللَّهَ عَلَىٰ حَرْفٍ فَإِنْ أَصَابَهُ خَيْرٌ ٱطْمَأَنَّ بِهِ وَ إِنْ أَصَابَتْهُ فِتْنَةٌ ٱنقَلَبَ عَلَىٰ وَجْهِهِ خَسِرَ ٱلدُّنْيَا وَ ٱلْآخِرَةَ ذَٰلِكَ هُوَ ٱلْخُسْرَانُ ٱلْمُبِينُ.[٤]

٥. القرآن الكريم: وَ ٱلَّيْلِ إِذَا عَسْعَسَ.[٥]

٦. القرآن الكريم: لَا تَجِدُ قَوْمًا يُؤْمِنُونَ بِٱللَّهِ وَ ٱلْيَوْمِ ٱلْآخِرِ يُوَادُّونَ مَنْ حَادَّ ٱللَّهَ وَ رَسُولَهُ.[٦]

٧. اِكْفَهَرَّ ٱلَّيْلُ – تَجَلْبَبُوا بِسَوَادِ ٱلَّيْلِ – هَرْوَلَ فِي مَشْيِهِ – تَزَلْزَلَتِ ٱلْأَرْضُ.

---

١. سورة يوسف / الآية ٥١.
٢. سورة طه / الآية ١٢٠.
٣. سورة الزمر / الآية ٤٥.
٤. سورة الحج / الآية ١١.
٥. سورة التكوير / الآية ١٧.
٦. سورة المجادلة / الآية ٢٢.

- ٦ -

صيغة الماضي

٣٧. كم صيغة للفعل؟

٣٨. ما هو الفعل الماضي؟

٣٩. كيف يكون آخر الفعل الماضي؟

٤٠. ماذا تعرف عن الهمزة الزائدة في أوّل الفعل الماضي؟

٤١. ما هي حركة حروف الماضي؟

٤٢. ما هى حركة عين الثلاثي المجرّد؟

٣٧. للفعل ثلاث صِيَغ و هي: **الماضي** و **المضارع** و **الأمر**.

٣٨. **الفعل الماضي** هو ما دلَّ على حالة أو حدَث في زمان قبل الذي أنت فيه، نحو: **كَرُمَ** و **أَخَذَ** (أي: قبل هنيهة أو البارحة أو منذ زمن).

٣٩. آخر الفعل الماضى مبني دائماً:

* **على الفتح**، مثل: **ضَرَبَ** ، **دَحْرَجَ** و **اِنْطَلَقَ**.[1]
* **على الضم**، إذا اتصل بواو الجماعة؛ مثل: **ضَرَبُوا**.

---

١. و لكن إذا كان آخره ألفاً مثلُ «دُعا و رَمىٰ» تكون الفتحة مقدّرة عليه للتعذّر، لأنَّ الألف لا تقبل الحركة.

❊ و على **السكون**، إذا اتصل بضمير رفع متحرّك؛ مثل: **ضَرَبْتُ**.

كَتَبَ	ا تْ تا	←	كَتَبَـا
كَتَبْـ	نَ تِ تُ تُما تُنَّ تُمْ نا	←	كَتَبْـنَ
كَتَبُـ	و	←	كَتَبُـوا

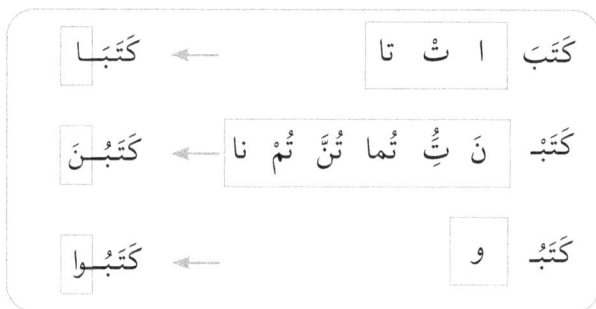

٤٠. إنّ الهمزة الزائدة في أوّل الفعل الماضي تكون:

❊ همزة قطع مفتوحة في الرباعي، نحو: **أكْرَمَ**.

❊ و همـزة وصل مكسـورة في الخماسي و السـداسي، نحـو: **اِنْطَلَقَ**، **اِسْـتَغْفَرَ** و **اِقْشَعَرَّ**.

رباعی	← أَ	خماسی سداسی	←	اِ

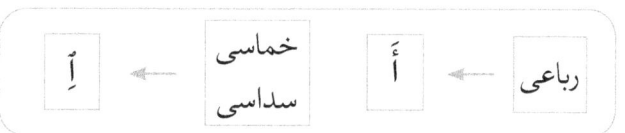

٤١. إنَّ كل مـا تحـرّك من الفعل الماضي سـوى العين فحركتـه **الفتحة** مطلقاً؛ مثل: **أَكْرَمَ** و **تَدَحْرَجَ**.

٤٢. إنَّ عين الثُّلاثي المجرّد تكون مفتوحة أو مضمومة أو مكسورة، كما في: «**ضَرَبَ** و **كَرُمَ** و **عَلِمَ**» فلا تقع تحت ضابط.

راجع الأمثلة على تصريف الأفعال في آخر الكتاب.

تمرين١١. اضبط الأفعال القرآنية الآتية بالشكل على كل حروفها:

خلق ، علم ، ذهب ، سلك ، طاف ، أذهب ، اعتزل ، سلّم ، استمع ، اشمأزّ ، تصدّى ، استطاع ، أعرض ، علّم ، قاتل ، اقتتل ، قاسم ، انقلب ، اهتدى، أنهى ، انتهى ، استنصر ، أنشأ ، استمتع ، تلظّى ، عسعس ، وسوس.

تمرين١٢. أشِر إلى الفعل الماضي في الآيات الكريمة:

١. القرآن الكريم: قَدَ خَسِرَ ٱلَّذِينَ قَتَلُوا أَوْلادَهُمْ سَفَهاً بِغَيرِ عِلْمٍ وَ حَرَّمُوا مَا رَزَقَهُمُ ٱللهُ ٱفْتِراءً عَلَى ٱللهِ قَدْ ضَلُّوا وَ مَا كانُوا مُهْتَدِينَ.[١]

٢. القرآن الكريم: وَ إذا أَرَدْنَا أَنْ نُهْلِكَ قَرْيَةً أَمَرْنَا مُتْرَفِيهَا فَفَسَقُوا فيها فَحَقَّ عَلَيهَا ٱلْقَوْلُ فَدَمَّرْنَاهَا تَدْمِيراً.[٢]

٣. القرآن الكريم: إِنَّ ٱلَّذِينَ ٱرْتَدُّوا عَلَىٰ أَدْبارِهِمْ مِنْ بَعْدِ مَا تَبَيَّنَ لَهُمُ ٱلْهُدَى ٱلشَّيطَانُ سَوَّلَ لَهُمْ وَ أَمْلَىٰ لَهُمْ.[٣]

٤. القرآن الكريم: ٱلَّذِينَ ٱسْتَجابُوا لِلهِ وَ ٱلرَّسُولِ مِن بَعْدِ مَا أَصابَهُمُ ٱلْقَرْحُ لِلَّذِينَ أَحْسَنُوا مِنْهُمْ وَ ٱتَّقَوْا أَجْرٌ عَظِيمٌ.[٤]

---

١. سورة الأنعام / الآية ١٤٠.

٢. سورة الإسراء / الآية ١٦.

٣. سورة محمد ﷺ / الآية ٢٥.

٤. سورة آل عمران / الآية ١٧٢.

- ٧ -

صيغة المضارع

٤٣. ما هو الفعل المضارع؟

٤٤. كيف يصاغ المضارع؟

٤٥. كم هي أحرف المضارعة؟

٤٦. متى يكون حرف المضارعة مضموماً؟

٤٧. متى يكون حرف المضارعة مفتوحاً؟

٤٨. هل تتغير هيئة الماضي الثلاثي بدخول أحرف المضارعة عليه؟

٤٩. ماذا يجرى على الماضي الزائد على ثلاثة أحرف إذا دخلت عليه أحرف المضارعة؟

٥٠. هل يبنى آخر المضارع كالماضي أم يعرب؟

٤٣. **الفعل المضارع** ما دلَّ على حالة أو حدَث في زمان الحال أو الاستقبال؛ نحو: **يَكُونُ** و**يَتَكَلَّمُ**، فإنه يصح أن يُقال: يكون و يتكلم الآن أو غداً.

٤٤. يُصاغ المضارع من الماضي بأن يُزاد في أوّل الماضي أحد أحرف المضارعة.

٤٥. أحرف المضارعة أربعة: ا - ن - ي - ت،[١] نحو:

أَتَكَلَّمُ ، نَتَكَلَّمُ ، يَتَكَلَّمُ وَ تَتَكَلَّمُ.

---

١. تكون أحرف المضارعة إما مضمومة و إما مفتوحة.

٤٦. يكون حرف المضارعة مضموماً فى الفعل المركّب ماضيه من أربعة أحرف؛ نحو:

زَلْزَل ← **يُزَلْزِل** و أَكْرَمَ ← **يُكْرِمُ**

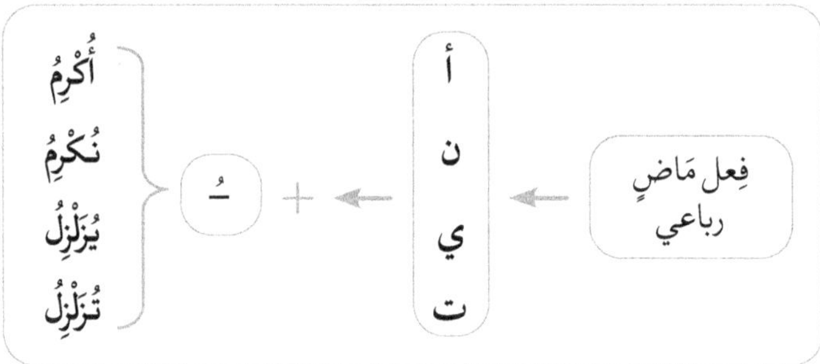

٤٧. يكون حرف المضارعة مفتوحاً فى الثلاثي و الخماسي و السداسي، نحو:

ضَرَبَ ← **يَضْرِبُ** ، اِنْطَلَقَ ← **يَنْطَلِقُ**

اِسْتَغْفَرَ ← **يَسْتَغْفِرُ**

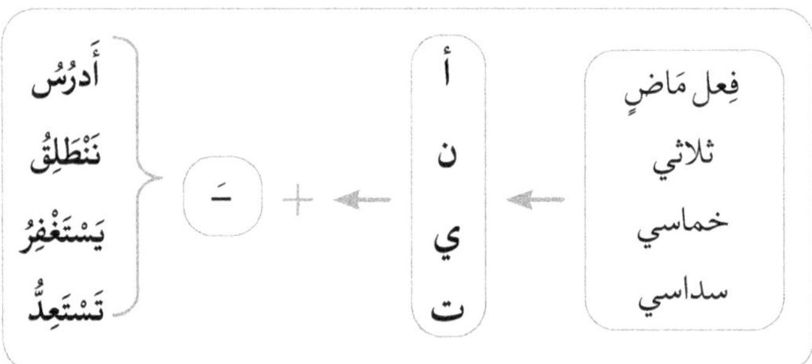

٤٨. إنَّ الماضي الثُّلاثي إذا دخلت عليه أحرف المضارعة:

- ففاؤه تسكن؛ نحو: **يَضْرِبُ**.
- وعينه لا ضابط لها؛ نحو: **يَعْلَمُ، يَنْصُرُ، يَضْرِبُ**.

٤٩. إذا دخلت أحرف المضارعة على الماضي الزائد على ثلاثة أحرف:

* يكسر ما قبل آخره مطلقاً: **نحو:** يُدَحْرِجُ.[١]
* يفتح ما قبل آخره إذا كان في أول ماضيه تاء؛ **نحو:**

تَدَحْرَجَ ← **يَتَدَحْرَجُ.**

٥٠. آخر الفعل المضارع **معرب** أي مُتغير؛ فيُرفع أو يُنصب أو يُجزم بحسب العوامل؛ **نحو:** **يَضْرِبُ** ، **لَنْ يَعْلَمَ** و **لَمْ يَنْطَلِقْ** و يكون مبنياً في بعض الأحيان.[٢]

---

١. إن كان في أوّل ماضيه همزةٌ تحذف قبل تطبيق هذه القاعدة، نحو:

اِنْطَلَقَ ← (اِ) نْطَلَقَ ← يَنْطَلِقُ.

٢. انظر درس إعراب الأفعال (عدد ٢٣٧).

تمرين١٣. ابن المضارع من الأفعال الآتية و اضْبِطْهُ بِالشّكْلِ علىٰ كُلِّ حروفِهِ:

جَادَلَ ، أَجْرَمَ ، حَذِرَ ، حَرَّمَ ، حَزَنَ ، حاسَبَ ، حَسِبَ ، حَفِظَ ، اِسْتَخْرَجَ، أَخْرَجَ، خَلَقَ ، خَفَّفَ ، أَدْخَلَ ، تعارَفَ ، اِعْتَزَلَ ، تَعَلَّمَ ، اِقْتَرَبَ ، اِنْفَطَرَ ، نَبَّأَ ، خَسِرَ.

تمرين١٤. حرّك حرف المضارعة في الأفعال الآتية:

يعلّم ، يستفتحون ، أطمع ، نتّبع ، اتّخذ ، أرجع ، تكرهون ، يقبل، يفترقون ، تقبل ، يدرس ، يكاتب ، ينفطر ، يكتسب ، يسكن.

تمرين١٥. ضع تحت الفعل الماضي خطّاً و تحت المضارع خطّين:

جَاء رَجُلٌ مِنَ ٱلأنْصارِ إلى ٱلنَّبيّ ﷺ فَقالَ: يَا رَسُولَ ٱللهِ، إذا حَضَرَتْ جَنَازَةٌ وَ مَجْلِسُ عَالِمٍ، فَأَيُّهُما أَحَبُّ إِليك أنْ أَشْهَدَ؟

فقال رَسُولُ ٱللهِ ﷺ: إنْ كانَ لِلْجَنازة مَنْ يَتْبَعُها وَ يَدْفِنُها، فإنَّ حضورَ مَجْلِسِ عالمٍ أفضَلُ مِنْ حُضُورِ ألفِ جِنازةٍ، و مِنْ عيادَةِ ألفِ مريضٍ، و مِنْ قيامِ ألفِ لَيلَةٍ، و من صيام ألفِ يَومٍ، و مِنْ ألفِ دِرْهَمٍ يُتصدّقُ بها عَلَى ٱلمساكين، و مِنْ ألفِ حجّة سِوَى ٱلفريضة، و مِنْ ألفِ غزوةٍ سِوَى ٱلواجبة تَغْزُوهَا في سبيل ٱللهِ بمالِكَ و نَفْسِك؛ فأَينَ تَقَعُ هٰذِه ٱلمشاهِدُ مِنْ مَشْهَدِ عَالِمٍ؟ أما عَلِمْتَ أنَّ ٱللهَ يُطاعُ بِٱلْعِلمِ وَ يُعْبَدُ بِٱلْعِلمِ؟ وَ خَيرَ ٱلدّنيا و ٱلآخرة معَ ٱلعلمِ و شرَّ ٱلدّنيا و ٱلآخرة معَ ٱلجهلِ.[1]

تمرين١٦. حوّل الماضي إلى المضارع و المضارع إلى ماضٍ مع حفظ الأشخاص:

نَجْمَعُ ، جَمَعُوا ، أَفْسَدْنا ، عَلَّمْنا ، نَعبُدُ ، فَسَقْتُمْ ، فَرَّطْنا ، تُفْسِدَانِ، طَهَّرْتَ ، يَطْمَئِنُّونَ ، يَتَطَهَّرُونَ ، يُذْهِب ، أَحْضَرَتْ ، أَذْهَبْتُمْ ، أَسْرَفُوا، تُنَزِّلُ ، اِطْمَأَنَّتْ ، تَحْفَظُ ، اِسْتَمَعْتُمْ ، اِخْتَلَطَ ، يَحْكُمُونَ ، خَلَقْتَ.

---

١. بحار الأنوار، ج ١/ ص ٣٠٤.

- ٨ -

صيغة الأمر

٥١. ما هو الأمر؟

٥٢. من أين يصاغ الأمر؟

٥٣. هل يبنى آخر الأمر أم يعرب؟

٥٤. ما هي حركة همزة الأمر؟

٥٥. ما هي همزة الوصل؟

٥٦. ما هي همزة القطع؟

٥٧. كيف العمل إذا طلبنا أمر الغائب أو المتكلم؟

٥١. **الأمر** صيغة يطلب بما من الشخص المخاطب حالة أو عمل فعل في المستقبل؛ نحو: كُنْ و أُكْتُبْ.

٥٢. يُصاغ الأمر من المضارع:

* بحذف حرف المضارعة من أوله، نحو:

تَتَقَدَّمُ ← **(تَـ) ـتَقدَّمْ** ← **تَقَدَّمْ**

* ثم بزيادة همزة إن كان الماضي ثلاثياً أو مبدوءاً بهمزة زائدة.

و تكون الهمزة همزة قطع في الرباعي و همزة وصل في غيره، نحو:

ضَرَبَ ← يَضْرِبُ ← (يَ)ضْرِبْ ← **اِضْرِبْ**

أَحْسَنَ ← يُحْسِنُ ← (يـ) ـحْسِنُ ← **أَحْسِنْ**

٥٣. إنَّ آخر الأمر مبني أي لا يتغير؛ و يكون مَبنيّاً:

* **على السكون** إن كان آخره خالياً من حرف علّة، نحو: أُنْصُرْ.
* **على حذف حرف العلّة** من آخر الفعل الناقص، نحو:

رَمى، يَرْمِي ⟵ اِرْمِ ، غَزا، يَغْزُو ⟵ **أُغْزُ**

أَعْطى، يُعْطِي ⟵ **أعطِ**

* على حذف النون إذا اتصل بألف اثنين أو واو الجماعة، أو ياء مخاطبة، نحو: **أُنْصُرَا ، أُنْصُرُوا ، أُنْصُرِي**

٥٤. إنّ همزة الأمر:

* **تضم في المضموم العين من المضارع الثلاثي، مثل: أُنْظُرْ.**
* **تفتح في الرباعي، نحو: أَكْرِمْ.**
* **تكسر في غيرهما، نحو:** اِعْلَمْ، اِضْرِبْ، اِنْطَلِقْ و اِسْتَعْلِمْ.

٥٥. همـزة الوصـل هي التي تلفـظ في ابتداء الكلام؛ نحو: **اِجْلِس يا رَجُلُ**، و لا تلفظ في أثنائه؛ نحو: **يا رجلُ ٱجْلِسْ** = يا رَجلُ [اْ] **جْلِسْ.**

٥٦. همـزة القطـع هـي الـتي تلفـظ دائماً سـواء وقعت في ابتـداء الكلام، نحـو: **أَقْبِلْ يا رَجلُ**، أو في أثناء الكلام، نحو: **يا رَجُلُ أَقْبِلْ.**

٥٧. إنَّ لأمر الغائب أو المتكلم طريقة خاصة تُسمّى **الأمر باللام**: تُزاد في أول المضارع، **لام جازمة:**

* تكون حركتها الكسر؛ نحو: **لِيَضْرِبْ، لِأُؤَدِّبْ.**
* **إلا بعد الفاء و الواو فتسكن؛ نحو: فَلْتَطِبْ نفسك و وَلْيَكُنْ ما تشاء.**

الأمر باللام = (لِـ / فَلْـ / وَلْـ) + مضارع ⟵ **لِيَضْرِبْ / فَلْيَضْرِبْ / وَلْيَضْرِبْ**

تمرين ١٧. ابن فعل الأمر من الأفعال الآتية مع ضبط همزة الأمر بالشّكل عند وجودها:

تَسْتَغْفِرُونَ ٱللَّهَ ، تَسْتَعِدُّونَ لِلْمَوْتِ ، تَتَزَوَّدُونَ مِنْ أَيَّامِ ٱلْفَنَاءِ لِلْبَقَاءِ ، تَتَجَاوَزُ مَعَ ٱلْقُدْرَةِ وَ تُحْسِنُ مَعَ ٱلدَّوْلَةِ ، تَتَعَلَّمُونَ ٱلْقُرْآنَ فَإِنَّهُ رَبِيعُ ٱلْقُلُوبِ وَ تَسْتَشْفُونَ بِنُورِهِ فَإِنَّهُ شِفَاءٌ لِلصُّدُورِ ، تَتَجَرَّعُ مَضَضَ ٱلْحِلْمِ فَإِنَّهُ رَأْسُ ٱلْحِكْمَةِ وَ ثَمَرَةُ ٱلْعِلْمِ ، تَتَخَيَّرُ لِنَفْسِكَ مِنْ كُلِّ خُلُقٍ أَحْسَنَهُ ، تَتَمَسَّكُ بِحَبْلِ ٱلْقُرْآنِ وَ تَنْتَصِحُهُ وَ تُحِلِّلُ حَلَالَهُ وَ تُحَرِّمُ حَرَامَهُ وَ تَعْمَلُ بِعَزَائِمِهِ وَأَحْكَامِهِ.

تمرين ١٨. شكّل الأفعال على كل حروفها مميّزاً همزةَ الوَصلِ مِنْ همزة القطع:

اشرح ، اذكرن ، اهد ، حرّض ، سبّحوه ، باشروا ، انزل ، اطعن ، الحقني، تيمّموا، تعاونوا، انتشر، استبق ، انتظر، استبشر، استعينوا.

تمرين ١٩. استخرج الماضي ثمّ صغ المضارع والأمر من الأفعال التالية:

١. القرآن الكريم: وَ أَنَّهُ هُوَ أَضْحَكَ وَ أَبْكَىٰ ۞ وَ أَنَّهُ هُوَ أَمَاتَ وَ أَحْيَا.[١]

٢. القرآن الكريم: وَ حَبِطَ مَا صَنَعُوا فِيهَا... .[٢]

٣. القرآن الكريم: وَ ضَرَبَ لَنَا مَثَلاً وَ نَسِيَ خَلْقَهُ قَالَ مَنْ يُحْيِي ٱلْعِظَامَ وَ هِيَ رَمِيمٌ.[٣]

٤. الإمام عليّ عليه السلام: مَنْ رَاقَبَ أَجَلَهُ ٱغْتَنَمَ مُهَلَهُ.[٤]

---

١. سورة النجم / الآيتان ٤٣ و ٤٤.

٢. سورة هود / الآية ١٦.

٣. سورة يس / الآية ٧٨.

٤. غرر الحكم / ص ٦٥٦.

٥. **الإمام عليٌّ** عليه السلام: مَنْ تَجَبَّرَ حَقَّرَهُ ٱللّهُ وَ وَضَعَهُ.[١]

٦. **الإمام عليٌّ** عليه السلام: مَنِ ٱكْتَسَبَ حَرَاماً ٱحْتَقَبَ أثاماً.[٢]

٧. **الإمام عليٌّ** عليه السلام: مَنِ ٱسْتَحْلَى مُعَادَاةَ ٱلرِّجالِ ٱسْتَمَرَّ عَلىٰ مُعَافَاةِ ٱلقِتَالِ.[٣]

---

١. غرر الحكم / ص ٦٥٧.

٢. غرر الحكم / ص ٦٦٤.

٣. غرر الحكم / ص ٦٧٣.

- ٩ -

اللازم و المتعدي

٥٨. هل كل فعل يحتاج إلى فاعل؟

٥٩. هل كل فعل يحتاج إلى مفعول به؟

٦٠. متى يصير الفعل الثلاثي اللازم متعدياً؟

٦١. كم قسماً الفعل المتعدي؟

٦٢. من أي الأفعال يبنى المجهول؟

٦٣. هل يبنى المجهول من اللازم؟

٦٤. كيف يبنى الماضي المجهول؟

٦٥. كيف يبنى المضارع المجهول؟

٥٨. كل فعل يحتاج إلى فاعل يفعلهُ:

- إمّا ظاهر، نحو: **جَلَسَ المعلِّمُونَ ثُمَّ تَباحَثُوا.**
- و إما مستتر، نحو: **اِلْعَبْ** (أَنت).

٥٩. كلا، لأن الفعل قسمان:

- لازم و هو ما يكتفي بالفاعل فلا يحتاج إلى مفعول به، نحو: **جاء ٱلولَدُ.**
- و متعدٍ و هو ما لا يكتفي بالفاعل بل يطلب أيضاً مفعولاً به، نحو: **كَسَرَ ٱلخادِمُ إِبريقاً.**

٦٠. يصير الفعل الثلاثي اللازم متعدياً في الغالب إذا نقل: من وزن فَعَلَ إلى وزني: أَفْعَلَ أو فَعَّلَ، نحو:

دامَ (لازم) ← **أَدامَ** (متعدٍ).

كَرُمَ (لازم) ← **أَكْرَمَ** (متعدٍ) و **كَرَّمَ** (متعدٍ).

٦١. الفعل المتعدي قسمان:

- **معلوم** و هو الذي نعرف فاعلَه، نحو: **بَرى التلميذُ قَلَماً.**
- و **مجهول** و هو الذي اختفى فاعلُه عن السامع و جُعل المفعول نائباً عنه، نحو: **بُرِيَ ٱلقَلَمُ.**

٦٢. يبنى المجهول أصلاً من الفعل المتعدي؛ و ينوب المفعول به عن الفاعل عند حذفه، نحو:

ضَرَبَ زيدٌ سليماً ← **ضُرِبَ سليمٌ.**

٦٣. **نعم**، يُبنى المجهول من اللازم:

- إن كان متعدياً بالحرف، نحو:

قَبَضَ ٱلحارسُ على ٱللصِّ ← **قُبِضَ على ٱللصّ.**

- إن كان بعده ظرف، نحو:

صَامَ ٱلعابِدُ آذارَ ← **صيمَ آذارُ** أو **في آذارَ.**

- إن كان بعده مصدر، نحو:

احتَفَلَ ٱلجمعُ ٱحتفالاً عظيماً ← **احتُفِلَ ٱحتفالٌ عَظيمٌ.**

٦٤. يُبنى الماضي المجهول من الماضي المعلوم بكسر ما قبل الآخر و ضم كل حرف متحرك قبلَه، نحو:

أَكَلَ ← **أُكِلَ** ، اِسْتَقْبَلَ ← **اُستُقْبِلَ.**

٦٥. يُبنى المضارع المجهول من المضارع المعلوم بضم أوله و فتح ما قبل آخره، نحو:

يَعْلَمُ ← **يُعْلَمُ** ، يَكْتُبُ ← **يُكْتَبُ**

يُكْرِمُ ← **يُكْرَمُ.**

تمرين۲۰. ميّز الفعل اللازم من المتعدي في الكلمات القرآنية:

كَرِهَ ، أتىٰ ، أنعمتَ ، جَعَلَ ، سَبَّحَ ، خُذْ ، اُقتلُوا ، يُقِيمُونَ ، يُؤْتُونَ ، لاتَخَفْ ، زَكّىٰ، حادَّ ، يَخْرُجُ ، يُوادُّونَ ، يُؤْمِنُون ، اِقْتَرَبَ ، أفْلَحَ ، اِنْشَقَّ ، تَزَكَّى ، لا تُبْطِلُوا.

تمرين۲۱. ردّ الأفعال الآتية إلى المجهول:

كَتَبَ ، قالَ ، أنْزَلَ ، تُعَلِّمُ ، عَلَّمَ ، اِهْدِ ، تَسْتَخْرِجُونَ ، يَنْصَحُ، يَتَّقِي ، تَقَبَّلْ ، يَسْتَقِيمُ، نَزَّلَ ، يُيَسِّرُ ، يَكْتَسِبُونَ ، زَلْزَلَتْ.

تمرين۲۲. ردّ الأفعال الآتية إلى المعلوم:

ضُرِبَ ، رُوِيَ ، أُقْصِيَ ، يُعْبَدُ ، يُسْتَطاعُ ، يُسْتَعْتَبُونَ ، أُعِدَّتْ ، تُعَدُّ، أُعَذَّبُ ، عُوقِبْتُمْ، اُصْطِيدَ ، قُوطِعَ ، يُنْظَرُونَ ، يُقالُ ، اُسْتُجِيبَ.

تمرين۲۳. اِجْعَل الأفعال الآتية متعدّية:

جَلَسَ ، نَزَلَ ، ظَهَرَ ، ذَهَبَ ، وَقَفَ ، كَفَرَ ، نَبَطَ ، سَارَ ، حَبِطَ.

تمرين۲٤. دلّ على الفعل المعلوم و المجهول:

١. القرآن الكريم: أَحَسِبَ ٱلنّاسُ أنْ يُترَكُوا أنْ يَقُولُوا ءَامَنَّا وَ هُمْ لا يُفْتَنُونَ.[1]

٢. القرآن الكريم: وَ لَقَدْ كُذِّبَتْ رُسُلٌ مِنْ قَبْلِكَ فَصَبَرُوا عَلىٰ مَا كُذِّبُوا.[2]

٣. القرآن الكريم: بِسْمِ ٱللهِ ٱلرَّحْمَٰنِ ٱلرَّحِيمِ ۞ إِذَا زُلْزِلَتِ ٱلأَرْضُ زِلْزَالَهَا ۞ وَ أَخْرَجَتِ ٱلأَرْضُ أَثْقَالَهَا ۞ وَ قَالَ ٱلإِنْسَٰنُ مَالَهَا ۞ يَوْمَئِذٍ تُحَدِّثُ أَخْبَارَهَا ۞ بِأَنَّ رَبَّكَ أَوْحَىٰ لَهَا ۞ يَوْمَئِذٍ يَصْدُرُ ٱلنَّاسُ أَشْتَاتاً لِيُرَوْا أَعْمَالَهُمْ ۞ فَمَنْ يَعْمَلْ مِثْقَالَ ذَرَّةٍ خَيْراً يَرَهُ ۞ وَ مَنْ يَعْمَلْ مِثْقَالَ ذَرَّةٍ شَرّاً يَرَهُ.[3]

---

١. سورة العنكبوت / الآية ٢.

٢. سورة الأنعام / الآية ٣٤.

٣. الزلزلة / الآيات ١–٨.

- ١٠ -

تقسيم الاسم

٦٦. ما هو الاسم؟

٦٧. ما هي انواع الاسم؟

٦٨. ما هو الاسم المتصرف؟

٦٩. كم نوعاً الاسم المتصرف؟

٧٠. ما هو الاسم غير المتصرف؟

٧١. كم هي الأسماء غير متصرفة؟

٧٢. ما هو الاسم الجامد؟

٧٣. ما هو الاسم المشتق؟

٧٤. ما هو الاسم الموصوف؟

٧٥. كم نوعاً الاسم الموصوف؟

٧٦. كم نوعاً الاسم الموصوف الجامد؟

٧٧. كم نوعاً الاسم الموصوف المشتق؟

٧٨. كم نوعاً اسم الجنس المشتق؟

٧٩. ما هو اسم الصفة؟

٨٠. كم نوعاً اسم الصفة؟

٨١. ما هو الجامد من الصفات؟

٨٢. عدد الصفات المشتقة؟

٦٦. الاسم هو كلُّ كلمةٍ تدلُّ على معنى تام غير مقيد بزمنٍ، نحو: ورقة ، يوسف و إكرام.

٦٧. الاسم متصرف و غير متصرف؛ جامد و مشتق.

٦٨. الاسم المتصرف كالمدينة هو الذي:

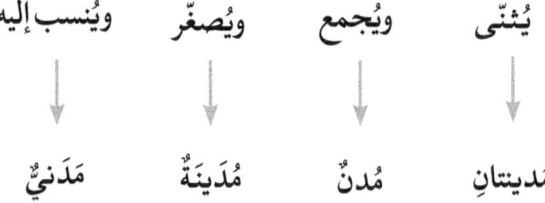

يُثنّى	ويُجمع	ويُصغّر	ويُنسب إليه
↓	↓	↓	↓
مَدينتانِ	مُدنٌ	مُدَيْنَةٌ	مَدَنيٌّ

الاسم المتصرف	يُثنّى	يُجمع	يُصغّر	يُنسب إليه
بَيْت	بَيْتانِ	بُيُوت	بُوَيت	بيتيّ

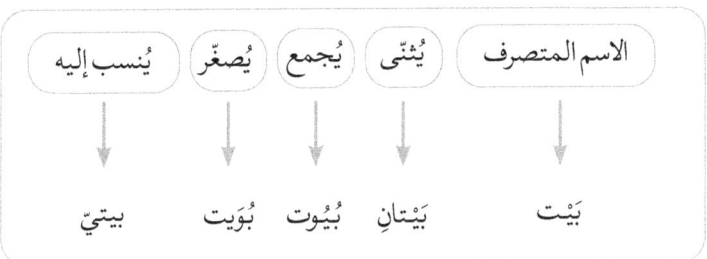

٦٩. الاسم المتصرف نوعان: **موصوف** و **صفة**.

٧٠. الاسم غير المتصرف هو الذي يلازم صورة واحدة فلا يُثنى و لا يجمع و لا يُصَغَّر و لا يُنسَب إليه.

٧١. الأسماء غير المتصرفة ستَّة و هي:

الضمير	اسم الإشارة	اسم الموصول	اسم الاستفهام	اسم الشرط	الظرف
هو	**هذا**	**الذي**	**مَنْ**	**مَهما**	**حَيْثُ**

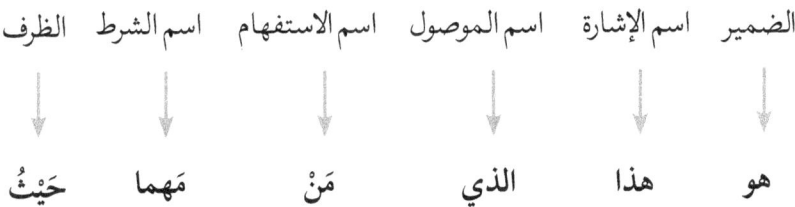

٧٢. الاسم الجامد هو ما كان غير مأخوذ من لفظ الفعل، نحو: **رَجُل** و **يوسف**.

٧٣. الاسمِ المشتق هو ما أُخذَ من لفظ الفعل، نحو:

إِكْرامٌ (أَكْرَمَ) ، **مَطْبَخٌ** (طَبَخَ) ، **مِبرَدٌ** (بَرَدَ).

① الموصوف

٧٤. الاسم الموصوف هو لفظٌ يصلُحُ لأن يوصف أو ينعت بغيره، نحو:

رجل (عظيم) - **مدينة** (جميلة) - **شجرة** (باسقة) - **إكراه** (وافر)

٧٥. الموصوف نوعان: جامد و مشتق.

٧٦. الاسم الموصوف الجامد نوعان:

اسم العلم و **اسم الجنس الجامد**

↓ ↓

دمشق **ثعلب**

٧٧. الاسم الموصوف المشتق نوعان:

المصدر و **اسم الجنس المشتق**

↓ ↓

بِناء (بَنى) **مَلْعَب (لَعِبَ)**

٧٨. اسم الجنس المشتق نوعان:

اسم المكان و الزمان و **اسم الآلة**

↓ ↓

مَجْلِس (جَلَسَ) **مَلْعَب (لَعِبَ)**

٢ الصفة

٧٩. اسم الصفة لفظ يضاف إلى الموصوف لبيان حالته، نحو:

(شَجَرَةٌ) **نامية** - (شَيْخٌ) **جَليلٌ**

٨٠. اسم الصفة نوعان: **جامد** و **مشتق**.

٨١. الجامد من الصفات هو الاسم المنسوب، نحو: **عَرَبيٌّ**.

٨٢. الصفات المشتقة خمس:

اسم الفاعل، اسم المفعول، اسم المبالغة، الصفة المشبهة و أفعل التفضيل.

تمرين٢٥. ضع تحت الموصوف خطّاً و تحت الصفة خطّين:

١. الإمام عليٌّ عليه السلام: إنَّ ٱلدُّنيا غرورٌ حائلٌ، وَ ظِلٌّ زَائلٌ وَ سِنَادٌ مَائِلٌ.[1]

٢. الإمام الصَّادق عليه السلام: اَلعَمَلُ ٱلدَّائِمُ ٱلقَليلُ عَلَى ٱليَقينِ أفْضَلُ عِندَ ٱللّٰهِ مِنَ ٱلعَمَلِ ٱلكَثيرِ عَلىٰ غَيرِ يَقينٍ.[2]

تمرين٢٦. ميّز الجامد من المشتق:

١. الإمام عليٌّ عليه السلام: نِعْمَ ٱلْقرينُ ٱلعَقلُ وَ ٱلأدَبُ.[3]

٢. الإمام عليٌّ عليه السلام: نِعْمَ شَافِعُ ٱلْمُذْنِبِ ٱلإقْرارُ.[4]

٣. الإمام عليٌّ عليه السلام: نَفْسُك أقْرَبُ أعدَائِكَ إلَيْك.[5]

٤. الإمام عليٌّ عليه السلام: رُبَّ فَقْدٍ أعَزُّ مِنْ أسدٍ.[6]

٥. الإمام عليٌّ عليه السلام: رُبَّ كلامٍ جوابُهُ ٱلسُّكُوتُ، وَ رُبَّ نُطْقٍ أحْسَنُ مِنْهُ ٱلصَّمْتُ.[7]

٦. الإمام عليٌّ عليه السلام: اَلبَخِيلُ ذَلِيلٌ بَيْنَ أعِزَّتهِ.[8]

٧. في ذكر جهنم: نارٌ شَديدٌ كَلَبُها، عالٍ لَجَبُها، ساطِعٌ لَهَبُها، مُتَأَجِّجٌ سَعِيرُهَا، مُتَغَيِّظٌ زَفِيرُها، بَعيدٌ خُمُودُهَا، ذَاكٍ وَقُودُهَا.[9]

---

١. غرر الحكم، ص ٣٦٠.

٢. ميزان الحكمة، ج ٧، ص ١٥.

٣. غرر الحكم، ص ٧٧١.

٤. غرر الحكم، ص ٧٧٣.

٥. غرر الحكم، ص ٧٧٤.

٦. غرر الحكم، ص ٤١٤.

٧. غرر الحكم، ص ٤١٥.

٨. غرر الحكم، ص ٣٥٣.

٩. نهج البلاغة، الخطبة ٢٣٤.

تمرين٢٧. اقرن كلّ موصوف في العمود الأيمن بالصفة التي توافقه من العمود الأيسر:

١. الحِمْل ، السماء ، الثلج، الحيّة ، الغناء ، الهاوية.	١. الزرقاء ، الأبيض ، الثّقيل، الْعَميقة ، السّامَّة ، الرّخيم.
٢. الجندي ، النّار ، النّجم، المرآة ، الزُّجاج ، الكَذِب، الْكَلْب.	٢. المُخجل ، الشجاع ، الحامية، المنير ، الصَّيْقلة ، الشّفاف، الأمين.
٣. الذئب، العُشْب، الولد، النّهر، الرّيش، الكتاب.	٣. المطيع، النّافع، الأخضر، السريع، الشرس، الخفيف.

تمرين٢٨. حوّل الأفعال الآتية إلى موصوفات من لفظها، مثلاً «غَفَر = غفران»

غَزا ، غَسَلَ ، غَدَرَ ، سَمِعَ ، غَوىٰ ، دَعَا ، كَتَبَ ، طَلَبَ ، وَرَعَ ، باعَ ، بَرَعَ ، ضَرَّ ، نَامَ ، بَنىٰ ، سَمِحَ ، غَاضَ.

تمرين٢٩. دلّ على أنواع كلّ اسم من الأسماء المطبوعة بخطٍّ أسود:

مثلاً: ضعيفاً: متصرّف، صفة، مشتق. شيء: متصرّف، موصوف، جامد

«أسدٌ و ثعلبٌ»

أَسَدٌ شاخ و أصبح **ضعيفاً** فلم يقدر على **شيء** من **ٱلوحوش** فأراد أن يحتالَ لنفسهِ في ٱلمعيشة فتمارضَ في بعض ٱلمَغاراتِ، و كان كلَّما أتاه زائرمن ٱلوحوش ٱفترسه.

فأتى ٱلثعلب يوماً و وقف على ٱلباب مسلّماً عليه قائلاً له: «كيف حالك يا سيّدَ ٱلوحوش؟» فقال له الأسدُ: «ما لك لا تدخل يا أبا ٱلحُصَيْن؟» فقال له ٱلثعلب: «يا سيّدُ قد كنتُ عَوّلتُ على هذا غير أني أرىٰ عندك آثارَ أقدام كثيرة قد دخلوا و لا أرىٰ أن خرج منهم أحدٌ».

- ١١ -

اسم العلم و الجنس

٨٣. ما هو اسم العلم؟

٨٤. ما هو اسم الجنس؟

٨٥. كم نوعاً اسم الجنس؟

٨٦. عَدِّد أسماء الجنس المشتقة.

٨٧. ما هو اسم المكان؟

٨٨. ما هو اسم الزمان؟

٨٩. كيف يبنى اسم المكان و الزمان من الفعل الثلاثي؟

٩٠. كيف يبنى اسم المكان و اسم الزمان مما فوق الثلاثي؟

٩١. ما هو اسم الآلة؟

٩٢. كيف يبنى اسم الآلة؟

٨٣. اسم العَلَم هو كان كلمة تدل بالتعيين على شخص أو حيوان أو شيء؛ مثل: إبراهيم، بارود و دمشق.

٨٤. اسم الجنس هو ما دلَّ من غير تعيين على كل الأشخاص أو الحيوانات أو الأشياء الداخلة تحت جنس واحد؛ نحو: رَجُلٌ، كَلْبٌ و مدينةٌ.

٨٥. اسم الجنس نوعان: جامد و مشتق.

٨٦. أسما الجنس المشتقة هي: اسم المكان و اسم الزمان و اسم الآلة.

٨٧. اسم المكان صيغة تدلّ على موضع وقوع الفعل؛ نحو: مَطْبَخ.

٨٨. اسم الزمان صيغة تدل على وقت وقوع الفعل؛ نحو: مَغْرِب.

٨٩. يُبنى اسم المكان و الزمان من الفعل الثلاثي على وزن:

* **مَفْعَل**
  - في المضموم العين في المضارع : طَبَخَ ، يَطْبُخُ ← **مَطْبَخ**
  - في المفتوح العين في المضارع : ذَبَحَ، يَذْبَحُ ← **مَذْبَح**
  - في الفعل الناقص : رَمَىٰ ، يَرْمِي ← **مَرْمىٰ**

* **مَفعِل** في المكسور العين في المضارع: ضَرَبَ، يَضْرِبُ ← **مَضْرِب**.

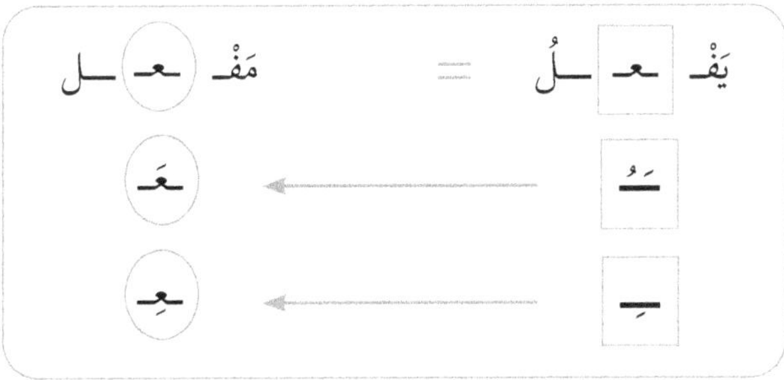

٩٠. يُبنى اسم المكان و الزمان مما فوق الثلاثي على وزن المضارع المجهول بإبدال حرف المضارعة ميماً مضمومة؛ نحو:

اسم المكان والزمان		مضارع مجهول	مضارع معلوم	ماضٍ
مُسْتَشْفي	←	**يُسْتَشْفىٰ**	**يَسْتَشْفي**	**اسْتَشْفىٰ**
مُزَلْزَل	←	**يُزَلْزَل**	**يُزَلْزِل**	**زَلْزَلَ**

٩١.اسم الآلة هو صيغة تدل على أداة العمل؛ نحو: مِعْوَل و مِبْرَد.

٩٢. اسم الآلة يُبنى من الثلاثي المتعدي و له ثلاثة أوزان:

* **مِفْعَل** مثل: بَرَدَ ← **مِبْرَد**
* **مِفْعَلَة** مثل: كَنَسَ ← **مِكْنَسَة**
* **مِفْعال** مثل: فَتَحَ ← **مِفْتاح**

تمرين٣٠. ميّز في الكلمات التّابعة اسم العلم من اسم الجنس:

اللّهُ ، آدَم ، مدينة ، أخ ، طهران ، إسلام ، مكّة ، كتاب ، جبل ، سفينة، زهراء ، مصباح، هود ، شَجَر ، دار ، نَهْر ، حجر ، سَجّاد ، وفاء.

تمرين٣١. اُذكر في المحل المفرغ اسم العلم أو الجنس الموافق في المعنى:

.... أوَّلُ رَجُلٍ وَ.... أَوَّلُ ٱمرأةٍ،.... أكبر مُدُن مصر،.... هو أعلىٰ جَبلٍ في لبنان،.... أجوَد نواحي ٱلشَّرق هواءً،.... يَحْمل ٱلأثقال... يَجُرُّ ٱلعَجَلاتَ،.... يَأْكُلُ ٱلدَّجاج.

تمرين٣٢. اُذكر المضارع المعلوم واضبط عينه بالحركة ثُمّ صغ منه اسم المكان والزمان مع ضبطه بالحركات:

حَطَّ ، وَقَفَ ، نَبَعَ ، جَمَعَ ، سَعَىٰ ، دَرَسَ ، رَبِعَ ، كَتَبَ ، جَرَىٰ ، صَبَّ.

تمرين٣٣. ابْن اسم الآلة مِنَ الأفعال في الجمل الآتية:

فَتَحَ ٱلْبابَ ، قَلَعَ ٱلحَجَرَ ، بَرى ٱلقَلَمَ ، صَفَا ٱلماءُ ، غَرَفَ ٱلقِدْرَة، بَرَدَ ٱلحديدَ ، حَكَّ ٱلذَّهبَ ، قَصَّ ٱلخياطُ ، نَشَرَ ٱلنَّجارُ ، وَزَنَ ٱلقَمْحَ.

تمرين٣٤. عيّن اسم الزمان و المكان و الآلة:

١. القرآن الكريم: مَا لَكُمْ مِن مَلْجَأٍ يَوْمَئِذٍ.[١]

٢. القرآن الكريم: وَ لِكُلِّ أُمَّةٍ جَعَلْنَا مَنسَكاً.[٢]

٣. القرآن الكريم: نِعْمَ ٱلثَّوابُ وَ حَسُنَتْ مُرْتَفَقاً.[٣]

---

١. سورة الشورى / الآية ٤٧.

٢. سورة الحج / الآية ٣٤.

٣. سورة الكهف / الآية ٣١.

٤. **القرآن الكريم:** نٓ وَ ٱلْقَلَمِ وَ ما يَسْطُرُونَ.[١]

٥. **القرآن الكريم:** إنَّ يَوْمَ ٱلْفَصْلِ كَانَ مِيقَاتاً.[٢]

٦. **القرآن الكريم:** مَا دَلَّهُمْ عَلَىٰ مَوْتِهِ إِلَّا دَابَّةُ ٱلْأَرْضِ تَأْكُلُ مِنْسَأَتَهُ.[٣]

٧. **الإمام عليٌّ** عليه السلام: وَ لِكُلِّ بابٍ مِفْتَاحٌ وَ لِكُلِّ لَيْلٍ مِصباحٌ.[٤]

٨. **الإمام عليٌّ** عليه السلام: يَرْصُدُونَكُمْ بِكُلِّ مِرْصَادٍ.[٥]

---

١. سورة القلم / الآية ١.

٢. سورة النبأ/ الآية ١٧.

٣. سورة سبأ / الآية ١٤.

٤. نهج البلاغة / الخطبة ١٩٤.

٥. نهج البلاغة / الخطبة ١٩٤.

- ١٢ -

المصدر

٩٣.ما هو المصدر؟

٩٤. كيف يبنى المصدر من الفعل الثلاثي المجرد؟

٩٥. كيف يبنى المصدر من الفعل الثلاثى المزيد؟

٩٦. كيف يبنى المصدر من الفعل الرباعي المجرد؟

٩٧. كيف يبنى المصدر من الفعل الرباعي المزيد؟

٩٨. هل للأفعال مصدر غير الذي سبق ذكره؟

٩٩. كيف يبنى المصدر الميمي من الفعل الثلاثي؟

١٠٠. كيف يبنى المصدر الميمي من الفعل غير الثلاثي؟

٩٣. المصدر هو ما يدل على حالة أو حدث دون زمان؛ **نحو**: أَخْذٌ (أَخَذَ)، تَسْليمٌ (سَلَّمَ).

٩٤. إنَّ المصدر من الفعل الثلاثي المجرد يأتي على أوزان كثيرة تُعرف من كتب اللغة؛ **نحو**:

نَصْر (نَصَرَ) ، **جُلُوس** (جَلَسَ) ، **بِناء** (بَنىٰ) ، **كَرَم** (كَرُمَ) ، **زِراعة** (زَرَعَ).

٩٥.إنّ المصدر من الفعل الثلاثي المزيد قياسى على الوجه الآتي:

❊ أفْعَلَ	**إفْعالاً**	كقولك :	**أَكْرَمَ إِكْراماً.**
❊ فَعَّلَ	**تَفْعيلاً و تَفْعِلَةً**	كقولك :	**قَدَّمَ تَقْديماً و تَقْدِمَةً.**
❊ فاعَلَ	**فِعالاً و مُفاعَلَةً**	كقولك :	**نازَعَ نِزاعاً و مُنازَعَةً.**
❊ اِنفَعَلَ	**اِنْفعالاً**	كقولك :	**اِنْكَسَرَ اِنْكِساراً.**
❊ اِفتَعَلَ	**اِفْتِعالاً**	كقولك :	**اِجْتَمَعَ اِجْتِماعاً.**
❊ تَفَعَّلَ	**تَفَعُّلاً**	كقولك :	**تَأَخَّرَ تَأَخُّراً.**
❊ تَفاعَلَ	**تَفاعُلاً**	كقولك :	**تَباعَدَ تَباعُداً.**
❊ اِفْعَلَّ	**اِفْعِلالاً**	كقولك :	**اِحْمَرَّ اِحْمِراراً.**
❊ اِسْتَفْعَلَ	**اِسْتِفْعالاً**	كقولك :	**اِسْتَرْحَمَ اِسْتِرْحاماً.**
❊ اِفْعَوْعَلَ	**اِفْعيعالاً**	كقولك :	**اِحْدَودَبَ اِحْديداباً.**

٩٦. إنَّ المصدر من الفعل الرباعي المجرّد قياسي: **فَعْلَلَ فَعْلَلَةً** و **فِعْلالاً**.

كقولك: **دَحْرَجَ دَحْرَجَةً** وَ **دِحْراجاً** أو **زَلْزَلَ زَلْزَلَةً** و **زِلْزالاً**.

٩٧. إنّ المصدر من الفعل الرباعي المزيد قياسي على الوجه الآتي:

تَفَعْلَلَ	**تَفَعْلُلاً**،	كقولك :	تَدَحْرَجَ	**تَدَحْرُجاً**
اِفْعَنْلَلَ	**اِفْعِنْلالاً**،	كقولك :	اِحْرَنْجَمَ	**اِحْرِنجاماً**
اِفْعَلَلَّ	**اِفْعِلالاً**،	كقولك :	اِطْمَأَنَّ	**اِطْمِئْناناً**

٩٨. للأفعال المجردة و المزيدة، في الثلاثي و الرباعي، مصدر آخر يُسمّى المصدر الميمي لأنّ في أوّله ميماً.

٩٩. يُبنى المصدر الميمي من الفعل الثلاثي على وزن:

* **مَفْعِل** في المثال الواوي، نحو: وَعَدَ ← **موْعِد** - وَرَدَ ← **مَوْرِد**.
* **مَفْعَل** في غيره، نحو: أَكَلَ ← **مَأْكَل** - شَرِبَ ← **مَشْرَب**.

١٠٠. يُبنى المصدر الميمي من الفعل غير الثلاثي على وزن المضارع المجهول بإبدال حرف المضارعة ميماً مضمومة؛ نحو:

ماضٍ	مضارع معلوم	مضارع مجهول		المصدر الميمي
اِنْحَدَرَ	يَنْحَدِرُ	يُنْحَدَرُ	←	**مُنْحَدَر**
دَحْرَجَ	يُدَحْرِجُ	يُدَحْرَجُ	←	**مُدَحْرَج**

تمرين٣٥. ابْن المصدر الميمي من الأفعال الآتية:

قَدِمَ ، نَامَ ، نَازَعَ ، وَرِثَ ، رَجَعَ ، أَمْطَرَ، ثَابَرَ ، شَمَّرَ، وَثَبَ، شَدَّدَ، كَتَمَ ، وَافَقَ، اِسْتَودَعَ ، صَلَّىٰ ، اِنْقَسَمَ.

تمرين٣٦. اذكر الماضي من المصادر الآتية:

كِتابة ، عِلْم ، قُعُود ، عَطَش ، عُذُوبة ، صِياغة ، عِزّة ، طَهارة ، فَرَح، حِماية ، إعجاز ، وِقاية ، اِستعجان ، تعجيل ، استطاعة ، زِلزال ، اِخْتِلاق، تَنْفِيذ ، تَفاخُر ، عَجز ، مُجادلة ، اِكتساب ، تَكاثُر ، اِطْمئنان ، اِسْتحياء.

تمرين٣٧. صغ المصدر من الأفعال القرآنية:

سَمِعَ ، سَاقَ ، أَبىٰ ، عَسْعَسَ ، سَرَقَ ، زُحْزِحَ ، سَأَلَ ، رَفَعَ ، رَأىٰ ، مَاتَ ، نادَىٰ ، نَزَعَ، هَدَىٰ ، اِسْتَوىٰ ، سَوّى ، اِتَّسَقَ ، وَسْوَسَ ، أَحَلَّ ، هَاجَرَ ، اِسْتَغْلَظَ ، طَهَّرَ، تَمَتَّعَ ، اِسْتَكْبَرَ ، خَاطَبَ ، اِنْسَلَخَ ، أَنَابَ ، اِهْتَدىٰ ، حُمِّلَ ، اُسْتُهْزِئَ ، أَرْسَلَ ، اِسْتَمَعَ.

- ١٣ -

الصفة: اسم الفاعل و اسم المفعول

١٠١. ما هو اسم الفاعل؟

١٠٢. كيف يبنى اسم الفاعل من الثلاثي؟

١٠٣. كيف يبنى اسم الفاعل من غير الثلاثي؟

١٠٤. ما هو اسم المفعول؟

١٠٥. كيف يبنى اسم المفعول من الثلاثي؟

١٠٦. كيف يبنى اسم المفعول من غير الثلاثي؟

١٠٧. من أي الأفعال يبنى اسم المفعول؟

١٠٨. كم هي المشتقات مما فوق الثلاثي التي تكون بلفظ واحد؟

١٠١. اسم الفاعل صيغة تدل على من يفعل الفعل، نحو:

ضارِب (= الّذي ضَرَبَ) ـ **مُسْتَغْفِر** (= الّذي اسْتَغْفَرَ).

١٠٢. يُبنى اسم الفاعل من الثلاثي على وزن فاعل، نحو:

فَ عَ لَ ← فَ ا عِ لُ

دَ رَ سَ ← دَ ا رِ سٌ

١٠٣. يُبنى اسم الفاعل من غير الثلاثي على وزن المضارع المعلوم بإبدال حرف المضارعة ميماً مضمومة و كسر ما قبل الآخر؛ نحو:

أَفْعَـلَ ← يُـفْعِـلُ ← مُـفْعِـلٌ

ماضٍ	مضارع معلوم	← اسم فاعل
أكْرَمَ	يُكْرِمُ	← **مُكْرِمٌ**
تَقاتَلَ	يَتَقَاتَلُ	← **مُتقاتِلٌ**
تَدَحْرَجَ	يَتَدَحْرَجُ	← **مُتَدَحْرِجٌ**

١٠٤. اسم المفعول هو صيغة تدلُّ على ما يقع عليه الفعل؛ نحو:

مَضْروبٌ (= الّذي ضُرِبَ) ـ **مُكَرَّمٌ** (= الّذي كُرِّمَ).

١٠٥. يُبنى اسم المفعول من الثلاثي على وزن مفعول؛ نحو:

فَـ ـعَـ ـلَ ← **مَـ ـفْـ ـعُـ ـو لٌ**

كَـ ـتَـ ـبَ ← **مَـ ـكْـ ـتُـ ـو بٌ**

١٠٦. يُبنى اسم المفعول من غير الثلاثي على وزن المضارع المجهول بإبدال حرف المضارعة ميماً مضمومة؛ نحو:

فَعَّـلَ ← يُفَعِّـلُ ← يُـفَعَّـلُ ← مُـفَعَّـلٌ

ماضٍ	مضارع معلوم	مضارع مجهول		اسم مفعول
قَدَّمَ	يُقَدِّمُ	يُقَدَّمُ	←	مُقَدَّمٌ

١٠٧. يُبنى اسم المفعول من الأفعال المتعدية إمّا بنفسها و إما بالحرف؛ نحو:

اِسْتَخْرَجَ ٱلذَّهَبَ ← ذَهَبٌ مُسْتَخْرَجٌ

تَباعَدَ عَن ٱلمدينةِ ← مَدينة مُتباعَدٌ عنها

جَلَسَ على ٱلمقعدِ ← مَقعدٌ مَجْلوسٌ عليه

أشارَ إلى ٱلفَتىٰ ← فَتًى مُشارٌ إليه

غَضِبَ على ٱلمجرِمِ ← مُجرِمٌ مَغضوبٌ عليه

١٠٨. المشتقات مما فوق الثلاثي التي تكون بلفظ واحد أربعةٌ: اسم المفعول و المصدر الميمي و اسم المكان و اسم الزمان؛ نميز بينها حَسبَ المعنى.

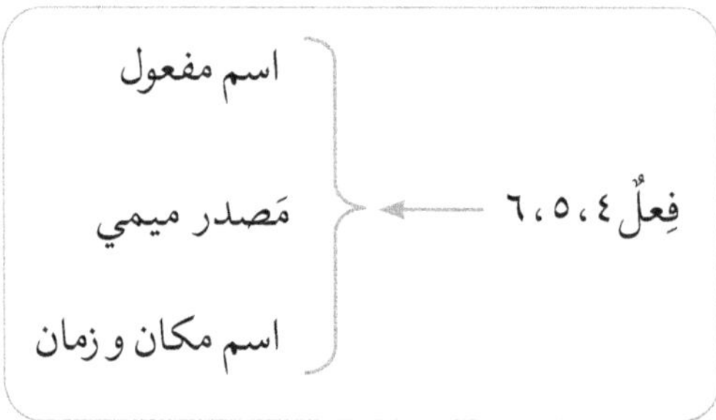

تمرين٣٨. ابْن اسمي الفاعل و المفعول من الأفعال التالية:

جَعَلَ ، غَضِبَ ، قَعَدَ ، عَبَدَ ، سَجَدَ ، هَدىٰ ، نَادىٰ ، نَصَرَ ، نَغَشَ، اِهْتَدىٰ ، أجْرَمَ ، أسْلَمَ ، اِسْتَسْلَمَ ، كَرَّمَ ، طَلَقَ ، اِضْطَرَّ ، صَوَّرَ ، عَفا، اِطَّلَعَ، اِطْمَأنَّ، اِسْتَهْزَأَ.

تمرين٣٩. حوّل المصدر إلى اسم الفاعل من فعله؛ مثلاً:

خَلْقُ الإنسان ← خالِقُ الإنْسان.

إصْلاحُ ٱلمشاكِل ، اِتِّقَاءُ ٱلنَّفس ، إحياء ٱلْحَقِّ ، اِسْتِحْقَاقُ ٱلْعُقوبة ، مُعاقَبَةُ ٱلمذْنِب ، إيثارُ ٱلغير ، طَلَبُ ٱلعلم ، اِطاعَةُ ٱللهِ ، زُهْدٌ في ٱلدُّنيا ، إحْسانٌ إلى ٱلمسئ ، نَجاةٌ مِنَ ٱلمَوْت ، رِوَايَةُ ٱلحديث ، تَعدّدُ ٱلمْزايا ، إعجابُ ٱلرَّأي.

تمرين٤٠. دُلّ على اسمي الفاعل و المفعول:

١. القرآن الكريم: وَٱلسَّابِقُونَ ٱلسَّابِقُونَ ۞ أُولَٰئِكَ ٱلْمُقَرَّبُونَ.[١]

٢. القرآن الكريم: قَدْ أَفْلَحَ ٱلْمُؤْمِنُونَ ۞ ٱلَّذِينَ هُمْ فِي صَلَاتِهِمْ خَاشِعُونَ ۞ و ٱلَّذِينَ هُمْ عَنِ اللَّغْوِ مُعْرِضُونَ ۞ وَ ٱلَّذِينَ هُمْ لِلزَّكاةِ فَاعِلونَ.[٢]

٣. القرآن الكريم: فَمَنْ شَاءَ ذَكَرَهُ ۞ فِي صُحُفٍ مُكَرَّمَةٍ ۞ مَرْفُوعَةٍ مُطَهَّرَةٍ.[٣]

٤. القرآن الكريم: وٱلْمُرْسَلاتِ عُرْفاً ۞ فَٱلْعَاصِفاتِ عَصْفاً ۞ و ٱلنَّاشِراتِ نَشْراً.[٤]

٥. القرآن الكريم: إنَّ ٱلمُسْلِمِينَ وَٱلمُسْلِماتِ وَٱلمُؤمِنينَ وَ ٱلمُؤمِناتِ وَٱلقَانِتِينَ وَٱلقَانِتاتِ وَٱلصَّادِقينَ وَٱلصَّادِقَاتِ وَٱلصَّابِرِينَ وَ ٱلصَّابِراتِ وَٱلخَاشِعِينَ وَٱلخَاشِعاتِ وَ ٱلمُتصَدِّقِينَ وَ ٱلمُتصَدِّقاتِ وَ ٱلصَّائِمِينَ وٱلصَّائِماتِ وَٱلحافِظِينَ فُرُوجَهُمْ وَٱلحَافِظاتِ وَٱلذَّاكِرِينَ ٱللهَ كَثِيراً و ٱلذَّاكِراتِ أَعَدَّ ٱللهُ لَهُمْ مَغْفِرَةً وَ أجْراً عَظِيماً.[٥]

---

١. سورة الواقعة / الآيتان ١٠ و ١١.

٢. سورة المؤمنون /الآيات ١-٤.

٣. سورة عبس /الآيات ١٣-١٤.

٤. سورة المرسلات / الآيات ١-٣.

٥. سورة الأحزاب / الآية ٣٥.

تمرين٤١. ميّز اسم المفعول من المصدر الميمي و من اسم المكان و اسم الزمان:

١. القرآن الكريم: عِنْدَ سِدْرَةِ ٱلْمُنْتَهىٰ.[1]

٢. القرآن الكريم: أصْحَابُ ٱلْجَنَّةِ يَؤْمَئِذٍ خَيرٌ مُسْتَقَرّاً وَ أَحْسَنُ مَقِيلاً.[2]

٣. القرآن الكريم: أُرْكُضْ بِرِجْلِكَ هذا مُغْتَسَلٌ بَارِدٌ وَ شَرَابٌ.[3]

٤. القرآن الكريم: و كُلُّ صَغِيرٍ وَ كَبيرٍ مُسْتَطَرٌ.[4]

٥. القرآن الكريم: إلَى ٱللهِ مَرْجِعُكُمْ.[5]

٦. القرآن الكريم: وَ لا يَجِدُونَ عَنْهَا مَحِيصاً.[6]

٧. القرآن الكريم: وَ سَيَعْلَمُ ٱلَّذِينَ ظَلَمُوا أيَّ مُنْقَلَبٍ يَنْقَلِبُونَ.[7]

٨. الإمام عليٌّ عليه السلام: مَغْرَسُ ٱلْكَلامِ ٱلْقَلْبُ وَ مُسْتَوْدَعُهُ ٱلْفِكْرُ.[8]

٩. الإمام عليٌّ عليه السلام: مَاضِي يَوْمِكَ فَائِتٌ و آتِيهِ مُتَّهَمٌ وَوَقْتُكَ مُغْتَنَمٌ.[9]

١٠. الإمام عليٌّ عليه السلام: في كُلِّ تَجْرِبةٍ مَوْعِظَةٌ و في كُلِّ حَسَنَةٍ مَثُوبَةٌ.[10]

١١. الإمام عليٌّ عليه السلام: فَٱلْمُتَّقُونَ فِيهَا هُمْ أَهْلُ ٱلْفَضَائِلِ، مَنْطِقُهُمُ ٱلصَّوَابُ، وَ مَلْبَسُهُمُ ٱلْاِقْتِصَادُ، وَ مَشْيُهُمُ ٱلتَّوَاضُعُ.[11]

---

١. سوره النجم / الآية ١٤.

٢. سورة الفرقان/ الآية ٢٤.

٣. سورة ص / الآية ٤٢.

٤. سورة القمر / الآية ٥٣.

٥. سورة هود / الآية ٤.

٦. سورة النساء / الآية ١٢١.

٧. سورة الشعراء / الآية ٢٢٧.

٨. غرر الحكم / ص ٧٦٤.

٩. غرر الحكم / ص ٧٦٥.

١٠. غرر الحكم / ص ٣٣.

١١. نهج البلاغة / الخطبة ١٩٣.

- ١٤ -

الصفة المشبهة باسم الفاعل

١٠٩. ما هي الصفة المشبهة باسم الفاعل؟

١١٠. كيف تبنى الصفة المشبهة من الفعل الثلاثي؟

١١١. كيف تبنى الصفة المشبهة من الثلاثي الدال على لون أو عيب أو حلية؟

١١٢. كيف تبنى الصفة المشبهة من غير الثلاثي؟

١٠٩. الصفة المشبهة باسم الفاعل هي صيغة مشتقة من الفعل اللازم بمعنى اسم الفاعل، غير أنّها لا تدل على حدث فعله الفاعل بل على حالة ثابتة فيه؛ نحو:

وَلَدٌ حَسَنٌ ، رَجُلٌ كريمٌ (صفة مشبهة تدل على حالة ثابتة في الرجل و الولد).

وَلَدٌ حاسنٌ ، رَجُلٌ كارِمٌ (اسم فاعل يدل على حدث يَفعلُه الرجل و الولد).

١١٠. تُبنى الصفة المشبهة من الفعل الثلاثي سماعا على أوزان شتى؛ نحو:

طاهر ، عطشان و ظريف.

١١١. تبنى الصفة المشبهة من الثلاثي الدال على لون أو عَيْب أو حِلْية[١] على وزن أَفْعَل؛ نحو: **أسْمَر ٱلوَجْه ـ أعْمى ٱلقَلْبِ ـ أَهْيَفُ ٱلقَد.**

١١٢. تُبنى الصفة المشبهة من غير الثلاثي على صيغة اسم الفاعل؛ نحو:

اِعْتَدَلَ يَعْتَدِلُ ← مُعْتَدِلٌ.

١. الحلية هي ما يرى من ظاهر الإنسان و هيئته.

تمرين٤٢. ضع تحت الصفة المشبهة خطّاً و تحت اسم الفاعل خطّين:

١. القرآن الكريم: وُجُوهٌ يَوْمَئِذٍ مُسْفِرَةٌ ۞ ضَاحِكَةٌ مُسْتَبْشِرَةٌ.[١]

٢. القرآن الكريم: فِي مَقْعَدِ صِدْقٍ عِنْدَ مَلِيكٍ مُقْتَدِرٍ.[٢]

٣. القرآن الكريم: هَلْ يَسْتَوِي ٱلْأَعْمَىٰ وَٱلْبَصِيرُ.[٣]

٤. القرآن الكريم: وَ لَمَّا رَجَعَ مُوسَىٰ إِلَىٰ قَوْمِهِ غَضْبَانَ أَسِفاً.[٤]

٥. القرآن الكريم: فَبَصَرُكَ ٱلْيَوْمَ حَدِيدٌ.[٥]

٦. القرآن الكريم: وَ عَبْقَرِيٍّ حِسَانٍ.[٦]

٧. الإمام عليٌ عليه السلام: اَلْمُؤْمِنُونَ لِأَنْفُسِهِم مُتَّهِمُونَ، وَ مِنْ فَارِطِ زَلَلِهِمْ وَجِلُونَ، وَ لِلدُّنْيَا عَائِفُونَ، وَ إِلى ٱلآخِرَةِ مُشْتَاقُونَ، وَ إِلى ٱلطَّاعَاتِ مُسَارِعُونَ.[٧]

٨. الإمام عليٌ عليه السلام: إِنَّا لَنُحِبُّ مَنْ كَانَ عَاقِلاً فَهِماً فَقِيهاً حَلِيماً مُدَارِياً صَبُوراً صَادِقاً وَفِيّاً.[٨]

تمرين٤٣. ابْنِ الصفة المشبهة من الأفعال الآتية:

عَلىٰ وزن فعيل: قَدُمَ ، جَمُلَ ، جَدَّ ، طالَ ، قَصُرَ ، غَلُظَ ، غَني، عَتُقَ ، صَحَّ.

عَلىٰ وزن أفْعَل: سَوِدَ ، عَرَجَ ، كَحَلَ ، شَمَّ ، فَرِسَ ، عَوِرَ ، دَعَجَ ، حَمَقَ ، عَمِيَ ، حَمَرَ.

---

١. سورة عبس / الآيتان ٣٨ و ٣٩.

٢. سورة القمر / الآية ٥٥.

٣. سورة الرعد / الآية ١٦.

٤. سورة الأعراف / الآية ١٥٠

٥. سورة ق / الآية ٢٢.

٦. سورة الرحمن / الآية ٧٦.

٧. غرر الحكم / ص ١٠٠.

٨. سفينة النجاة، ج ١ / ص ٣٨.

تمرين ٤٤. ابن من الأفعال التالية الصفة المشبهة المستعملة في القرآن الكريم:

كَرُمَ، عَزَّ، خَشَعَ، تَكَبَّرَ، اِهْتَدىٰ، آمَنَ، اِنْشَقَّ، تَصَدَّقَ، بَشَّرَ، نَذَرَ، أَفْرَطَ، رَصَّ، مَنَّ، شَهِدَ.

تمرين ٤٥. ابن مكان المصدر، الصفة المشبهة: مثلاً:

ضَخَامَةُ الْجِسْمِ ← جِسْمٌ ضَخِيمٌ.

تَواضُعُ الْأَغْنِياءِ، حَياةُ النَّفْسِ، إِنارَةُ الْقَلْبِ، صَبْرُ الْمُؤْمِنِ، قَناعَةُ الْفَقيرِ، جَوْرُ الْمَلِكِ، فَرَحُ الْيَتيمِ، قُوَّةُ الْيَقينِ، إِنْجازُ الْوَعْدِ، كَرامَةُ الرَّجُلِ، سَخاءُ الْيَدِ، اِطْمِئْنانُ الْمُناضِلِ، فَصاحَةُ اللِّسانِ، حُمْرَةُ الدَّمْعِ، خُضْرَةُ الطَّريقِ، سُودَةُ الْعَدُوِّ، اِسْتِجابَةُ الدُّعاءِ.

- ١٥ -

الصفة: أوزان المبالغة

١١٣. ما هي أوزان المبالغة؟

١١٤. كيف تبنى أوزان المبالغة؟

١١٥. بأي معنى يأتي وزنا فعول و فعيل؟

١١٦. ما هو حكم وزن فعول مع الموصوف؟

١١٧. ما هو حكم وزن فعيل مع الموصوف؟

١١٣. أوزان المبالغة هي صيَغ يحوّل إليها اسم الفاعل لقصد التكثير، نحو:

رَحِمَ ← **راحِمٌ** ← **رَحِيمٌ**

كَذَبَ ← **كاذِبٌ** ← **كَذوبٌ**

١١٤. لا تبنى أوزان المبالغة إلاّ من الثلاثي و هي سماعية و أشهر أوزانها:

* فَعَّال : **جَبّارٌ**	* فِعِّيلٌ : **صِدِّيقٌ**
* فَعَّالة : **رَجُلٌ عَلاّمَةٌ**[1]	* فَعِل : **حَذِرٌ**
* مِفْعال : **مِفْضالٌ**	* فعيل : **رَحيمٌ**
* مِفْعيل : **مِسْكينٌ**	* فَعول : **كَذوبٌ**

---

١. و التاء هنا ليست للتأنيث.

بعض أوزان المبالغة

جَبّـار ، وَهّـاج ، لَـذّاع ، نَهّـام ، طَـوّاف ، رَوّاد
رَوّادة ، فَهّامَـة ، عَلّامـة ، مِجْـزاع ، مِـدْرار ، مِطْـواع
مِفْضـال ، مِكْثـار ، سِـكّير ، قِدّيـس ، صِدّيـق
إِكّيـل ، شِـرّيب ، مِكَـرّ ، مِفَـرّ ، طَـروب ، نَـؤُوم
خَضُـوع ، خَـدُوم ، رَؤُوف ، وَدُود ، كَـذُوب

١١٥. يأتي وزنا فعول و فعيل إمّا بمعنى **اسم الفاعل** و إمّا بمعنى **اسم المفعول**.

نحو: **رَسول** (= مُرْسَل) - **جرَيحٌ** (= مَجْروحٌ).

صَدوق (= صَادِق) - **رَحيم** (= رَاحِم).

١١٦. يختلف حكم وزن فعول مع الموصوف باختلاف معناه:

- إذا جـاء «فعـول» بعمـنى اسـم المفعـول يتبـع الموصوف، ظاهـراً كان أو مستتراً، في التذكير و التأنيث؛ نحو:

هذا رسولٌ و هذه رسولَةٌ. **جاءَ رَسولٌ و رَسولَةٌ.**

- إذا جاء «فعول» بمعنى اسم الفاعل يبقى مذكراً (مع المذكر و المؤنث) إذا كان الموصوف ظاهراً؛ نحو:

جاءَ الأبُ ٱلحنونُ و الأُمُّ ٱلحنونُ.

- لكنه يتبع الموصوف في التذكير و التأنيث إذا كان الموصوف مستتراً؛ نحو:

جاء ٱلحنونُ و ٱلحنونةُ.

١١٧. يختلف حكم وزن فعيل مع الموصوف باختلاف معناه:

* إذا جاء «**فعيل**» بمعنى اسم **الفاعل** يتبع الموصوف، ظاهراً كان أو مستتراً، في التذكير و التأنيث؛ نحو:

هذا شَفيقٌ و هذه شَفيقةٌ ، جاء شفيقٌ وَ شفيقةٌ.

* إذا جاء «**فعيل**» بمعنى اسم **المفعول** يبقى مذكراً (مع المذكر و المؤنث) إذا كان الموصوف ظاهراً؛ نحو:

جاءَ رجلٌ جريحٌ و امراةٌ جريحٌ.

* لكنه يتبع الموصوف في التذكير و التأنيث إذا كان الموصوف مستتراً؛ نحو:

جاءَ جريحٌ و جريحةٌ.

تمرين٤٦. ابْن اسم المبالغة من الأفعال التالية:

أستاذٌ (عَلِم) ، عَالِمٌ (رَحَل) ، أديبٌ (نَبَغ) ، شريكٌ (صَدَق) ، قاضٍ (عَدَلَ) ، أبٌ (عَطَفَ) ، نورٌ (سَطَعَ) ، صَديق (وَدَّ) ، طَالِبٌ (جَهَد) خادمٌ (صَبَر) ، قَصَّاصٌ (روى)، جُنديٌّ (قَدِمَ) ، عَدُوٌّ (غَدَرَ).

تمرين٤٧. ميّز معنى الفاعل من المفعول في وزني فَعيل و فَعول:

رَبٌّ عليمٌ ، رَجُلٌ نَصِيرٌ ، مَرْيَمُ البَتُول ، وَلَدٌ حَبيبٌ ، رَبُّكَ غَفُورٌ ، قرآنٌ مَجيدٌ ، فَارسٌ رَسُولٌ ، نَعْجَةٌ ذَبيحٌ ، تاجِرٌ كَسُوبٌ قِدّيسٌ سَميعٌ ، دَمٌ نَزيفٌ ، مَاءٌ شَرُوبٌ ، سُلطانٌ غَفُورٌ.

تمرين٤٨. أصلح فعول و فعيل في العبارات التالية عند الحاجة:

مُتَعَبِّدٌ تَقِيٌّ ، ابْنَةٌ تَقِيَّةٌ ، رَجُلٌ صَبُورٌ ، هي شَفِيقٌ ، رَبٌّ شَفيقٌ ، سَيّدةٌ غفورٌ، أُمٌّ حَنُونةٌ ، لُغَةٌ فَصيحٌ ، كاتبةٌ فَخُورةٌ ، هي عريفُ ٱلنَّسب ، مَلكةٌ مَرْحُومَةٌ.

تمرين٤٩. ميّز اسم الفاعل من اسم المفعول و من الصفة المشبهة و أوزان المبالغة:

١. القرآن الكريم: هُوَ ٱللهُ ٱلَّذِي لا إِلٰهَ إِلَّا هُوَ عَالِمُ ٱلْغَيْبِ وَٱلشَّهادَةِ هُوَ ٱلرَّحْمٰنُ ٱلرَّحِيمُ ۞ هُوَ ٱللهُ ٱلَّذِي لَا إِلٰـهَ إِلَّا هُوَ ٱلْمَلِكُ ٱلْقُدُّوسُ ٱلسَّلامُ ٱلْمُؤْمِنُ ٱلْمُهَيْمِنُ ٱلْعَزِيزُ ٱلْجَبَّارُ ٱلْمُتَكَبِّرُ سُبحانَ ٱللهِ عَمَّا يُشرِكُونَ ۞ هُوَ ٱللهُ ٱلْخَالِقُ ٱلْبَارِئُ ٱلْمُصَوِّرُ لَهُ ٱلْأَسْمَاءُ ٱلْحُسْنَى يُسَبِّحُ لَهُ مَا فِي ٱلسَّمٰواتِ وَ ٱلْأَرْضِ وَ هُوَ ٱلْعَزِيزُ ٱلْحَكِيمُ.[١]

٢. القرآن الكريم: إِنَّ فِي ذٰلِكَ لَآيَةً لِمَنْ خَافَ عَذَابَ ٱلْآخِرَةِ ذٰلِكَ يَوْمٌ مَجْمُوعٌ

١. سورة الحشر / الآيات ٢٢-٢٤.

لَهُ ٱلنَّاسُ وَ ذٰلِكَ يَوْمٌ مَشْهُودٌ ۞ وَ مَا نُؤَخِّرُهُ إِلَّا لِأَجَلٍ مَعْدُودٍ ۞ يَوْمَ يَأْتِ لا تَكَلَّمُ نَفْسٌ إِلَّا بِإِذْنِهِ فَمِنْهُمْ شَقِيٌّ وَ سَعِيدٌ ۞ فَأَمَّا ٱلَّذِينَ شَقُوا فَفِي ٱلنَّارِ لَهُمْ فِيهَا زَفِيرٌ وَ شَهِيقٌ ۞ خَالِدِينَ فِيها ما دَامَتِ ٱلسَّمٰواتُ وَ ٱلأَرْضُ إِلَّا مَا شَاءَ رَبُّكَ إِنَّ رَبَّكَ فَعَّالٌ لِمَا يُرِيدُ ۞ وَ أَمَّا ٱلَّذِينَ سُعِدُوا فَفِي ٱلْجَنَّةِ خَالِدِينَ فِيهَا مَا دَامَتِ ٱلسَّمٰواتُ وَ ٱلْأَرْضُ إِلَّا مَا شَاءَ رَبُّكَ عَطَاءً غَيْرَ مَجْذُوذٍ.[1]

---

۱. سورة هود / الآيات ۱۰۳–۱۰۸.

- ١٦ -

الصفة: اسم التفضيل

١١٨. ما هو اسم التفضيل؟

١١٩. من أين يبنى اسم التفضيل؟

١٢٠. ما هي الأفعال التي لا يبنى منها اسم التفضيل؟

١٢١. لماذا لا يبنى اسم التفضيل من الثلاثي المعلوم الدال على لون أو عيب أو حلية؟

١٢٢. كيف العمل إذا طلبنا صيغة التفضيل من الأفعال التي لا يبنى منها أفعل التفضيل؟

١١٨.اسم التفضيل صيغة تحوّل إليها الصفة المشبهة لوصف شيء بزيادة على غيره:

صفة مشبهة	اسم التفضيل
↓	↓
يوسُفُ كبيرٌ	**يوسف أكبرُ من إبراهيمَ**

١١٩. يُبنى اسم التفضيل فقط من الثلاثي المعلوم و يأتي دائماً على وزن أَفْعَل، نحو:

فَعَل ← **أَفْعَل**

كَرُمَ (معلوم) ← **أكْرَم**

ضُرِبَ (مجهول) × لا يبنى منه اسم التفضيل.

١٣٠. الأفعـال الـتي لا يُبـنى منها اسـم التفضيل هي الفعل الثـلاثي المعلوم الدال على لون أو عيب أو حلية و كل الأفعال ممّا فوق الثلاثي.

١٣١. لا يُبنى اسم التفضيل من الثلاثي المعلوم الدالّ على لون أو عيب أو حلية، لأنّ وزن «أَفْعَل» في هذه الأفعال هو وزن الصفة المشبهة،[١] نحو:

سَوِدَ ← أَسْوَد - عَوِرَ ← أَعْوَر

١٣٢. إذا طلبنا صيغة التفضيل من الأفعال التي لا يُبنى منها أفعل التفضيل نستعمل كلمة «أشد» أو «أكثر» أو «أوفر» أو «أكبر» و نضيف إليها مصدر الفعل منصوباً (على التمييز)؛ نحو:

سَوِدَ ← أَشَدُّ سَواداً - عَوِرَ ← أَكْثَرُ عَوَراً

تَخاصَمَ ← أَوْفَرُ تَخاصُماً - آمَنَ ← أَكْبَرُ إيماناً

---

١. راجع عدد ١١١.

تمرين٥٠. ابْن اسم التفضيل من الأفعال في الجمل الآتية:

مثلاً: صَدَقَ لِساناً ← أَصْدَقُ لِسانٍ.

(شَرُفَ) خلقاً، (قَبحَ) بَذْلاً، (كَبُرَ) بِرّاً، (فَضُلَ) عِبادةً، (عَظُمَ) حياةً، (طابَ) عيشاً، (شَدَّ) قلباً، (هَنَأَ) عيشاً، (فَضُلَ) إيماناً، (حَقَدَ) مِن الإِبل، (فَصُحَ) في العربيّـة، (طَهُـرَ) ذيلاً، (سَـرَعَ) فهماً، (صَبَـرَ) من جمَل، (فَضُل) عَقْلاً.

تمرين٥١. رُدَّ ما تجده من اسم التفضيل إلى الفعل الّذي أُخذ منه:

١. الرسول الأعظم ﷺ: أَعْظَمُ ٱلْعِبَادَةِ أَجْراً أَخْفَاها.[١]

٢. الإمام عليٌّ ﷺ: أَكْثَرُ ٱلنَّاسِ أَمَلاً أَقَلُّهُمْ لِلْمَوْتِ ذِكراً.[٢]

٣. الإمـام عـليٌّ ﷺ: أَعْقَلُكُمْ أَطْوَعُكُمْ، أَعْلَمُكُمْ أَخْوَفُكُمْ، أَخْوَفُكُمْ أَعْرَفُكُمْ، أَغْنَاكُمْ أَقْنَعُكُمْ، أَشْقَاكُمْ أَحْرَصُكُمْ، أَكْيَسُكُمْ أَوْرَعُكُمْ.[٣]

٤. الإمـام عـليٌّ ﷺ: أَقْـرَبُ ٱلْعِباد إلى ٱللهِ تَعَالى أَقْوَلُهُـم لِلْحَقِّ وَ إِنْ كَانَ عَلَيْهِ وَ أَعْمَلُهُمْ بِهِ و إِنْ كَانَ فِيهِ كُرهُه.[٤]

تمرين٥٢. ابْن اسم التفضيل من الأفعال التالية:

تَعلَّمَ، كَبُـرَ، اِسْـتجَابَ، أَجَـابَ، عاقَـبَ، اِفتَضَحَ، صَابَ، سَعِدَ، بَكمَ، وَهُنَ، حَمُقَ، نَدمَ، سَهَّلَ، تَعَمَّقَ.

---

١. ميزان الحكمة، ج ٦ / ص ٣١.

٢. غرر الحكم /ص ١٨٦.

٣. غرر الحكم / ١٧٤.

٤. غرر الحكم / ٢٠١.

الأحكام المشتركة بين الموصوف و الصفة

الأحكام المشتركة بين الموصوف و الصفة هي:
التنكير والتعريف - التذكير و التأنيث
الإفراد و التثنية والجمع - النسية و التصغير.

- ١٧ -

التنكير و التعريف

١٢٣. ما هو الاسم النكرة؟
١٢٤. ما هو الاسم المعرفة؟
١٢٥. كم هي أنواع المعرفة؟
١٢٦. كيف تصير النكرة معرفة؟

١٢٣. الاسم النكرة هو اسم شائع بين أفراد جنسه لا يختص به أحد دون آخر، نحو:
قَلَمٌ ، بُستانٌ.

١٢٤. الاسم المعرفة هو اسم يدل على معين بين أفراد جنسه، نحو:
القَلَمُ ، البُستانُ ، يوسفُ

١٣٥. أنواع المعرفة ستة و هي:

❊ اسم العَلَم	:	سليمان ، إبراهيم.
❊ الضمير	:	أنا ، أنت ، هو.
❊ اسم الإشارة	:	هذا ، ذاك ، ذلك.
❊ اسم الموصول	:	الذي ، التي.
❊ المعرّف بأل	:	الرجل ، الفرس.
❊ المضاف إلى معرفة	:	كتابُ الرجل.

١٣٦. إنّ النكرة تصير معرفة:

❊ إذا دخلت عليها «أل» (و يُحذف إذ ذاك التنوين)؛ نحو:

كتابٌ ← الكِتابُ

❊ أو أضيفت إلى معرفة (و يُحذف إذ ذاك التنوين)؛ نحو:

مَرْجُ ٱلفرس ، كتابي ، قَلَمُ هذا ٱلتلميذ.

تمرين٥٣. ميّز النكرة من المعرفة:

١. القرآن الكريم: يَرْفَعِ اللهُ الَّذينَ آمَنُوا مِنْكُمْ وَ الَّذينَ أُوتُوا الْعِلْمَ دَرَجَاتٍ.[١]

٢. الرسول الأعظم ﷺ: إذَا جَاءَ المَوتُ لِطَالِبِ الْعِلْمِ وَ هُوَ عَلَىٰ هذِهِ الحَالَة، مَاتَ وَ هُوَ شَهِيدٌ.[٢]

٣. الرسول الأعظم ﷺ: النَّظَرُ إلى وَجْهِ الْعَالِمِ عِبَادَةٌ.[٣]

٤. الرسول الأعظم ﷺ: مَنْ لَمْ يَصْبِرْ عَلَىٰ ذُلِّ التَّعَلُّمِ سَاعَةً بَقِيَ في ذُلِّ الجَهْلِ أبَداً.[٤]

٥. كُميل بن زياد رضي الله عنه: أَخَذَ بِيَدِي أميرُ المُؤمِنِينَ عليُّ بنُ أبي طالب عليه السلام، فَأَخْرَجَني إلى الجَبّانِ فَلَمَّا أصحَرَ تَنَفَّسَ الصّعَداء، ثُمّ قَالَ: يَا كُمَيلُ، إنَّ هذِهِ الْقُلُوبَ أَوْعِيَةٌ فَخَيْرُهَا أَوْعَاها...
يَا كُمَيلُ، الْعِلْمُ خَيْرٌ مِنَ المَالِ، الْعِلْمُ يَحْرُسُكَ وَ أَنْتَ تَحْرُسُ المَالَ.[٥]

تمرين٥٤. إملاء الفراغات باسم المعرفة أو النكرة المناسب للمعنى:

فوق ،الباب، هذا، علىٰ، معلّم، تحت، المنضدةُ، شبكة.

١. ..... مصباح و هذه أطباق.
٢. خارطتها فوق..... .
٣. هناكَ كراسة..... ٱلْمكْتَبَة
٤. المِصباحُ..... .
٥. هذا..... و هذه معلّمة.
٦. زهراء..... يساري.
٧. الحَقيبة وراء..... .
٨. عِنْدَمَا أخرجُ إلى ٱلصّيد أحمل بيدي.... .

---

١. سورة المجادلة / الآية ١١.
٢. بحار الأنوار، ج ١ / ص ١٩٥.
٣. ميزان الحكمة، ج ٤ / ص ٤٦٥.
٤. بحار الأنوار، ج ٧٧ / ص ٦٤.
٥. نهج البلاغة / الحكمة ١٤٧.

- ١٨ -

التذكير و التأنيث

١٢٧. ما هو الاسم المذكر؟

١٢٨. ما هو الاسم المؤنث؟

١٢٩. كيف تميز الاسم المذكر من الاسم المونث؟

١٣٠. ما هي علامات الاسم المؤنث اللفظي؟

١٣١. هل كل الأسماء المختومة بالتاء المربوطة هي مؤنثة؟

١٣٢. هل كل الأسماء المنتهية بالألف المقصورة هي مؤنثة؟

١٣٣. هل كل الأسماء المختومة بالألف الممدودة هي مؤنثة؟

١٣٤. كم نوعاً الاسم المذكر و المونث؟

١٣٥. كيف يؤنث الاسم الموصوف؟

١٣٦. كيف تؤنث الصفة؟

١٣٧. هل شذ شيء من هذه الصفات عن هذه القاعدة؟

١٣٨. كيف تؤنث الصفة إذا كانت على وزن فعلان؟

١٣٩. كيف تؤنث الصفة إذا كانت على وزن أفعل الدال على لون أو عيب أو حلية؟

١٤٠. كيف تؤنث الصفة إذا كانت على وزن أفعل الدال على تفضيل؟

١٢٧. الاسم المذكر هو الاسم الدال على الذكور، نحو: **رَجُلٌ** ، **أَسَدٌ**.

١٣٨. الاسم المؤنث هو الاسم الدال على الإناث، نحو: **اِمرأة** ، **لَبُؤَةٌ.**

١٣٩. إنّ الاسم المذكر لا علامة له و إنّما يُستَدَل عليه بالمعنى.

أمَّا المؤنث:

- فمنه ما له علامات ظاهرة و يسمى لفظياً، نحو: امرأة.
- و منه ما ليس له علامات ظاهرة و يسمى معنوياً، نحو:

شمس ، عين.

بعض الأسماء المؤنثة
أُذن ، أرض ، إصَبع ، بئر ، حَرْب ، دَلْو ، دار ، ذِراع ، رِجل ، ريح ، سِنّ ، ساق ، شَمْس ، شِمال ، عصا ، عين ، فَأس ، فَخذ ، قَدَم ، كَتِف ، كَفّ ، نار ، يَد ، يَمين

١٣٠. علامات الاسم المؤنث اللفظي ثلاث:

- التاء المربوطة، نحو: **نعمة ، قائلة.**
- الألف المقصورة الزائدة، نحو: **سَلْمىٰ** (من سَلِمَ) ، **عَطْشىٰ** (من عَطِشَ).
- الألف الممدودة الزائدة، نحو: **سَوْداء** (من سَوِدَ) ، **صَحْراء** (من صَحِرَ).

١٣١. كلّا، إن بعض الأسماء المختومة بالتاء المربوطة (موصوفاً كانت أو صفة) هي

أسماء ذكور،[١] نحو:

طلحة (اسم علم للرجال) ، **أُستاذ علّامة** ، **حَدَّثَ ٱلراوية**.

١٣٢. كلّا، إنَّ الأسماء المنتهية بالألف المقصورة من أصل الفعل أي غير زائدة لا تكون مؤنثة، نحو:

هُدىٰ (من هَدَىٰ) ، **مَأوىٰ** (من أَوَىٰ) ، **مُصطَفىٰ** (من اصْطَفىٰ) ، **فتىٰ** (من فَتِيَ).

١٣٣. كلّا، إن الأسماء المختومة بهمزة قبلها ألف من أصل الفعل أي غير زائدة لا تكون مؤنثة، نحو:

بِناء (من بنىٰ) ، **قَضاء** (من قضىٰ) ، **عِواء** (من عَوىٰ).

١٣٤. الاسم المذكر و المؤنث نوعان:

- حقيقي: و هو الاسم الذي له مذكر و مؤنث من جنسه، نحو:

رجل ، امرأة - ناقة ، جمل - فتىٰ ، فتاة.

- مجازي: و هو الاسم الذي ليس له مذكر و مؤنث من جنسه، نحو:

طاولة ، قلم ، قَوْس.

١٣٥. يؤنّث الاسم الموصوف على طريقتين:

- قياسية: بزيادة تاء مربوطة في آخره، نحو:

نَمِر ← **نَمِرَة** ، **فَلّاح** ← **فَلّاحَة.**

- و سماعية: لا قاعدة لها، نحو:

---

١. راجع عدد ١١٤.

رَجُلٌ ← **اِمْرَأَة** ، **ديكٌ** ← **دَجاجَة.**

١٣٦. تؤنث الصفة بزيادة تاء مربوطة في آخرها؛ نحو:

كاذِب ← **كاذِبَة** ، **مَقْتول** ← **مَقْتولَة.**

١٣٧. نعم، شذَّ عن هذه القاعدة ثلاثة أوزان:

- وزن فَعْلان
- وزن أَفْعَل الدال على لون أو عيب أو حلية
- وزن أَفْعَل الدال على تفضيل.

١٣٨. إذا كانت الصفة على وزن فَعْلان تؤنّث على وزن فَعْلى؛ نحو:

سَكْران ← **سَكْرىٰ** ، عَطْشان ← **عَطْشىٰ.**

١٣٩. إذا كانت الصفة على وزن أفْعَل الدال على لون أو عيب أو حلية تؤنّث على وزن فَعْلاء؛ نحو:

أحْمَر ← **حَمْراء** ، أعْرَج ← **عَرْجاء** ، أهْيَف ← **هَيْفاء.**

١٤٠. إذا كانت الصفة على وزن أَفْعَل الدال على تفضيل تؤنّث على وزن فُعْلىٰ؛ نحو:

أَكْبَر ← **كُبْرىٰ** ، أَصْغَر ← **صُغْرىٰ.**

أسماء يجوز فيها التذكير و التأنيث

طريق ، حال ، خمر ، سِكّين ، فَرَس ، سماء ، عُنُق ، دِرْع ، أرنَب ، قميص.

تمرين٥٥. ميّز المذكّر من المؤنّث، و المؤنّث الحقيقي من المجازي، و المؤنث المعنويّ من اللفظيّ في الكلمات و الجمل التالية:

قُرَيْش ، حَمْزَة ، حَمْراء ، حَال ، مُوسىٰ ، فَلَك ، فُلْك ، فَخِذ، ذِكْرىٰ، كربَلاء ، أسْماء ، زُهَيْراء ، فَرَس ، كَتِف ، ريح ، طَلْحَة ، أرْنَب.

١. القرآن الكريم: وَ أوحىٰ رَبُّكَ إِلَى ٱلنَّحْلِ أنِ ٱتَّخِذي مِنَ ٱلْجِبالِ بُيُوتاً.[١]

٢. القرآن الكريم: قالَ هَلْ عَلِمْتُمْ مَا فَعَلْتُمْ بِيُوسُفَ وَ أخِيهِ.[٢]

٣. القرآن الكريم: و قالَ نِسْوَةٌ في ٱلْمَدينةِ ٱمْرَأَتُ ٱلْعَزيزِ تُراوِدُ فَتاها عَنْ نَفْسِهِ قَدْ شَغَفَها حُبّاً.[٣]

٤. القرآن الكريم: قَالَتْ نَمْلَةٌ يا أيُّها ٱلنَّمْلُ ٱدْخُلوا مَساكِنَكُمْ.[٤]

٥. القرآن الكريم: و قالَتِ ٱلْيَهُودُ يَدُ ٱللهِ مَغْلُولَةٌ غُلَّتْ أيْدِيهِمْ.[٥]

٦. القرآن الكريم: هذه ناقَةُ ٱللهِ لَكُمْ ءَايَةً فَذَرُوهَا تَأْكُلْ في أرْضِ ٱللهِ.[٦]

٧. القرآن الكريم: وَ هُوَ ٱلَّذي خَلَقَ ٱلَّيْلَ وَٱلنَّهارَ وَٱلشَّمْسَ وَٱلْقَمَرَ كُلٌّ في فَلَكٍ يَسْبَحُونَ.[٧]

٨. رسولُ الله ﷺ: مَنْ خَرَجَ يَطْلُبُ باباً من عِلْمٍ لِيَرُدَّ بِهِ باطِلاً إلى حَقٍّ أو ضَلالَةً إلى هدًى كانَ عَمَلُهُ ذلِكَ كَعِبادةِ مُتَعَبِّدٍ أرْبعينَ عاماً.[٨]

---

١. سورة النحل / الآية ٦٨.

٢. سورة يوسف / الآية ٨٩.

٣. سورة يوسف / الآية ٣٠.

٤. سورة النمل / الآية ١٨.

٥. سورة المائدة / الآية ٦٤.

٦. سورة الأعراف / الآية ٧٣.

٧. سورة الأنبياء / الآية ٣٣.

٨. ميزان الحكمة، ج ٦ / ص ٤٥٧.

تمرين٥٦. صحّ ماترى من الأغلاط في الجمل التالية:

دار واسعة ، فـأسٌ قاطع ، كفّ ضخيم ، أرنب صغيرة ، ماء عَذبة ، كرسيّ مُريحة ، فتاة أشقر ، الإمرأة الأفضل ، النّاقة الظّمآن ، شمس طالع ، طريق مستقيمة ، سماء أزرق ، مجرمة سَجينة.

- ١٩ -

الاسم المقصور و الممدود و المنقوص

١٤١. ما هو الاسم المقصور؟

١٤٢. كيف ينوّن الاسم المقصور؟

١٤٣. ما هو الاسم الممدود؟

١٤٤. ما هو الاسم المنقوص؟

١٤٥. كيف ينوّن الاسم المنقوص؟

١٤١. الاسم المقصورهو الاسم المختوم «بألف» لازمة، و تكون الألف:

- إما طويلة، نحو: **عصا**.
- إما مقصورة، نحو: **فتىٰ**.

١٤٢. الاسم المقصور ينوّن دائماً بفتحتين في حالة الرفع و النصب و الجر إذا لم يكن ممنوعاً من الصرف، نحو:

جاءَ فتىً ، رأيتُ فَتىً ، مَرَرتُ بفتىً.

١٤٣. الاسم الممدود هو الاسم المختوم بهمزة قبلها ألف، نحو:

سماء ، حمراء.

١٤٤. الاسم المنقوص هو الاسم المختوم بياء لازمة قبلها كسرة، نحو:

القاضِي ، الرامِي.

١٤٥. الاسم المنقوص يُنوّن:

- في حالتي الرفع و الجر بكسرتين بعد حذف الياء، نحو:

جاءَ قاضٍ ، مَرَرْتُ بقاضٍ.

- في حالة النصب كباقي الأسماء إذا لم يكن ممنوعاً من الصرف، نحو:

رأيتُ قاضياً.

تمرين ٥٧. ميّز الاسم المقصور و الممدود و المنقوص في الجمل الآتية:

١. القرآن الكريم: سَبِّحِ ٱسْمَ رَبِّكَ ٱلْأَعْلَىٰ ۞ ... وَ ٱلَّذِي أَخْرَجَ ٱلْمَرْعَىٰ ۞ فَجَعَلَهُ غُثَاءً أَحْوَىٰ ۞ ... وَ نُيَسِّرُكَ لِلْيُسْرَىٰ ۞ فَذَكِّرْ إِن نَفَعَتِ ٱلذِّكْرَىٰ ۞[1]

٢. القرآن الكريم: أَلَيْسَ ٱللَّهُ بِكَافٍ عَبْدَهُ وَ يُخَوِّفُونَكَ بِٱلَّذِينَ مِن دُونِهِ وَ مَن يُضْلِلِ ٱللَّهُ فَمَا لَهُ مِنْ هَادٍ.[2]

٣. القرآن الكريم: فَٱقْضِ مَا أَنْتَ قَاضٍ إِنَّمَا تَقْضِي هَٰذِهِ ٱلْحَيَوٰةَ ٱلدُّنْيَا.[3]

٤. القرآن الكريم: لِلْفُقَرَاءِ ٱلَّذِينَ أُحْصِرُوا فِي سَبِيلِ ٱللَّهِ لَا يَسْتَطِيعُونَ ضَرْباً فِي ٱلْأَرْضِ يَحْسَبُهُمُ ٱلْجَاهِلُ أَغْنِيَاءَ مِنَ ٱلتَّعَفُّفِ تَعْرِفُهُمْ بِسِيمَاهُمْ لَا يَسْأَلُونَ ٱلنَّاسَ إِلْحَافاً وَ مَا تُنْفِقُوا مِنْ خَيْرٍ فَإِنَّ ٱللَّهَ بِهِ عَلِيمٌ.[4]

---

١. سورة الأعلى / الآيات ١، ٤، ٥، ٨ و ٩.

٢. سورة الزمر/ الآية ٣٦.

٣. سورة طه / الآية ٧٢.

٤. سورة البقرة / الآية ٢٧٣.

المفرد و المثنى

١٤٦. ما هو الاسم المفرد؟
١٤٧. ما هو الاسم المثنى؟
١٤٨. كيف يثنى الاسم؟
١٤٩. هل شذ بعض الأسماء عن هذه القاعدة؟
١٥٠. كيف يثنى الاسم المقصور؟
١٥١. كيف يثنى الاسم الممدود؟

١٤٦. الاسم المفرد هو اسمٌ يدلُّ على شخص واحد أو حيوان واحد أو شيء واحد، نحو: **نجّار، كَلْب ، كتاب.**

١٤٧. الاسم المثنى هو اسمٌ يدلُّ على شخصين اثنين أو حيوانين اثنين أو شيئين اثنين، نحو: **نجّاران ، كَلْبانِ ، كتابانِ.**

١٤٨. يُثنى الاسم بأن يفتح آخره و يزُاد عليه علامة التثنية و هي:

- في حالة الرفع: ألف و نون مكسورة، نحو:

جاء وَلَدَانِ ، طارَ عُصفورانِ.

- في حالتي النصب و الجر: ياء و نون مكسورة، نحو:

رأيتُ ولَدَيْنِ ، اصْطَدْتُ عُصفورَيْنِ ، وقَعَ نظري علىٰ مشهدَيْنِ.

١٤٩. نعم، شذ عن هذه القاعدة نوعان من الأسماء هما: الاسم المقصور و الاسم الممدود.

مثنى بعض الأسماء

أب: أَبوان ، أخ: أخوان ، اسْم: إِسْمان،
ابْن: اِبْنان ، بِنت: بِنْتان ، فَم: فَمان ، يَد: يَدان.

١٥٠. إنّ الاسم المقصور:

* إذا كان مختوماً بألف طويلة تُقلب ألفهُ واواً مفتوحة، ثم يُزاد عليها علامة التثنية، نحو:

عَصا ← عَصَوَ ← عَصَوَانِ.

* و إذا كان مختوماً بألف مقصورة تُقلب ألفه ياء مفتوحة، ثم يُزاد عليها علامة التثنية، نحو:

فَتىً ← فَتَيَ ← فتَيَانِ.

١٥١. إنّ الاسم الممدود:

* إذا كان مختوماً بهمزة للتأنيث تُقلب واواً مفتوحة، ثم يزاد عليها علامة التثنية؛ نحو:

خَضْراء ← خَضْراوَ ← خَضْراوَانِ.

* و إذا كان مختوماً بهمزة ليست للتأنيث تبق الهمزة على حالها أو تقلب واواً مفتوحة، ثم يزاد عليها علامة التثنية، نحو:

سماء { ← سَماء ← سَماءَان
سماء { ← سَماوَ ← سَماوَانِ

الأسماء الملحقة بالمثنى

أسماء ليس لها مفرد من لفظها:

اثنان و اثنتان و ثنتان. كلا و كلتا.

أسماء من نوعين مختلفين:

الأبوان (الأب و الأم). القمران (الشمس و القمر).

تمرين٥٨. ما هو مثنى الألفاظ الآتية رفعاً و نصباً:

المَعنىٰ ، الذّكرىٰ ، الأعْمىٰ ، المُرتضىٰ ، الأذىٰ ، الكُبْرىٰ ، الأقْصىٰ ، دَواء ، سَخاء ، الحَمْراء ، اِسْتِسْقاء ، عَذْراء ، إنشاء ، بَيْضاء ، بخلاء.

تمرين٥٩. ردّ الألفاظ المثناة إلى صورة المفرد:

غَزالانِ رَاكِضَانِ ، وَاديَانِ عَميقانِ ، أخَوانِ مُخْلِصَانِ ، راميَانِ ماهِرانِ ، الشَّرقَانِ الأقْصَيانِ ، سَيَارتانِ فاخِرتانِ ، مداويانِ بَارعانِ ، زَهْرَتانِ حَمراوانِ ، قاضِيانِ عادلانِ ، الامْرأتانِ ٱلفُضْلَيَتانِ ، مَعنيانِ مقبولانِ ، حَرْبانِ عُظْمَيانِ.

تمرين٦٠. عيّن الألفاظ المثناة في الجمل التالية:

١. القرآن الكريم: أَيَحْسَبُ أنْ لَمْ يَرَهُ أحَدٌ ۞ أَلَمْ نَجْعَلْ لَهُ عَيْنَيْنِ ۞ و لِساناً و شَفَتَيْنِ ۞ وَ هَدَيْناهُ النَّجْدَيْنِ.[1]

٢. القرآن الكريم: و ٱلْوالِداتُ يُرْضِعْنَ أوْلادَهُنَّ حَوْلَيْنِ كامِلَيْنِ لِمَنْ أراد أن يُتِمَّ ٱلرَّضاعَةَ.[2]

٣. القرآن الكريم: فَإنْ كانَتا ٱثْنَتَيْنِ فَلَهُما ٱلثُّلُثَانِ مِمّا تَرَكَ.[3]

٤. القرآن الكريم: ضَرَبَ ٱللهُ مَثَلاً لِلَّذينَ كَفَرُوا ٱمْرَأتَ نُوحٍ وَ ٱمْرَأتُ لُوطٍ كانَتا تحتَ عَبْدَيْنِ مِنْ عِبادِنا صالِحَيْنِ فَخانَتاهُما فَلَمْ يُغْنِيا عَنْهُما مِنَ ٱللهِ شَيْئاً وَ قِيلَ ٱدْخُلا ٱلنّارَ مَعَ ٱلدّاخِلِينَ.[4]

---

١. سورة البلد / الآيات ١٠ ـ ٧.

٢. سورة البقرة / الآية ٢٣٣.

٣. سورة النساء / الآية ١٧٦.

٤. سورة التحريم / الآية ١٠.

- ٢١ -

أقسام الجمع

١٥٢. ما هو الجمع؟

١٥٣. كم قسماً الجمع؟

١٥٤. ما هو الجمع السالم؟

١٥٥. كم نوعاً الجمع السالم؟

١٥٦. ما هي علامة جمع المذكر السالم؟

١٥٧. متى يجمع الاسم الموصوف جمعاً مذكراً سالماً؟

١٥٨. متى يجمع الاسم الصفة جمعاً مذكراً سالماً؟

١٥٩. ما هي علامة جمع المؤنث السالم؟

١٦٠. متى يجمع الاسم الموصوف جمعاً مؤنثاً سالماً؟

١٦١. متى يجمع الاسم الصفة جمعاً مؤنثاً سالماً؟

١٦٢. ما هو جمع التكسير؟

١٦٣. كم نوعاً جمع التكسير؟

١٦٤. هل لبعض الجموع المكسرة أوزان قياسية؟

١٦٥. ما هي أوزان الجمع المكسر في بعض الأسماء الموصوفة؟

١٦٦. ما هي أوزان الجمع المكسر في بعض أسماء الصفة؟

١٥٢. الجمع هو اسم يدل على أكثر من شخصَين أو حيوانَين أو شيئَين، نحو: **نجّارون ، ساعات ، كُتب.**

١٥٣. الجمع قسمان: سالم و مُكسَّر.

١٥٤. **الجمع السالم** هو اسم يبقى فيه لفظ المفرد بدون تغيير و تُزاد عليه علامة الجمع، نحو:

مُعَلِّم ← مُعَلِّمُونَ أو مُعَلِّمِينَ.

١٥٥. الجمع السالم نوعان: مذكر و مؤنث.

١٥٦. علامة جمع المذكّر السالم هي:

- واو و نون مفتوحه في حالة الرفع، نحو: **قَدِمَ ٱلزَّائِرُونَ.**
- ياء و نون مفتوحة في حالة النصب، نحو: **رأيتُ ٱلمُؤْمِنينَ.**
- ياء و نون مفتوحة في حالة الجر، نحو: **سَلَّمْتُ على ٱلقادِمينَ.**

١٥٧. يُجمع الاسم الموصوف جمعاً مذكراً سالماً إذا كان اسم علم للذكور العقلاء و خالياً من تاء التأنيث، نحو:

زيد ← زيدونَ ، يوسف ← يوسفونَ.

١٥٨. يُجمع اسم الصفة جمعاً مذكراً سالماً إذا كان:

- صفة للعاقل خالية من التاء في المذكر، و أنثت بالتاء، نحو:

عالِم (عالمة) ← عالِمونَ.

- صفة للعاقل على وزن أفعل التفضيل، نحو:

أكرَم ← أكرَمونَ.

١٥٩. علامة جمع المؤنث السالم ألف و تاء مبسوطة، زائدتان بعد حذف تاء المفرد، نحو:

مؤمنة ← مؤمنـ ← مؤمنات

١٦٠. يُجمع الاسم الموصوف جمعاً مؤنثاً سالماً إذا كان:

* من أعلام النساء و لو كان غير مختوم بعلامة التأنيث، نحو:

مريم ← مريمات ، هند ← هندات.

* مصدراً تجاوز الثلاثة أحرف، نحو:

إحسان ← إحسانات ، تعريف ← تعريفات.

* اسماً (مذكراً أو مؤنثاً) مختوماً بإحدى علامات التأنيث،[1] نحو:

وَرَقَة ← وَرَقات ، حُمَّى ← حُميات

صَحراء ← صَحْراوات.[2]

١٦١. يجمع اسم الصفة جمعاً مؤنثاً سالماً إذا كان مختوماً بإحدى علامات التأنيث، نحو:

كَبيرة ← كَبيرات ، فُضلىٰ ← فُضليات

خَضْراء ← خَضْراوات

١٦٢. جمع التكسير هو اسم تغيرت صورة مفرده، نحو:

كِتاب ← كُتُب ، رَجُل ← رِجال.

١٦٣. جمع التكسير ثلاثة أنواع:

* بإبدال حركات مفرده، نحو: **أَسَدٌ ← أُسْدٌ.**
* بحذف أحد حروفه، نحو: **رَسولٌ ← رُسُلٌ.**
* بالزيادة عليه، نحو: **رَجُلٌ ← رِجالٌ.**

---

١. علامات التأنيث هي: ة، ىٰ، اء.

٢. يعامل آخر المقصور و الممدود في هذا الجمع معاملته في التثنية.
راجع تثنية المقصور و الممدود عدد ١٥٠ و ١٥١.

١٦٤. نعم، لبعض الجموع المكسَّرة أوزان قياسية و ذلك في بعض الأسماء الموصوفة و في بعض أسماء الصفة.

١٦٥. أوزان الجمع المكسر في بعض الأسماء الموصوفة هي:

- فَعَل ← فِعال ، مثل: جَمَل ← جِمال
- فِعَل ← أَفْعال ، مثل: عِنَب ← أَعْناب
- فَعِل ← أَفْعال ، مثل: كَتِف ← أَكْتاف
- فِعْل ← أَفْعال ، مثل: طِفْل ← أَطْفال
- فُعْلَة ← فُعَل ، مثل: عُلْبَة ← عُلَب
- فِعْلَة ← فِعَل ، مثل: حِرْفَة ← حِرَف
- فاعِل ← فَواعِل ، مثل: خاتِم ← خَواتِم
- فاعِلَة ← فَواعِل ، مثل: قائِمَة ← قَوائِم
- فَعيلَة ← فَعائِل ، مثل: قَبيلَة ← قَبائِل
- فَعيلَة ← فَعايِل ، مثل: مَكيدَة ← مَكايِد
- مِفْعَل ← مَفاعِل ، مثل: مِنْجَل ← مَناجِل
- مِفْعال ← مَفاعيل ، مثل: مِفْتاح ← مَفاتيح

١٦٦. أوزان الجمع المكسَّر في بعض أسماء الصفة هي:

- **أَفْعَل** الذي مؤنثه فَعْلاء ← فُعْل: **أَحْمَر** ← **حُمْر.**
- **أَفْعَل** التفضيل ← أَفاعِل: **أَفْضَل** ← **أَفاضِل.**

تمرين٦١. اجمع الألفاظ القرآنية الآتية جمعاً سالماً:

كافرٌ ، مشركٌ ، حافظٍ ، جاهلٍ ، تاركٍ ، مُتمٌّ ، مؤمنٍ ، سارقةٌ ، مُبَشِّرٌ ، مُزَمِّلٌ ، مُنْذِرٌ ، كاتبٌ ، مُخْلَصٌ ، شاهدٌ ، مُحْكمةٍ ، حَسَنةٌ ، حاضِرةٌ ، حَسْرةٌ.

تمرين٦٢. ردّ الجموع القرآنية التالية إلى صورة المفرد:

حاجِزينَ ، مُجيبُونَ ، جاعِلُونَ ، مُتَّبِعُونَ ، مُترفين ، تائبُونَ ، وارِثُونَ ، مُسْتَغْفِرين ، الحافظاتُ ، القانتاتِ ، مُسْتَهْزِؤُنَ ، هالِكينَ ، الصالحاتِ ، مُهْطَعينَ ، وَجِلُونَ ، مُتَوسِّمين ، صاغِرُونَ ، صافُّونَ ، مُتَصدِّقينَ.

تمرين٦٣. ردّ الجموع القرآنية الآتية إلى صورة المفرد:

حدائق ، سُرُر ، رِماحٌ ، سَحَرة ، كَبائرٍ ، أوثان ، وُجُوه ، أوديَة ، موازين ، أجسام ، أوزار ، مَواضِع ، مواطِن ، أضعاف ، أصحاب ، ضُعفاء ، أذقان ، مَضاجِع ، أصلاب ، أرْحام ، أسْحار ، شُفَعاء ، شُرَكاء ، شياطين.

تمرين٦٤. اجمع المركبات التالية:

مِصباحٌ منيرٌ ، رفيقٌ مخلِصٌ ، قاضٍ عادلٌ ، أُمّةٌ ناهضةٌ ، قصيدةٌ رائعةٌ ، وَرقةٌ خضراء ، الوالدةُ الفُضلىٰ ، أُمٌّ حَنونٌ ، آيةٌ كريمةٌ ، مَسجدٌ أثريٌّ ، وَجهٌ بَشُوشٌ ، فَتاةٌ زكيّةٌ.

تمرين٦٥. عيّن الجموع في الآيات التالية و اذكر مفردها:

وَٱللّٰهُ أَخْرَجَكُم مِّن بُطُونِ أُمَّهَاتِكُمْ لَا تَعْلَمُونَ شَيْئًا وَجَعَلَ لَكُمُ ٱلسَّمْعَ وَٱلْأَبْصَارَ وَٱلْأَفْئِدَةَ لَعَلَّكُمْ تَشْكُرُونَ ۞ أَلَمْ يَرَوْا إِلَى ٱلطَّيْرِ مُسَخَّرَاتٍ فِي جَوِّ ٱلسَّمَاءِ مَا يُمْسِكُهُنَّ إِلَّا ٱللّٰهُ إِنَّ فِي ذَٰلِكَ لَآيَاتٍ لِّقَوْمٍ يُؤْمِنُونَ ۞ وَٱللّٰهُ جَعَلَ لَكُم مِّنْ بُيُوتِكُمْ سَكَنًا وَجَعَلَ لَكُم مِّن جُلُودِ ٱلْأَنْعَامِ بُيُوتًا تَسْتَخِفُّونَهَا يَوْمَ

ظَعْنِكُمْ وَ يَـوْمَ إقامَتِكُـمْ وَ مِنْ أصْوافِها و أوْبارِها و أشْـعَارِها أثاثاً وَ مَتاعاً إلى حـينٍ ۞ وَ ٱللهُ جَعَـلَ لَكُـمْ مِمَّـا خَلَقَ ظِلالاً وَ جَعَـلَ لَكُمْ مِنَ ٱلجِبـالِ أكناناً و جَعَـلَ لَكُمْ سـرابيلَ تَقِيكُمُ ٱلحَرَّ وَ سَـرابيلَ تَقِيكُم بَأسَـكُمْ كَذٰلِـكَ يُتِمُّ نِعْمَتَهُ عَليكُمْ لَعَلَّكُمْ تُسْلِمُونَ.[1]

١. سورة النحل / الآيات ٧٨-٨١.

- ٢٢ -

النسبة

١٦٧. ما هي النسبة؟

١٦٨. ما هي قاعدة النسبة؟

١٦٩. ما يستثنى من القاعدة العامّة؟

١٧٠. كيف ينسب إلى المختوم بهمزة؟

١٧١. كيف ينسب إلى المختوم بحرف علة في العموم؟

١٧٢. كيف ينسب إلى الثلاثي أو الرباعي المختوم بألف أو ياء؟

١٦٧. النسبة صيغة تحوّل إليها الاسم للدلالة على انتساب شي إليه، نحو: **لبنانيٌّ** (أي رجل من لبنان).

١٦٨. ❊ يؤخذ الاسم بصورة المفرد المذكر و يكسر آخره و يُزاد عليه ياء مشددة، نحو:

ناصرة ← ناصر (ة) ← **ناصرِيٌّ**

دارَيْنِ ← دار (ين) ← **دارِيٌّ**

عالمون ← عالم (ون) ← **عالِمِيٌّ**

❊ أما إذا كان الاسم بصورة جمع التكسير فيجوز النسبة إليه و النسبة إلى مفرده، نحو:

ملائكة ← **ملائكيٌّ**

ملائكة ← **ملاكيٌّ**

١٦٩. يستثنى من القاعدة العامة الألفاظ الآتية:

مَدينَة	← مدنيٌّ	اِبْن	← بَنويّ
قَريَة	← قَرَويّ	أخ	← أَخَويّ
حَيّ	← حَيَويّ	سَنَة	← سَنَويّ
يَد	← يَدَويّ	لُغَة	← لُغَويّ
أب	← أَبَوِيّ	دَم	← دَمويّ

١٧٠.الاسم المختوم بهمزة:

* إذا كانت همزته للتأنيث تقلب واواً؛ نحو: بَيْضاء = بَيْضاوىّ.
* و إن لم تكن للتأنيث جاز قلبها و إثباتها؛ نحو: سَماء { سماويّ / سَمائيّ

١٧١. المختوم بحرف علّة يُنسب إليه في العموم بحذف آخره ثم إضافة ياء النسبة؛ نحو:

مُصْطَفَى ← مُصْطَف (ى) ← مُصْطَفِيّ

المُسْتَقْصي ← المُسْتَقْص (ي) ← المُسْتَقْصيّ

١٧٢. إذا كان الاسم ثلاثياً أو رباعياً مختوماً بألف او ياء يقلب آخره واواً ثم تضاف ياء النسبة؛ نحو:

فَتى ← فَتَو ← فَتَوِيّ

القاضي ← القاضو ← القاضَويّ

معنى ← معنو ← معنويّ

تمرين٦٦. ألحق ياء النسبة بالألفاظ التابعة جارياً حسب القواعد:

عبّاس ، رجاء ، صفراء ، كُتُب ، عَصا ، نَمِر ، راعي ، مثنّى ، بيروت ، حَيْفا، دَمِشق ، ذِكْرىٰ ، نُعمىٰ ، مَرْمىٰ ، طُوبىٰ ، المُعْتَدي ، اَلْمُسْتَعلىٰ ، ماء.

تمرين٦٧. انسب الأسماء في الجمل الآتية هكذا:

كتابُ المدرسة ← كتابٌ مَدرسيٌّ.

حقوق ٱلمدينة ، عُلُوم ٱلمهنة ، رجلُ ٱلفوضىٰ ، كون ٱلزرقة ، حديث ٱلنبيّ ، ماءُ ٱلحياة ، مناطِق ٱلساحلِ ، عيدُ ٱلذّكرىٰ ، أقوال ٱلصُّحفِ ، صُعُوبة ٱللغة، علم ٱلابتداء ، شُغْلُ ٱليَد ، طاعة ٱلابن ، دورة ٱلدّم ، موظف ٱلحكومة.

- ٢٣ -

التصغير

١٧٣. ما هو التصغير؟

١٧٤. ما هي قاعدة الاسم المصغر؟

١٧٥. متى يفتح الحرف الواقع بعد ياء التصغير؟

١٧٣. التصغير صيغة تحوّل إليها الاسم للدلالة على تقليل أو تحقير أو تحبُّب، نحو:

وَلَد ← **وُلَيْد** (أي ولد صغير).

١٧٤. قاعدة الاسم المصغَّر أن:

١. يضم أوّل حرف منه.

٢. ثمّ يفتح الثاني، و إذا كان حرف علة يُردّ إلى أصله ثم يُفتَح.

٣. ثمّ تضاف ياء التصغير ساكنة.

٤. ثُمّ يكسر الحرف التالي إلّا في بعض الأحوال فيُفتح.

دِرْهَم ← **دُرَيْهِم**

شاعِر ← **شُوَيْعِر**

١٧٥. إنّ الحرف الواقع بعد ياء التصغير يفتح إن كان بعده تاء أو ألف، نحو:

زُهْرَة ← زُهَيْرَة ، سَلْمىٰ ← سُلَيْمَىٰ

سَوْداء ← سُوَيْداء ، أَوْقات ← أُوَيْقَات

سَكْرَان ← سُكَيْرَان.

بعض صيغ التصغير

زُهَيْرَة، عُذَيْراء، سُكَيْران، بُوَيْب، مُوَيْزين، شُوَيْعِر، قُصَيْر، عُصَيّ، عُجَيِّز، غُزَيِّل، أُبَيّ (أَب)، بُنَيّ، شُفَيْهَة (شَفَة)، شُمَيْسَة، شُجَيْر، شُجَيْرَة، قُوَيْس، دُرَيْع، نُعَيْل، عُرَيْس، عُبَيْد الله، رُوَيْجِل (رجُل)، أبَيْحِر (بحر)، أُنَيْسِيان (إِنْسِيان)، اللتيَّا (الذي) و اللتيّا (التي).

تمرين٦٨. صغّر الألفاظ التالية:

أُذُن ، بَطْن ، كَتِف ، نَمر ، غُصْن ، مَرْكَب ، دفتر ، قَمَر ، سَهْل ، طِفْل، دار ، بُلْبُل ، وَرَقَة ، كاتب ، كِتاب ، مَكْتَب ، صاحب ، حَقْل ، ناقة.

تمرين٦٩. رُدّ الأسماء المصغّرة إلى أصلها:

جُبَيل ، أُمَيْمَة ، سُبَيْع ، نُهَير ، بُغَيْل ، بُنَيَّ ، كُلَيْب، ثُعَيْلب ، قُنَيْدِل ، عُصَيْفير ، عُطَيْشان ، نُجَيْم ، صُغَيْرىٰ، جُوَيْهِل ، خُوَيْتم ، أُصَيْحاب ، أُرَيْضَة ، نُوَيْرَة ، سُوَيْلف.

- ٢٤ -

الاسم غير المتصرف: الضمير

١٧٦. ما هو الضمير؟

١٧٧. كم قسماً الضمير؟

١٧٨. ما هو الضمير البارز؟

١٧٩. كم قسماً الضمير البارز؟

١٨٠. ما هو الضمير البارز المنفصل؟

١٨١. كم قسماً الضمير البارز المنفصل؟

١٨٢. ما هي ألفاظ الضمير البارز المنفصل للرفع؟

١٨٣. ما هي ألفاظ الضمير البارز المنفصل للنصب؟

١٨٤. ما هو الضمير البارز المتصل؟

١٨٥. كم قسماً الضمير البارز المتصل؟

١٨٦. ما هي ألفاظ الضمير البارز المتصل للرفع؟

١٨٧. ما هي ألفاظ الضمير البارز المتصل للنصب و الجر؟

١٨٨. ما هو لفظ الضمير البارز المتصل للرفع و النصب و الجر؟

١٨٩. ما هو الضمير المستتر؟

١٩٠. كم نوعاً الضمير المستتر؟

١٩١. متى يكون الضمير مستتراً جوازاً؟

١٩٢. متى يكون الضمير مستتراً وجوباً؟

١٧٦. الضمير اسم ينوب عن شخص متكلم أو مخاطب أو غائب، نحو:
أنا ، أنت ، هو

١٧٧. الضمير قسمان: **بارز** و **مستتر**.

١٧٨. الضمير البارز هو الذي يلفظ، نحو: **تَعَلَّمْتُ ، هو مجتهدٌ**.

١٧٩. الضمير البارز قسمان: **منفصل** و **متصل**.

١) الضمير البارز المنفصل

١٨٠. الضمير البارز المنفصل هو ضمير مستقل بذاته؛ نحو: هو نَجَحَ.

١٨١. الضمير البارز المنفصل قسمان: قسم للرفع و قسم للنصب.

١٨٢. ألفاظ الضمير البارز المنفصل للرفع هي:

	غائب		مخاطب		متكلم
	مذكر	مؤنث	مذكر	مؤنث	
مفرد	هُوَ	هِيَ	أَنْتَ	أَنْتِ	أَنا
مثنى	هُما	هُما	أَنْتُما	أَنْتُما	نَحْنُ
جمع	هُمْ	هُنَّ	أَنْتُم	أَنْتنَّ	نَحْنُ

١٨٣. ألفاظ الضمير البارز المنفصل للنصب هي:

	غائب		مخاطب		متكلم
	مذكر	مؤنث	مذكر	مؤنث	
مفرد	إِيَّاهُ	إِيَّاها	إِيَّاكَ	إِيَّاكِ	إِيَّايَ
مثنى	إِيَّاهُما	إِيَّاهُما	إِيَّاكُما	إِيَّاكُما	إِيَّاىَ
جمع	إِيَّاهُمْ	إِيَّاهُنَّ	إِيَّاكُمْ	إِيَّاكُنَّ	إِيَّانا

٢ الضمير البارز المتصل

١٨٤. الضمير البارز المتصل هو ضمير يكون كجزء من الكلمة، **نحو**: **فَتَحْنا**.

١٨٥.الضمير البارز المتصل ثلاثة أقسام: قسمٌ للرفع و قسمٌ للنصب و الجر و قسمٌ للرفع و النصب و الجر.

١٨٦. ألفاظ الضمير البارز **المتصل للرفع** خمسة:

* التاء، **نحو**: تُ ، تَ ، تِ ، تُما ، تُمْ ، تُنّ

جَلَسْتُ جَلَسْتَ جَلَسْتِ جَلَسْتُما جَلَسْتُمْ جَلَسْتُنَّ

* ألف الاثنين، نحو: **جَلَسا** ، **يَجْلِسانِ** ، **اِجْلِسا**.
* واو جمع الذكور، نحو: **جَلَسوا** ، **يَجْلِسُون** ، **اِجْلِسوا**.
* نون جمع الاناث، نحو: **جَلَسْنَ** ، **يَجْلِسْنَ** ، **اِجْلِسْنَ**.
* ياء المخاطبة، نحو: **تَجْلسين** ، **اِجْلسي**.

١٨٧. ألفاظ الضمير البارز **المتصل للنصب و الجر** ثلاثة:

* ياء المتكم، نحو: **أكرمَني** **(نصب)** ، **والدي** **(جر)**

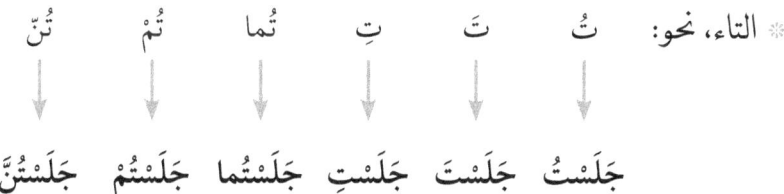

* كاف المخاطب، نحو: **كَ** ، **كِ**

أكرمَكَ	والدكَ	أكرمَكِ	والدكِ
↓	↓	↓	↓
(نصب)	(جر)	(نصب)	(جر)

كُمْ		كُنْ	
أكرمَكُمْ	والدكُمْ	أكرمَكُنَّ	والدكُنَّ
↓	↓	↓	↓
(نصب)	(جر)	(نصب)	(جر)

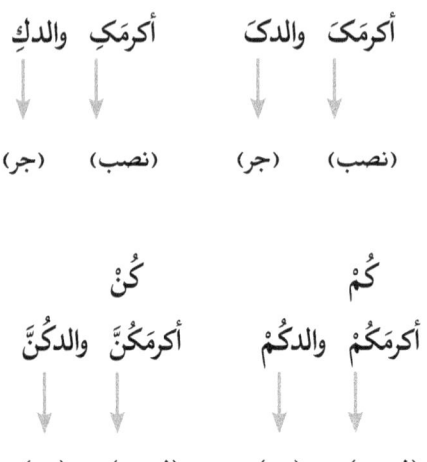

* هاء الغائب، نحو:

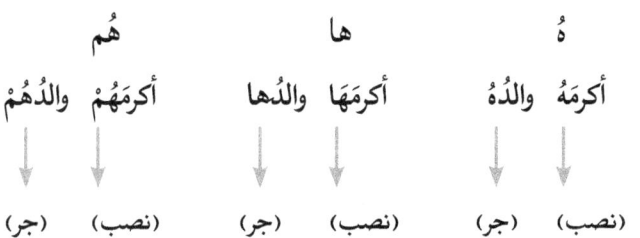

ُه		ها		هُم	
أكرمَهُ	والدُهُ	أكرمَهَا	والدُها	أكرمَهُمْ	والدُهُمْ
↓	↓	↓	↓	↓	↓
(نصب)	(جر)	(نصب)	(جر)	(نصب)	(جر)

هُنَّ			ِه
أكرمَهُنَّ	والدُهُنَّ	مررتُ على	والدِهِ
↓	↓		↓
(نصب)	(جر)		(جر)

١٨٨. لفظ الضمير البارز المتصل للرفع و النصب و الجر هو: «نا»، نحو:

أكرمَنَا والدُنا فَدَرَسْنا

(نصب) (جر) (رفع)

ألفاظ الضمير المتَّصل											
	غائب				مخاطب						متكلم
	مذكر		مؤنث		مذكر			مؤنث			
مفرد		هُ		ها		تَ	كَ		تِ	كِ	تُ ي
مثنى	ا	هُما	ا	هُما	ا	تُما	كُما	ا	تُما	كُما	نا
جمع	و	هُمْ	نَ	هُنَّ	و	تُمْ	كُمْ	نَ	تُنَّ	كُنَّ	نا

③ الضمير المستتر

١٨٩. الضمير المستتر هو الضمير المقدر الذي لا يلفظ، نحو:

كَتَبَ (مستتر هو).

١٩٠. الضمير المستتر نوعان: مستتر جوازاً و مستتر وجوباً.

١٩١. يكون الضمير مستتراً جوازاً في الغائب و الغائبة؛ نحو: زيدٌ أتى(هو).

١٩٢. يكون الضمير مستتراً وجوباً في المتكلم و المخاطب المفرد؛ نحو:

أقولُ (أنا) ، **نَقولُ** (نحن) ، **تَقولُ** (أنت) ، **قُلْ** (أنت).

تمرين٧٠. ميّز الضمير البارز من المستتر في الأفعال القرآنية:

أَنْزَلْنا ، أَعُوذُ ، نَعْبُدُ ، اِرْجِعِي ، رَضُوا ، يُرْضِعْنَ ، اِرْتَدَّ ، ذُقْ ، لَفَسَدتا ، يَتَرَاجَعا ، أُذْكُرْنَ ، رَضِيْتُ ، ذَهَبَتْ ، تَذْهَبُ ، اِسْتَطْعَمَا ، اِشْرَبِي ، نَرْزُقُ ، أَعْبُدُ ، تَعْبُدُونَ ، قُلْ ، يَأْكُلانِ ، ضَرَبَ ، اِنْطَلَقا.

تمرين٧١. ميّز المتصل للرفع من الضمير المتصل للنصب و الجرّ:

١. القرآن الكريم: اِذْهَبا إلى فِرْعَوْنَ إنَّه طَغَىٰ ❁ فَقُولاَ لَهُ قَوْلاً لَيِّناً لَعَلَّهُ يَتَذَكَّرُ أو يَخْشَىٰ ❁ قَالا رَبَّنا إنَّنَا نَخافُ أنْ يَفْرُطَ عَلَيْنَا أَوْ أنْ يَطْغَىٰ ❁ قالَ لا تَخَافَا إنَّني مَعَكُما أَسْمَعُ وَأَرَىٰ ❁ فَأْتِياهُ فَقُولا إنَّا رَسُولا رَبِّكَ فَأَرْسِلْ مَعَنَا بَني إسْرائِيلَ وَ لا تُعَذِّبْهُمْ قَدْ جِئْناكَ بِآيَةٍ مِنْ رَبِّكَ وَٱلسَّلامُ عَلى مَنِ اتَّبَعَ ٱلْهُدىٰ.[1]

٢. عن بشر بن شريح البصريّ قال: قلتُ لمحمّد بن عليّ عليه السلام:

أَيَّةُ آيَةٍ في كِتابِ ٱللهِ أَرْجىٰ؟ قال عليه السلام: ما يَقُولُ فيها قومُكَ؟ قال: قلتُ: يَقُولُونَ: ﴿يا عِبادِيَ الَّذِينَ أَسْرَفُوا عَلىٰ أَنْفُسِهِمْ لا تَقْنَطُوا مِنْ رَحْمَةِ ٱللهِ﴾ قال عليه السلام: لكنّا أَهلَ ٱلبيت لا نَقولُ ذلِكَ؛ قال: قلت: فأَيَّ شيءٍ تَقولُونَ فيها؟ قال عليه السلام: نقول: ﴿ولَسَوْفَ يُعْطِيكَ رَبُّكَ فَتَرْضَىٰ﴾ ٱلشَّفاعَةُ، وٱللهِ ٱلشَّفَاعَةُ، و ٱللهِ ٱلشَّفَاعَةُ.[2]

---

١. سورة طه / الآيات ٤٣-٤٧.

٢. ميزان الحكمة، ج ٤ / ص ٦٤.

- ٢٥ -

الاسم غير المتصرف: اسم الإشارة

١٩٣. ما هو الاسم الإشارة؟

١٩٤. كم قسماً اسم الإشارة؟

١٩٥. ما هي ألفاظ اسم الإشارة؟

١٩٦. ماذا تسمى «ها» التي في أوّل اسم الإشارة للقريب و هل تحذف؟

١٩٧. هل اسم الإشارة مبني أم معرب؟

١٩٣. اسـم الإشـارة هو اسـم يدل على شـخص معيّن أو حيوان معيّن أو شيء معيّن بإشارة حسية، نحو: **هذا الولد.**

١٩٤. اسم الإشارة ثلاثة أقسام: قريب ، متوسط و بعيد.

١٩٥. ألفاظ اسم الإشارة هي:

	للقريب		للمتوسط		للبعيد	
	مذكر	مؤنث	مذكر	مؤنث	مذكر	مؤنث
مفرد	هذا	هذهِ	ذاكَ	تيكَ	ذلِكَ	تِلْكَ
مثنى	هذانِ	هَاتانِ	ذانِكَ	تانِكَ	ذانّكَ	تانّكَ
جمع	هٰؤُلاء	هٰؤُلاء	أُولٰئِكَ	أُولٰئِكَ	أُولالِكَ	أُولالِكَ
للمكان	هُنا		هُناكَ		هُنالِك ، ثَمَّ	

١٩٦. إنَّ «ها» التي في أوّل اسم الإشارة للقريب تسمى «ها التنبيه» و تحذف أحياناً، مثلاً:

ذا ، ذِه ، ذانِ ، تانِ ، أُولاء.

١٩٧. إنَّ أسماء الإشارة كلّها مبنية، و يُبنى المثنى منها:

* على الألف في حالة الرفع، نحو:

هٰذانِ ، ذانِكَ ، ذانِّك ، هاتانِ ، تانِك و تانِّكَ.

* على الياء في حالتى النصب والجر، نحو:

هٰذَيْنِ ، ذَيْنِكَ ، ذينِّكَ ، هاتَيْنِ ، تَيْنِكَ و تَيْنِّكَ.

تمرين٧٢. ضع قبل الألفاظ الآتية ما يوافقها من أسماء الإشارة:

البَلَدُ ، البَلَدَانِ ، البِلادُ ، البلدةُ ، الفرسان ، الفرسينِ ، النّساءُ ، المرأةَ ، المرأتانِ ، المرأتَيْنِ ، الأقوام ، الأطِبّاءُ ، الجريدة ، الجَريدتينِ ، الجَرائِد ، البُستان ، البَساتين ، الصَّحيفة ، الصُّحُف.

تمرين٧٣. ضع مكان الفراغ أسماء اشارة تناسب المقام:

للقريب: أعجبني... ٱلكتاب ، زرت... ٱلمسَاجد ، قَرَأنا... ٱلمقالة ، ما أنْفَقْتُ مَع... ٱلأخوين ، أكَلْتُمْ من... ٱلثَّمرة ، رأيتُ... ٱلكتابَينِ.

للمتوسط: ألَمْ تَرَ... ٱلمدينة؟ ، سَمِعتُ... ٱلأنْشُودتينِ ، ماذا فَعَلَ... ٱلنّجارونَ؟ ، كيفَ وجدتَ... ٱلمقالة؟ هل أعجَبكَ ما قالَه... ٱلمُعلّمانِ؟

للبعيد: تَحَدَّثْتُ مع... ٱلصّديّق ، سأزورُ... ٱلأماكن ٱلجميلة ، اِشْتَقتُ إلى... ٱلرّفيقينِ ، لَمْ أوافق على أقوال... ٱلخطباء ، ماذا قالَهُ... ٱلواعظانِ؟

تمرين٧٤. ميز أسماء الإشارة في الجمل التالية:

١. القرآن الكريم: هذا كِتابُنا يَنْطِقُ عَلَيْكُمْ بِٱلْحَقِّ.[1]

٢. القرآن الكريم: هٰذانِ خَصْمانِ ٱخْتَصَمُوا في رَبِّهِمْ.[2]

---

١. سورة الجاثية / الآية ٢٩.

٢. سورة الحج / الآية ١٩.

٣. القرآن الكريم: قالُوا إِنْ هٰذانِ لَساحِرانِ.¹
٤. القرآن الكريم: ها أَنْتُمْ هٰؤُلاءِ تُدعَونَ لِتُنْفِقُوا في سَبيلِ ٱللّٰهِ.²
٥. القرآن الكريم: ها أَنْتُمْ أُولاءِ تُحِبُّونَهُمْ وَ لا يُحِبُّونَكُمْ.³
٦. القرآن الكريم: قال إِنِّي أُريدُ أَنْ أُنْكِحَكَ إِحْدَى ٱبْنَتَيَّ هاتَيْنِ.⁴
٧. القرآن الكريم: وَ مَنْ يَفْعَلْ ذٰلِكَ فَأُولٰئِكَ هُمُ ٱلْخاسِرُونَ.⁵
٨. القرآن الكريم: تِلْكَ آياتُ ٱللّٰهِ نَتْلُوها عَلَيْكَ بِٱلْحَقِّ.⁶

---

١. سورة طه / الآية ٦٣.
٢. سورة محمد ﷺ / الآية ٣٨.
٣. سورة آل عمران / الآية ١١٩.
٤. سورة القصص / الآية ٢٧.
٥. سورة المنافقون / الآية ٩.
٦. سورة آل عمران / الآية ١٠٨.

- ٢٦ -

الاسم الموصول

١٩٨. ما هو الاسم الموصول؟

١٩٩. ماذا تسمى جملة الاسم الموصول؟

٢٠٠. ماذا يسمى الضمير في جملة الاسم الموصول؟

٢٠١. كم قسماً الاسم الموصول؟

٢٠٢. ما هو الموصول الخاص؟

٢٠٣. ما هي ألفاظ الموصول الخاص؟

٢٠٤. هل الاسم الموصول مبنى أم معرب؟

٢٠٥. ما هو الموصول المشترك؟

٢٠٦. ما هي ألفاظ الموصول المشترك؟

١٩٨. الاسم الموصول هو اسم لا يتم معناه إلّا بجملة تأتي بعده تتضمَّن ضميراً يرجع إليه، نحو:

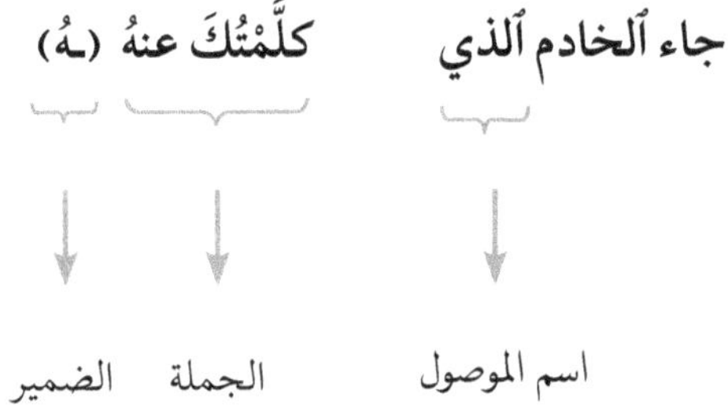

١٩٩. تُسمَّى جملة الاسم الموصول صِلَة.

٢٠٠. يُسمَّى الضمير في جملة الاسم الموصول عائداً، و قد يكون:

- بارزاً، نحو: **جاء الذي سافر أبوه.**
- مستتراً، نحو: **جاء الذي أرسلتُ (ـهُ).**

٣٠١. الاسم الموصول قسمان: **خاص** و **مشترك**.

٣٠٢. الموصول الخاص هو لفظ خاص لكل من المفرد و المثنى و الجمع، مذكراً و مؤنثاً.

٣٠٣. ألفاظ الموصول الخاص هي:

	المفرد	المثنى	الجمع
مذكر	الَّذي	اللَّذانِ اللَّذَيْنِ	الَّذِينَ اللَّواتي
مؤنث	الَّتي	اللَّتانِ اللَّتَيْنِ	اللَّاتي اللَّائي

٣٠٤. الاسم الموصول مبني دائماً و يُبنى المثنى منه:

- على الألف في حالة الرفع، نحو: **اللّذانِ** ، **اللّتانِ**.
- و على الياء في حالتي النصب و الجر، نحو: **اللَّذَيْنِ** ، **اللَّتَيْنِ**.

٣٠٥. الموصول المشترك هو اسم يكون بلفظ واحد مع المفرد و المثنى و الجمع، مذكراً و مؤنثاً.

٣٠٦. ألفاظ الموصول المشترك ثلاثة: مَنْ، ما، أيّ.

- و تكون من للعاقل، نحو: **أُكرِمُ مَنْ يَزُورُني**.
- و تكون ما لغير العاقل، نحو: **كُلْ ما تَشْتَهيهِ نَفْسُكَ**.
- و تكون أيّ للعاقل و غيره، نحو: **أُحِبُّ أَيَّ التلامذةِ يدرسُ**.

تمرين٧٥. دُلّ على الموصول و على جملة الموصول و على الضمير العائد إليه:

١. **القرآن الكريم:** الَّذينَ يُؤْمِنُونَ بِٱلْغَيْبِ و يُقيمُونَ ٱلصَّلاةَ.[١]

٢. **القرآن الكريم:** إنَّ رَبَّكُمُ ٱلَّذي خَلَقَ ٱلسَّمٰواتِ وٱلْأرْضَ.[٢]

٣. **القرآن الكريم:** وَ يَوْمَ يُنْفَخُ في ٱلصُّورِ فَفَزِعَ مَنْ في ٱلسَّمٰواتِ وَ مَنْ في ٱلْأَرْضِ إلّا مَنْ شَاءَ ٱللهُ.[٣]

٤. **القرآن الكريم:** و ٱللاّتي يَأتِينَ ٱلفَاحِشَةَ مِنْ نِساءِكُمْ فَٱسْتَشْهِدُوا عَلَيْهِنَّ أربَعَةً مِنْكُمْ.[٤]

٥. **الرسول الأعظم ﷺ:** أحْسِنْ مُجاوَرَةَ مَنْ جاوَرَكَ تَكُنْ مُؤْمِناً.[٥]

٦. **الإمام عليٌّ عليه السلام:** أَشَدُّ ٱلذُّنُوبِ مَا ٱسْتَهانَ بِهِ صَاحِبُهُ.[٦]

تمرين٧٦. ضع في المحل المفرّغ ما يليق به من الموصولات:

١. دَرَسْتُ في نفسِ ٱلكتاب... دَرَسْتَ فيه.

٢. يقال للرَّجل... فَقَدَ ٱلْعَقلَ ٱلمجنونُ.

٣. يقال للأزواج... فَقَدوا نساءَهم أرامِل.

٤. إنّ ٱلإصبع ... يوضع فيها ٱلخاتم تُسمّى ٱلخنصر.

٥. يُقال للمرأة... حُرِمت ٱلبصر عَمياء و ... حُرِمت ٱلكلام خَرْساء.

٦. إنّ ٱلمريضتينِ... رأيتَهما مَاتَتا بِٱلجُدَري.

---

١. سورة البقرة / الآية ٣.

٢. سورة يونس / الآية ٣.

٣. سورة النمل / الآية ٨٧.

٤. سورة النساء / الآية ١٥.

٥. بحار الأنوار، ج ٦٩ / ص ٣٦٨.

٦. نهج البلاغة / الحكمة ٣٤٠.

٧. هذانِ... رافَقاني في سفري.

٨. إنّ ٱلقومِ... لا مُروءة لَهم لا يُكرَمونَ.

٩. الرّسالتانِ... أرسلناهُما سَتَصِلانِ.

١٠. تَلقَّيتُ ٱلدّروسَ... شَرَحها ليّ ٱلأستاذُ.

- ٢٧ -

غير المتصرف: الشرط، الاستفهام و الظرف

٢٠٧. ما هو اسم الشرط؟

٢٠٨. ما هي ألفاظ اسم الشرط؟

٢٠٩. ما هو اسم الاستفهام؟

٢١٠. ما هي ألفاظ اسم الاستفهام؟

٢١١. أين تقع أسماء الشرط و الاستفهام في الكلام؟

٢١٢. ما هو الظرف؟

٢١٣. كم نوعاً الظرف من حيث إعرابه؟

٢١٤. ما هي ألفاظ الظرف المبنيّ؟

٢٠٧. اسم الشرط اسم يدخل على جملتين لِيبيّن أنّ الجملة الثانية يتوقف حصولها على حصول الأُولى، نحو: **إذا دَرَسْتَ تَنْجَحُ.**

٢٠٨. إليك ألفاظ **اسم الشرط**: مَنْ ، ما ، مَهْما ، مَتى ، أيَّان ، أيْنَ ، أنّى ، حَيْثُمَا ، كَيْفَما و أيّ، و كلها مبنية ما عدا **«أيّ»** فهي مُعربة.

٢٠٩. اسم الاستفهام هو اسم يستعلم به عن شيء، نحو: **ما ٱلعمل؟ مَن هذا؟**

٢١٠. إليك ألفاظ اسم **الاستفهام**: مَنْ ، مَن ذا ، ما ، ماذا ، كَمْ ، و أيّ، و كلّها مبنية

ما عدا «أيّ» فهي معربة.

٣١١. إنّ جميع أسماء الشـرط و الاسـتفهام **لها حق الصدارة في الجملة ولكلّها محل** من الإعراب.

٣١٢. الظرف اسمٌ يدل على **مكان** أو **زمان**، نحو: **تاجِرْ حيثُ أخوكَ مقيمٌ.**

٣١٣. الظرف من حيث إعرابه نوعان:

- **مبني: حَيْثُ ، ثَمَّ و أمسِ.**
- **معرب: قَبْلِ و بَعْدُ.**

٣١٤. إليك ألفاظ الظرف المبني:

- **ظروف المكان:** حَيْثُ ، لَدُنْ ، لَدى ، أيْنَ ، هُنا و ثَمَّ.
- **ظروف الزمان:** إذْ ، أمْسِ ، مُذْ ، مُنْذُ ، قَطُّ ، لمَّا ، أَيَّانَ ، مَتى و الآنَ.
- **ظرف مكان و زمان:** أَنَّى.

معاني بعض الأسماء

مَنْ و ما	: موصول، شرط و استفهام.
أيَّانَ	: شرط ، استفهام و ظرف زمان.
مَتىٰ	: شرط ، استفهام و ظرف زمان.
أيْنَ	: شرط ، استفهام و ظرف مكان.
أنَّىٰ	: شرط ، ظرف مكان و زمان.
أيّ	: شرط و استفهام

تمرين ٧٧. ميّز «مَنْ و ما و أيّ» التي للموصول من التي للاستفهام:

١. القرآن الكريم: إِنَّا أَنْزَلْنَاهُ فِي لَيْلَةِ ٱلْقَدْرِ ۞ وَ مَا أَدْرٰىكَ مَا لَيْلَةُ ٱلْقَدْرِ.[١]

٢. القرآن الكريم: وَ إِذَا ٱلْمَوْءُودَةُ سُئِلَتْ ۞ بِأَيِّ ذَنْبٍ قُتِلَتْ ۞ ... وَ إِذَا ٱلْجَنَّةُ أُزْلِفَتْ ۞ عَلِمَتْ نَفْسٌ مَا أَحْضَرَتْ.[٢]

٣. القرآن الكريم: يُسَبِّحُ لَهُ مَنْ فِي ٱلسَّمٰوَاتِ و ٱلْأَرْضِ.[٣]

٤. القرآن الكريم: ما عِنْدَكُمْ يَنْفَدُ وَ مَا عِنْدَ ٱللهِ باقٍ.[٤]

٥. القرآن الكريم: قُلْ أَرَأَيْتُمْ إِنْ أَصْبَحَ مَاؤُكُمْ غَوْراً فَمَنْ يَأْتِيكُمْ بِمَاءٍ مَعِينٍ.[٥]

٦. الإمام عليٌّ عليه السلام: شَرُّ الإِخْوَانِ مَنْ تُكُلِّفَ لَهُ.[٦]

تمرين ٧٨. ميّز أسماء الشرط من أسماء الاستفهام:

١. القرآن الكريم: يَقُولُ ٱلْإِنْسَانُ يَوْمَئِذٍ أَيْنَ ٱلْمَفَرُّ.[٧]

٢. القرآن الكريم: فَأَيْنَ تَذْهَبُونَ.[٨]

٣. القرآن الكريم: الحَاقَّةُ ۞ مَا ٱلحَاقَّةُ ۞ وَ مَا أَدْرٰىكَ مَا ٱلحَاقَّةُ.[٩]

٤. القرآن الكريم: أَفَلاَ يَنْظُرُونَ إِلَى ٱلإِبِلِ كَيْفَ خُلِقَتْ ۞ وَ إِلَى السَّمَاءِ كَيْفَ رُفِعَتْ.[١٠]

---

١. سورة القدر / الآيتان ١ و ٣.

٢. سورة التكوير / الآيات ٨، ٩، ١٣ و ١٤.

٣. سوره النور / الآية ٤١.

٤. سورة النحل / الآية ٩٦.

٥. سورة الملك / الآية ٣٠.

٦. نهج البلاغة/ الحكمة ٤٧١.

٧. سورة القيامة / الآية ١٠.

٨. سورة التكوير / الآية ٣٦.

٩. سورة الحاقة / الآيات ١-٣.

١٠. سورة الغاشية / الآيتان ١٧ و ١٨.

٥. القرآن الكريم: مَنْ يَهْدِ اللهُ فَهُوَ ٱلْمُهْتَدِي وَ مَنْ يُضْلِلْ فَأُولٰئِكَ هُمُ ٱلْخَاسِرُونَ.[١]

٦. القرآن الكريم: قالَ رَبِّ أَنّىٰ يَكونَ لي غُلامٌ وَ قَدْ بَلَغَنِيَ ٱلْكِبَرُ وَ ٱمْرَأتي عاقِرٌ.[٢]

٧. القرآن الكريم: أَيْنَما تَكُونُوا يُدْرِكْكُمُ ٱلْمَوتُ وَ لَوْ كُنْتُمْ في بُرُوجٍ مُشَيَّدَةٍ.[٣]

تمرين٧٩. ميّز الظرف المعرب من الظرف المبني:

١. القرآن الكريم: وَ لِلّٰهِ ٱلْمَشْرِقِ وَ ٱلْمَغْرِبُ فَأَيْنَما تُوَلُّوا فَثَمَّ وَجْهُ ٱللّٰهِ.[٤]

٢. القرآن الكريم: يَسْئَلُونَكَ عَنِ ٱلسَّاعَةِ أَيّانَ مُرْسٰهَا.[٥]

٣. القرآن الكريم: وَ يَقُولُونَ مَتىٰ هَذَا ٱلْوَعْدُ إِنْ كُنْتُمْ صادِقِينَ.[٦]

٤. القرآن الكريم: و قالُوا رَبَّنا عَجِّلْ لَنا قِطَّنَا قَبْلَ يَوْمِ ٱلْحِسَابِ.[٧]

٥. القرآن الكريم: و لَمَّا دَخَلُوا مِنْ حَيْثُ أَمَرَهُمْ أَبُوهُمْ مَا كَانَ يُغْنِي عَنْهُمْ مِنَ ٱللّٰهِ مِنْ شَيْءٍ.[٨]

٦. القرآن الكريم: وَ مَنْ يُضْلِلِ ٱللّٰهُ فَما لَهُ مِنْ وَلِيٍّ مِنْ بَعْدِهِ.[٩]

٧. اَلآنَ فرحتُ بِما قِيل لى - قَعَدْتُ جِهَةَ اليمينِ - ما قَتَلْنَا مَظْلُوماً قَطُّ.

---

١. سورة الأعراف / الآية ١٧٨.

٢. سورة آل عمران / الآية ٤٠.

٣. سورة النساء / الآية ٧٨.

٤. سورة البقرة / الآية ١١٥.

٥. سورة الأعراف / الآية ١٨٧.

٦. سورة يونس / الآية ٤٨.

٧. سورة ص / الآية ١٦.

٨. سورة يوسف / الآية ٦٨.

٩. سورة الشورى/ الآية ٤٤.

- ٢٨ -

العدد الأصلي

٢١٥. كم قسماً العدد؟

٢١٦. ما هو العدد الأصلي؟

٢١٧. كم هي ألفاظ العدد الأصلي الأساسية؟

٢١٨. كم هي أنواع العدد الأصلي؟

٢١٩. ما هو حكم العدد المفرد؟

٢٢٠. ما هو حكم العدد المركب؟

٢٢١. ما هو حكم العقود؟

٢٢٢. ما هو حكم المعطوف؟

٢٢٣. ما هي قاعدة اسم العدد من حيث الإعراب؟

٢٢٤. ما هي قاعدة الاسم المعدود من حيث الإعراب؟

٢١٥. العدد قسمان: أصلي و ترتيبي.

٢١٦. العدد الأصلي هو اسم يدل على كمية الأشياء المعدودة، نحو: **أربعة أولاد.**

٢١٧. ألفاظ العدد الأساسية اثنا عشر و هي:

واحدِ اِثْنان ثَلاثَة أرْبَعَة خَمْسَة سِتَّة

سَبْعَة ثَمانِيَة تِسْعَة عَشْرَة مائَة ألْف

٢١٨. أنواع العدد الأصلي أربعة:

* مفرد : من الواحد إلى العَشَرَة و يتبعها مائَة و أَلْف.
* مركب : من أَحَدَ عَشَرَ إلى تِسْعَةَ عَشَر.
* عقود : من عِشْرِينَ إلى تِسْعين.
* معطوف : من واحد و عشرين إلى تِسْعَة و تِسْعين.

٢١٩. إليك حكم العدد المفرد:

* ١ و ٢ : يذكّران مع المذكر و يؤنثان مع المؤنث، نحو:

رَجلٌ واحد ، امرأةٌ واحدةٌ - رَجُلانِ اْثْنان ، أمرأتان اْثْنَتَانِ.

* من ٣ إلى ١٠ : اسم العدد يذكّر مع المؤنث و يؤنّث مع المذكر، فنقول:

مع الذكر	مع المؤنث	مع المذكر	مع المؤنث
ثَلاثَةُ أوْلادٍ	**ثَلاثُ والداتٍ**	**سَبْعَةُ أَعْدادٍ**	**سَبْعُ عُلَبٍ**
أَرْبَعَةُ كُتُبٍ	**أَرْبَعُ وَرَقاتٍ**	**ثَمانِيَةُ فُروضٍ**	**ثماني مقالاتٍ**
خَمْسَةُ أقْلامٍ	**خَمْسُ رِيَشٍ**	**تِسْعَةُ عُلُومٍ**	**تِسْعُ فِرَقٍ**
سِتَّةُ رِجالٍ	**سِتُّ نساءٍ**	**عَشَرَة صُفُوفٍ**	**عَشْرُ قِمَمٍ**

* ١٠٠ و ١٠٠٠: تكونان بلفظ واحد مع المذكَّر و المؤنث؛ نحو:

مائةُ صبيٍّ ، مائة فتاةٍ - ألفُ صبيٍّ ، أَلْفُ فتاةٍ.

٢٢٠. إليك حكم العدد المركَّب:

الجزء الأوّل يتبع قاعدة المفرد، و الجزء الثاني يطابق المعدود في التذكير و التأنيث، فتقول:

مع المذكر		
أَحَدَ	عَشَرَ	عَدَداً
اِثْنَا	عَشَرَ	باباً
ثَلاثَةَ	عَشَرَ	فَصْلاً
أَرْبَعَةَ	عَشَرَ	رَغيفاً
خَمْسَةَ	عَشَرَ	بَيْتاً
ستَّةَ	عَشَرَ	مِفْتاحاً
سَبْعَةَ	عَشَرَ	زائِراً
ثَمانيَةَ	عَشَرَ	كَوْكباً
تِسْعَةَ	عَشَرَ	حِمْلاً

مع المؤنث		
إِحْدى	عَشْرَةَ	قَضيّةً
إِثْنَتا	عَشْرَةَ	سَفينَةً
ثَلاثَ	عَشْرَةَ	ناقَةً
أَرْبَعَ	عَشْرَةَ	وَرْدةً
خَمْسَ	عَشْرَةَ	مَرَّةً
ستَّ	عَشْرَةَ	كَلمةً
سَبْعَ	عَشْرَةَ	عَنزةً
ثَماني	عَشْرَةَ	رايَةً
تِسْعَ	عَشْرَةَ	روايَةً

۳۲۱. إليك حكم العقود:

تبقى العقود بلفظ واحد مع المذكر و المؤنث، فتقول: **عِشْرونَ رَجُلاً و عِشْرونَ ٱمرأةً.**

۳۲۲. إليك حكم المعطوف:

الجـزء الأوّل يتبـع قاعدة المفرد، و الجزء الثاني يبقى بلفظ واحد مع المذكر و المؤنّث، فتقول:

مع الذكر	مع المؤنث
واحِدٌ و عِشْرونَ، اِثْنانِ و عِشْرون	**واحِدَةٌ و عِشْرون، اِثْنَتانِ و عِشْرون**
ثلاثٌ و عِشْرون	**ثلاثَةٌ و عِشْرون**

٢٢٣. إليك قاعدة اسم العدد من حيث الإعراب:

- **اثنان و اثنتان**: يتبعان قاعدة المثنى، **نحو**: **اِثْنانِ و اِثْنَتانِ ، اِثْنَتَيْنِ و اِثْنَيْنِ.**
- **العقود**: تَتَبع قاعدة جمع المذكر السالم، **نحو**: **عِشرون و عِشرين.**
- **المركب**: يبنى الجزءان على الفتح مطلقاً، **نحو**: **جَلَسَ أَحَدَ عَشَرَ رَجُلاً على أَحَدَ عَشَرَ كُرسياً.**
- **الأعداد الباقية**: تتبع قاعدة سائر الأسماء، **نحو**: **جاء رجالٌ ثلاثةٌ حاملينَ أرْبَعَةَ كُتُبٍ.**

٢٢٤. إليك قاعدة الاسم المعدود من حيث الإعراب:

إذا كان العدد	يكون المعدود	فتقول:
٣ إلى ١٠	مجموعاً مجروراً	**جاء ثلاثةُ أولادٍ**
١٠٠ إلى ١٠٠٠	مفرداً مجروراً	**جاء مئةُ ولدٍ**
١١ إلى ٩٩	مفرداً منصوباً	**جاء أربعةَ عَشَرَ وَلداً**

تمرين٨٠. اكتب الأرقام التالية بالحروف:

٣ كتب ، ١٣ شاعراً ، ١٨ كاتباً ، ٢٣ جنديّاً ، ٤٦ قلملاً ، ٤٩ مجلةً، ١٠١رجل ، ١١٠ مقالات ، ١٦٦ درجة ، ١٠٠١ فلك ، ١٢٣٢ أسداً ، ١٣٤٠٠٠ رسول ، ٨٨٨٨٨ سنة.

تمرين٨١. اكتب الأرقام التالية بالحروف و اضبط المعدود حسب القاعدة:

٣٠دفتر ، ٤٠ يوم ، ١١ كوكب ، ١٣ عين ، ١١١ لباس ، ١٩٩ قلم ، ١٠٠١ ليلة ، ١٠٧٠ مِدفع ، ٢٣٣٣ جندي ، ٩٩٩٩ طاولة ، ٣٥٥٠٠ شهيد ، ٤٤٤٤٤ كاتب ، ٩٠٠٠٩ صاحب.

تمرين٨٢. عيّن العدد و المعدود في الجمل التالية:

١. **القرآن الكريم:** إِنَّ عِدَّةَ ٱلشُّهُورِ عِنْدَ ٱللهِ ٱثْنَا عَشَرَ شَهْراً.[1]

٢. **القرآن الكريم:** وَ ٱخْتَارَ مُوسَى قَوْمَهُ سَبْعِينَ رَجُلاً لِمِيقَاتِنا.[2]

٣. **القرآن الكريم:** سَخَّرَهَا عَلَيْهِمْ سَبْعَ لَيَالٍ وَ ثَمَانِيَةَ أَيّامٍ حُسُوماً.[3]

٤. **الرسول الأعظم** صلى الله عليه وآله: مَا أَخْلَصَ عَبْدٌ لِلّهِ عزَّوَجَلَّ أَرْبَعِينَ صَبَاحاً إِلّا جَرَتْ يَنابِيعُ ٱلْحِكْمَةِ مِنْ قَلْبِهِ عَلَى لِسَانِهِ.[4]

٥. **الإمام الباقر** عليه السلام: أوحى ٱللهُ إلى شُعيب: «إِنِّي مُعَذِّبٌ مِنْ قَوْمِكَ مائَةَ أَلْفٍ، أَرْبَعِينَ أَلْفاً مِنْ شِرارِهِمْ، وَ سِتّينَ أَلْفاً مِنْ خِيارِهِم» فَقَال: يا رَبِّ هؤلاء ٱلأشرار، فَما بالُ ٱلأخيار؟ فَأوحَى ٱللهُ عزَّوَجلَّ إليه: «دَاهَنُوا أَهْلَ ٱلْمَعاصي

---

١. سورة البراءة/ الآية ٣٦.

٢. سورة الأعراف / الآية ١٥٥.

٣. سورة الحاقة / الآية ٧.

٤. بحار الانوار، ج ٧ / ص ٣٤٣.

فَلَمْ يَغْضَبُوا لِغَضَبِي».[١]

٦. الإمام الصادق عليه السلام: أَيُّما مُؤْمِنٍ كان بَيْنَهُ وَ بَيْنَ مُؤْمِنٍ حِجابٌ، ضَرَبَ ٱللّٰهُ بَيْنَهُ وَ بَيْنَ ٱلْجَنَّةِ سَبْعِينَ أَلْفَ سُورٍ، وَ ما بَيْنَ ٱلسُّورِ إِلَى ٱلسُّورِ مَسيرة أَلْفِ عامٍ.[٢]

١. مشكوة / ص ٥١.

٢. ميزان الحكمة، ج ١٠ / ص ٧٣٤.

- ٢٩ -

العدد الترتيبي

٢٢٥. ما هو العدد الترتيبي؟

٢٢٦. كم هي ألفاظ العدد الترتيبي؟

٢٢٧. كم قسماً العدد الترتيبي؟

٢٢٨. ما هو حكم العدد الترتيبي مع معدوده؟

٢٢٩. ما هي قاعدة العدد الترتيبي من حيث الإعراب؟

٢٣٥. العدد الترتيبي هو اسم يدل على مرتبة الأشياء؛ نحو: الولد ٱلرابع.

٢٣٦. ألفاظ العدد الترتيبي اثنا عشر و هي:

أوَّل ، ثـانٍ ، ثالِـث ، رابِـع ، خامِس ، سـادِس ، سـابع ، ثامِن ، تاسِـع ، عاشِـر ، مِئَة و ألْف.

٢٣٧. العدد الترتيبي أربعة أقسام:

* **مفرد** : من أوَّل إلى عاشر.
* **مركب** : من حادي عَشَر إلى تاسِع عَشَر.
* **عقود** : من عشرين إلى تسعين و تتبعها المائة و الألف.

❊ **معطوف** : من حادي و عشرين إلى تاسِع و تسعين.

٢٣٨. العدد الترتيبي يطابق المعدود في التذكير و التأنيث، نحو:

الرجل ٱلرابع و ٱلفتاة ٱلرابعة ، التلميذ ٱلحادي عشر و ٱلتلميذة ٱلحادية عشرة.

❊ ما عدا ٱلعقود و ما يتبعها فإنّها تبق على لفظها، نحو:

الكاتب ٱلعشرون و ٱلكاتبة ٱلعشرون.

٢٣٩. العدد الترتيبي كلّه معرب، نحو:

رأيْتُ ٱلفتاةَ ٱلخامسةَ و ٱلثلاثين ، جاءت ٱلفتاة ٱلخامسةُ و ٱلثلاثون.

❊ غير أنّ المركب مبني على فتح جزئيه مطلقاً، نحو:

جاءت ٱلفتاة ٱلخامسَةَ عَشْرَةَ ، مَرَرتُ بِٱلفتاةِ ٱلخامسةَ عَشْرَةَ.

تمرين ٨٣. ميّز العدد الأصلي من العدد الترتيبي:

١. **القرآن الكريم:** ما يَكونُ مِنْ نَجْوىٰ ثَلاثَةٍ إلّا هُوَ رابِعُهُمْ وَ لا خَمْسَةٍ إلّا هُوَ سادِسُهُمْ.[١]

٢. **القرآن الكريم:** لَقَدْ كَفَرَ ٱلَّذِينَ قالُوا إنَّ ٱللّٰهَ ثالِثُ ثَلاثَةٍ.[٢]

٣. **القرآن الكريم:** إنْ يَكُنْ مِنْكُمْ عِشْرُونَ صابِرُونَ يَغْلِبُوا مِأتَيْنِ وَ إنْ يَكُنْ مِنْكُمْ مِأَةٌ يَغْلِبُوا أَلْفاً.[٣]

٤. **القرآن الكريم:** وَ لا تَكُونُوا أَوَّلَ كافِرٍ بِه.[٤]

٥. **الرسول الأعظم** صلى الله عليه وآله: اَلصَّدَقَةُ تَسُدُّ سَبْعِينَ باباً مِنَ الشَّرِّ.[٥]

٦. **الإمام عليٌّ** عليه السلام: مَا مِنْ عَبْدٍ إلّا وَ عَلَيْهِ أَرْبَعُونَ جنَّة حتَّى يَعْمَلَ أَرْبَعينَ كَبيرة، فَإذا عَمِلَ أربَعينَ كبيرة ٱنكَشَفَتْ عَنْهُ ٱلْجُنَنُ.[٦]

٧. **الإمام الصادق** عليه السلام: مَا أَقْبَحَ بِٱلرَّجُلِ يَأْتي عَلَيْه سَبْعُونَ سَنةً أَوْ ثَمانُونَ سَنَةً يَعيشُ في مُلْكِ ٱللّٰه و يَأكُلُ مِنْ نِعَمِهِ ثُمَّ لا يَعْرِفُ ٱللّٰهَ حَقَّ مَعْرِفَتِهِ.[٧]

٨. دَرستُ ٱلفصلَ ٱلسابِعَ عَشَرَ ـ عندي ٱلمقالةُ ٱلمائةُ و ٱلأربعونَ – وُلِدَ في ٱلسَّنة ٱلرابِعَة و تسعمائة بعد ٱلألف ـ ماتَ في ٱليوم ٱلأوّل من ٱلشهر ٱلثاني.

---

١. سورة المجادلة / الآية ٧.

٢. سورة المائدة / الآية ٧٣.

٣. سورة الأنفال / الآية ٦٥.

٤. سورة البقرة / الآية ٤١.

٥. ميزان الحكمة، ج ٥ / ص ٣٢١.

٦. بحار الأنوار، ج ٧٣ /ص ٣٥٥.

٧. بحار الأنوار، ج ٤ / ص ٥٤.

تمرين٨٤. أصلح الجمل التالية:

١. مَكَثْتُ في بيروت ثلاثَ و أربعون أيام.

٢. في هذا البيت تِسعةُ غُرفةٍ لها أربعُ عشرة بَابٍ و هي تحوى تِسْعُ و ثلاثون كراسيّ.

٣. غَرَسْنا في الحَقْلِ مائة و خمسة و ثمانون نَخْلةً.

٤. في هذِه المقاطعة خمسة عشر قرية و في هذا البلد خَمسون مُدُناً.

- ٣٠ -

إعراب الأسماء

٢٣٠. ما هو الإعراب؟

٢٣١. كم هي أنواع إعراب الأسماء؟

٢٣٢. ما هي علامات الإعراب في الأسماء؟

٢٣٣. هل يشذ شيء عن هذه القاعدة؟

٢٣٤. ما هي علامة الرفع في الأسماء الشاذة عن القاعدة الأصلية؟

٢٣٥. ما هي علامة النصب في هذه الأسماء؟

٢٣٦. ما هي علامة الجر في هذه الأسماء؟

٢٣٠. الإعراب هو **التغيير** اللاحق آخر الأسماء و الأفعال بسبب **تغيير العوامل**، نحو: **قَدِمَ ٱلغائِبُ ، رَأَيْتُ ٱلغائِبَ ، سلَّمْتُ على ٱلغائِبِ.**

٢٣١. أنواع إعراب الأسماء ثلاثة: **رفع** و **نصب** و **جر.**

٢٣٢. علامات الإعراب في الأسماء:

- **الضمة** و هي علامة الرفع.
- **الفتحة** و هي علامة النصب.
- **الكسرة** و هي علامة الجر.

٢٣٣. نعم، يشذّ عن هذه القاعدة: المثنى ، جمع المذكر السالم ، جمع المؤنث السالم ، الأسماء الخمسة ، الممنوع من الصرف.

٢٣٤. علامة الرفع في الأسماء الشاذة عن القاعدة الأصلية هي:

- في المثنى: ألف (ا)، نحو: **الكتابان مفيدانِ.**
- في جمع المذكر السالم: واو (و)، نحو: **جاء ٱلمحامونَ.**
- في الأسماء الخمسة: واو (و)، نحو: **أبوك عالمٌ.**

الأسماء الخمسة

أبٌ ، أخٌ ، حَمٌ ، فو ، ذو

٢٣٥. علامة النصب في هذه الأسماء هي:

- في المثنى، ياء قبلها فتحة (ـَ ي)، نحو: **اشتريتُ كتابَيْن.**
- في جمع المذكر السالم، ياء (ي)، نحو: **رأيتُ المحامين.**
- في الأسماء الخمسة، الف (ا)، نحو: **كرّمتُ أباك.**
- في جمع المؤنث السالم، الكسر (ـِ)، نحو: **اشريت ساعاتٍ جِميلةً.**

٢٣٦. علامة الجر في هذه الأسماء هي:

- في المثنى، ياء قبلها فتحة (ـَ ي)، نحو: **بَحَثْتُ في كتابَيْن.**
- في جمع المذكر السالم، ياء (ي)، نحو: **اتّفَقْتُ مع ٱلمحامين.**
- في الأسماء الخمسة، ياء (ي)، نحو: **سلَّمْتُ على أبيك.**
- في الممنوع من الصرف، الفتح (ـَ)، نحو: **ذهَبْتُ إلى بَيروتَ.**

تمرين٨٥. عيّن علامات الإعراب في الأسماء التالية:

١. **القرآن الكريم:** وَ اللهُ يَشْهَدُ إِنَّ ٱلْمُنافِقِينَ لَكاذِبُونَ.[١]

٢. **القرآن الكريم:** يَعْلَمُ خائِنَةَ ٱلْأَعْيُنِ وَ مَا تُخْفِي ٱلصُّدُورُ.[٢]

٣. **القرآن الكريم:** إِذْ قالَ يُوسُفُ لِأَبِيهِ يا أَبَتِ إِنِّي رَأَيْتُ أَحدَ عَشَرَ كَوكباً وَ ٱلشَّمْسَ وَ ٱلقَمَرَ رَأَيْتُهُمْ لِي سَاجِدِينَ.[٣]

٤. **القرآن الكريم:** مُدْهَامَّتَانِ * فَبِأَيِّ آلَاءِ رَبِّكُمَا تُكَذِّبَانِ * فِيهِمَا عَيْنَانِ نَضَّاخَتَانِ.[٤]

٥. **القرآن الكريم:** وَ ٱسْتَشْهِدُوا شَهِيدَيْنِ مِنْ رِجَالِكُمْ فَإِنْ لَمْ يَكُونَا رَجُلَيْنِ فَرَجُلٌ وَ ٱمرَأَتانِ.[٥]

٦. **الرسول الأعظم ﷺ:** لا حَلِيمَ إِلّا ذُو عَثْرةٍ وَ لا حَكِيمَ إِلّا ذُو تَجْرِبةٍ.[٦]

٧. **الإمام الباقر عليه السلام:** مَا أَحْسَنَ ٱلْحَسَناتِ بَعْدَ ٱلسَّيِّئاتِ! وَ مَا أَقْبَحَ ٱلسَّيِّئاتِ بَعْدَ ٱلْحَسَناتِ![٧]

٨. **الإمام عليٌّ عليه السلام:** اَلإيمانُ على أربَعِ دَعائِمَ: عَلَى ٱلصَّبْرِ وَ ٱلْيَقِينِ وَ ٱلْعَدْلِ وَ ٱلْجِهادِ.[٨]

---

١. سورة المنافقون / الآية ١.

٢. سورة غافر / الآية ١٩.

٣. سورة يوسف / الآية ٤.

٤. سورة الرحمن / الآيات ٦٤-٦٦.

٥. سورة البقرة / الآية ٢٨٣.

٦. كنز العمال / ٥٨٣٨.

٧. بحار الأنوار، ج ٧١ / ص ٣٤٣.

٨. نهج البلاغة / الحكمة ٣٠.

- ٣١ -

إعراب الأفعال

٢٣٧. هل الأفعال كلها معربة؟

٢٣٨. كم هي أنواع إعراب الفعل؟

٢٣٩. ما هي علامات الإعراب في الأفعال؟

٢٤٠. هل شذ شيء عن هذه القاعدة؟

٢٤١. ما هي الأفعال الخمسة؟

٢٤٢. ما هي علامة الرفع في الأفعال الخمسة؟

٢٤٣. ما هي علامة النصب في الأفعال الخمسة؟

٢٤٤. ما هي علامة الجزم في الأفعال الخمسة؟

٢٤٥. ما هي علامة الجزم في الفعل المعتل الآخر؟

٢٣٧. المُعْرَب من الأفعال هو **المضارع فقط**.

- إلَّا إذا اتصلت به نون التوكيد و نون الإناث فيكون مبنياً.

٢٣٨. أنواع إعراب الفعل ثلاثة: **رفع** و **نصب** و **جزم**.

٢٣٩. علامات الإعراب في الأفعال:

- **الضمة** و هي علامة الرفع.
- **الفتحة** و هي علامة النصب.
- **السكون** و هو علامة الجزم.

٢٤٠. نعم، شذَّ عن هذه القاعدة:

- الأفعال الخمسة في الرفع و النصب و الجزم.
- الفعل المعتل الآخر في الجزم.

٢٤١. الأفعال الخمسة هي كل مضارع اتصلت به:

- ألف الاثنين، نحو: **يضْرِبانِ، تَضْرِبانِ**.
- واو الجماعة، نحو: **يَضْرِبون، تَضْرِبُونَ**.
- ياء المخاطبة، نحو: **تَضْرِبينَ**.

٢٤٢. علامة الرفع في الأفعال الخمسة هي ثبوت «النون» في آخرها، نحو:

يَضرِبانِ: فعلٌ مضارعٌ مرفوعٌ بثبوت النون لأنّه من الأفعال الخمسة.

٢٤٣. علامة النصب في الأفعال الخمسة هي حذف «النون» من آخرها، نحو:

لَن تَضربي: فعلٌ مضارعٌ منصوبٌ بـ «لن» و علامة نصبه حذف النون لأنّه من الأفعال الخمسة.

٢٤٤. علامة الجزم في الأفعال الخمسة هي حذف «النون» من آخرها، نحو:

لم تضربوا: فعلٌ مضارعٌ مجزومٌ بـ «لم» و علامة جزمه حذف النون لأنّه من الأفعال الخمسة.

٢٤٥. علامة الجزم في الفعل المُعتل الآخر هي حذف حرف العلة من آخره،[١] نحو:

لم يرمِ: فعل مضارع مجزوم بـ «لم» و علامة جزمه حذف حرف العلّة من آخره لأنّه معتل الآخر.

---

١. إلّا إذا كان من الأفعال الخمسة فستحذف نونه كما سبق.

تمريـن٨٦. ميّز المضارع المرفـوع من المنصوب و المجزوم و عيّن علامة الرفع و النصب والجزم:

۱. القرآن الكريم: يُحِبُّونَ أَنْ يُحْمَدُوا بِمَا لَمْ يَفْعَلُوا.[1]

۲. القرآن الكريم: إِنْ تَتَّقُوا ٱللَّهَ يَجْعَلْ لَكُمْ فُرْقاناً.[2]

۳. القرآن الكريم: لَنْ تَنالُوا ٱلبِرَّ حَتَّىٰ تُنْفِقُوا مِمَّا تُحِبُّونَ.[3]

۴. القـرآن الكـريم: وَ أُمُّـهُ صِدِّيقَـةٌ كَانَـا يَأْكُلانِ ٱلطَّعـامَ ٱنْظُرْ كَيْـفَ نُبَيِّنُ لَهُمُ ٱلآيات ثُمَّ ٱنْظُرْ أَنَّىٰ يُؤْفَكُونَ.[4]

۵. القرآن الكـريم: فَلْيَكْتُـبْ وَلْيُمْلِـلِ ٱلَّـذِي عَلَيْـهِ ٱلْحَـقُّ وَلْيَتَّـقِ ٱللَّهَ رَبَّهُ وَ لا يَبْخَسْ مِنْهُ شَيْئاً.[5]

۶. «في الإنجيـل»: لا تَقُولُـوا نَخَـافُ أَنْ نَعْلَـمَ فَـلا نَعْمَل وَ لكِنْ قُولُـوا نَرْجُوا أَنْ نَعْلَمَ وَ نَعْمَلَ.[6]

تمرين٨٧. أصلح ما تراه مغلوطاً:

أَنْ يَذْهَبُونَ ، لَمْ تَنْصُرُ ، لَمّا يَدْخُلُ ، لَنْ تَجْتَهِدِينَ ، لا يَقُولُ ، لَمْ يَبْقِ ، لَمْ يَقُولُ، لِيَدْخُلانِ ، تُنْطِقُوا ، تُعَلِّمانِ ، لَمْ تَرْحَمِينَ ، لَنْ يَدْعُوا ، لَمْ يَغْزُ ، يَطْوِ ، لَمْ تُوافِقُونَ.

---

۱. سورة آل عمران / الآية ۱۸۸.

۲. سورة الأنفال / الآية ۲۹.

۳. سورة آل عمران / الآية ۹۲.

٤. سورة المائدة / الآية ۷۵.

۵. سورة البقرة / الآية ۲۸۲.

۶. بحار الأنوار، ج ۱ / ص ۱۸۶.

- ٣٢ -

بناء الأسماء و الأفعال

٢٤٦. ما هو البناء؟

٢٤٧. ما هو المبني من الأسماء؟

٢٤٨. على أي شيء تبنى الأسماء؟

٢٤٩. ما هو المبني من الأفعال؟

٢٥٠. على أي شيء يبنى الفعل الماضي؟

٢٥١. على أي شيء يبنى الفعل الأمر؟

٢٥٢. على أي شيء يبنى المضارع؟

٢٥٣. هل توجد نون غير نون الإناث و نون التوكيد؟

٢٥٤. هل تتصل نون الوقاية بالفعل فقط؟

٢٤٦. البناء هو أن يلازم آخر الكلمة حالة واحدة، و إن اختلفت العوامل؛ نحو:

أينَ الكتابُ؟ أَيْنَ ذَهبْتَ؟ مَنْ أَيْنَ جِئتَ؟

٢٤٧. المَبْنِيُّ من الأسماء هو: الضمائر - الاشارات - الموصولات - أسماء الشرط والاستفهام - الظروف.

٢٤٨. تُبنى الأسماء على:

* **السكون، نحو: «مَنْ»** .
* **أو الفتح، نحو: «أيْنَ»**.
* **أو الضم، نحو: «حيثُ»**.
* **أو الكسر، نحو: «أمْسِ»**.

٢٤٩. المبنيُّ من الأفعال هو الماضي، و الأمر، والمضارع إذا اتصلت به نون التوكيد أو نون الاناث.

٢٥٠. يُبنى الفعل الماضي:

- على الفتح، نحو: **شَرِبَ، شَرِبا**.
- على الضم إذا اتصل بواو الجمع، نحو: **شَرِبُوا**.
- على السكون إذا اتصل بضمير رفع متحرك كالنون أو نا أو التاء، نحو: **شَرِبْتُمْ ، شَرِبْنا ، شَرِبْنَ**.

٢٥١. يبنى الفعل الأمر:

- على السكون، نحو: **اِشْرِبْ، اِشْرِبْنَ**.
- على حذف النون، إذا اتصل بواو الجمع أو ألف الاثنين أو ياء المخاطبة، نحو: **اِشْرِبا، اِشْرِبُوا، اِشْرِبي**.
- على حذف حرف العلّة إذا كان معتل الآخر، نحو: **اِرْمِ**.

٢٥٢. يُبنى الفعل المضارع:

- على السكون إذا اتصل بنون الإناث، نحو: **يَضْرِبْنَ**.
- على الفتح إذا اتصل بنون التوكيد، نحو: **يَضْرِبَنَّ**.

٢٥٣. نعم، توجد نون أُخرى تسمى «نون الوقاية» لأنّها تقي آخر الفعل من الكسر، و هي تفصل بين الفعل و ياء المتكلم، نحو: **ضَرَبَني، يَضْرِبُني، اِضْرِبْني**.

٢٥٤. كلا، قد تتصل نون الوقاية ببعض الحروف أيضاً، نحو:

مَنْ (**منّي**) ، عَنْ (**عَنّي**) ، إنَّ (**إنَّني**) ، لَكن (**لكنَّني**) ، لَيْتَ (**لَيْتَني**) ، لَعَلَّ (**لعلَّني**).

تمرين ۸۸. على أيّ شيءٍ مبنيٌّ كلٌّ من الأفعال القرآنية التالية:

فَتَحْنَا ، فَتَحُوا ، اِفْتَحْ ، اِسْتَفْتَحُوا ، تَقَبَّلَ ، تُقُبِّلَ ، أَقْبِلْ ، سَمِعْتُمْ ، سَمِعُوا، اِسْتَمِعُوا، اِسْتَمِعْ ، أَجْمَعُوا ، اِجْتَمَعَتْ ، شِئْتَ، لا تَحْسَبَنَّ، لأُصَلِّبَنَّ، قُلْتُمْ ، يَغْضُضْنَ ، أُدْعُ ، لَيَخْرُجُنَّ، كُلِي، يَحْفَظْنَ ، لا يَضْرِبْنَ ، لَيُبَدِّلَنَّ ، كَانَا ، لَسْتُنَّ ، قَرِّي ، أَقْرَنَا.

تمرين ۸۹. على أيّ شيءٍ مبنيٌّ كلٌّ من الأفعال و الأسماء في الجمل التابعة:

١. القرآن الكريم: تِلْكَ أُمَّةٌ قَدْ خَلَتْ لَهَا مَا كَسَبَتْ وَ لَكُمْ مَا كَسَبْتُمْ وَ لَاتُسْئَلُونَ عَمَّا كَانُوا يَعْمَلُونَ.[١]

٢. القرآن الكريم: حَتَّىٰ إِذَا مَا جَاءُوهَا شَهِدَ عَلَيْهِمْ سَمْعُهُمْ وَأَبْصَارُهُمْ وَ جُلُودُهُمْ بِمَا كَانُوا يَعْمَلُونَ ۞ وَ قَالُوا لِجُلُودِهِمْ لِمَ شَهِدْتُمْ عَلَيْنَا قَالُوا أَنْطَقَنَا ٱللَّهُ ٱلَّذِي أَنْطَقَ كُلَّ شَيْءٍ وَ هُوَ خَلَقَكُمْ أَوَّلَ مَرَّةٍ وَ إِلَيْهِ تُرْجَعُونَ.[٢]

٣. القرآن الكريم: فَلَنَسْئَلَنَّ ٱلَّذِينَ أُرْسِلَ إِلَيْهِمْ وَ لَنَسْئَلَنَّ ٱلْمُرْسَلِينَ ۞ فَلَنَقُصَّنَّ عَلَيْهِمْ بِعِلْمٍ وَ مَا كُنَّا غَائِبِينَ.[٣]

٤. القرآن الكريم: يَا بُنَيَّ أَقِمِ ٱلصَّلَوٰةَ وَأْمُرْ بِٱلْمَعْرُوفِ وَ ٱنْهَ عَنِ ٱلْمُنْكَرِ وَٱصْبِرْ عَلَىٰ مَا أَصَابَكَ إِنَّ ذَٰلِكَ مِنْ عَزْمِ ٱلْأُمُورِ.[٤]

٥. القرآن الكريم: يَا مَرْيَمُ ٱقْنُتِي لِرَبِّكِ وَٱسْجُدِي وَٱرْكَعِي مَعَ ٱلرَّاكِعِينَ.[٥]

---

١. سورة البقرة / الآية ١٣٤.

٢. سورة فصلت / الآيتان ٢٠ و ٢١.

٣. سورة الأعراف / الآيتان ٦ و ٧.

٤. سورة لقمان / الآية ١٧.

٥. سورة آل عمران / الآية ٤٣.

- ٣٣ -

تقدير الحركات

٢٥٥. هل تظهر كل الحركات في آخر كل الألفاظ؟

٢٥٦. على أي الألفاظ تكون الحركات مقدرة؟

٢٥٧. أي الحركات تقدر على المختوم بألف؟

٢٥٨. أي الحركات تقدر على المختوم بياء قبلها كسرة؟

٢٥٩. أي الحركات تقدر على المختوم بواو قبلها ضمة؟

٢٦٠. أي الحركات تقدر على المضاف إلى ياء المتكلم؟

٢٥٥. كلا، إنّ بعض الألفاظ لا تظهر عليها كل الحركات بل تكون مقدرة.

٢٥٦. تكون الحركات مقدّرة:

- على الأسماء والأفعال المختومة بألف.
- على الأسماء والأفعال المختومة بياء قبلها كسرة.
- على الأفعال المختومة بواو قبلها ضمة.
- على الأسماء المضافة إلى ياء المتكلم.

٢٥٧. إنّ الضمة والفتحة والكسرة تُقدر على الأسماء والأفعال المختومة بألف و ذلك لتعذر ظهورها، نحو:

وَعىٰ ٱلفَتىٰ ٱلمَعنىٰ من ٱلمَبْنىٰ.

وَعىٰ : فعلٌ ماضٍ مبنيٌ على فتحة مقدرة على الألف للتعذر.

الفتىٰ : فاعلٌ مرفوعٌ بضمة مقدرة على الألف للتعذر.

المعنىٰ : مفعولٌ به منصوب بفتحة مقدرة على الألف للتعذر.

المبنىٰ : مجرور بـ «من» و علامة جره كسرة مقدرة على الألف للتعذر.

٣٥٨. إنّ الضمة والكسرة تُقدّرانِ على الأسماء و الأفعال المختومة بياء قبلها كسرة، و ذلك للاستثقال، أمّا الفتحة فتظهر، نحو:

يتَّقِي ٱلقاضِي ٱلملاهِيَ فيذهبُ إلى ٱلنادي.

يتَّقِي : فعلٌ مضارعٌ مرفوع بضمة مقدرة على الياء للاستثقال.

ٱلقاضِي : فاعلٌ مرفوع بضمة مقدرة على الياء للاستثقال.

ٱلملاهيَ : مفعولٌ به منصوب بفتح آخره.

ٱلنادِي : مجرور بـ «إلى» و علامة جره كسرة مقدرة على الياء للاستثقال.

٣٥٩. إنّ الضمة تُقدّر على الأفعال المختومة بواو قبلها ضمة و ذلك للاستثقال أمّا الفتحة فتظهر، نحو: **يَلْهُو ٱلتلميذُ و لَنْ يَسلُوَ دروسه.**

يَلْهو : فعل مضارع مرفوع بضمة مقدرة على الواو للاستثقال.

يَسْلُو : فعل مضارع منصوب بـ «لن» و علامة نصبه فتحة ظاهرة في آخره.

٣٦٠. إنَّ الضمة و الفتحة تُقدّران على ما قبل الياء في الأسماء المضافة إلى ياء المتكلم و ذلك لاشتغال المحل بالحركة المناسبة لها، نحو:

وجدتْ أُمّي كتابي في غرفتي.

أُمّي : فاعل مرفوع بضمة مقدرة على ما قبل الياء لاشتغال المحل بالحركة المناسبة لها، و **الياء:** ضمير متصل مبني على السكون في محل جر مضاف إليه.

كِتابي : مفعول به منصوب بفتحة مقدرة على ما قبل الياء لاشتغال المحل بالحركة المناسبة لها، و **الياء:** كما ذكر سابقاً.

تمرين٩٠. عيّن الحركات المقدّرة على الأفعال و الأسماء المطبوعة بخطّ أسود في الجمل التابعة ذاكراً سبب التقدير:

١. القرآن الكريم: وَ أَوْحَيْنَا إِلَىٰ مُوسَىٰ أَنْ أَلْقِ عَصَاكَ فَإِذا هِيَ تَلْقَفُ مَا يَأْفِكُونَ.[١]

٢. القرآن الكريم: قُلْ إِنَّ صَلَوٰتي وَ نُسُكِي وَ مَحْيَايَ وَ مَمَاتي للهِ رَبِّ ٱلْعالَمِينَ.[٢]

٣. القرآن الكريم: اللهُ يَتَوَفَّى ٱلْأَنْفُسَ حِينَ مَوْتِها وَ ٱلَّتي لَمْ تَمُتْ في مَنَامِهَا فَيُمْسِكُ ٱلَّتي قَضَىٰ عَلَيْهَا ٱلْمَوْتَ وَ يُرْسِلُ ٱلْأُخْرَىٰ إِلَىٰ أَجَلٍ مُسَمّىً إِنَّ في ذلِكَ لَآياتٍ لِقَومٍ يَتَفَكَّرُونَ.[٣]

٤. القرآن الكريم: و أَمّا مَنْ بَخِلَ وَ ٱسْتَغْنَىٰ * وَ كَذَّبَ بِٱلْحُسْنَىٰ * فَسَنُيَسِّرُهُ لِلْعُسْرَىٰ * وَ مَا يُغْنِي عَنْهُ مالُهُ إِذا تَرَدَّىٰ.[٤]

٥. الإمام عليٌّ عليه السلام: أَشْرَفُ ٱلْغِنَىٰ تَرْكُ ٱلْمُنَىٰ.[٥]

٦. الإمام عليٌّ عليه السلام: لا تَكُنْ مِمَّنْ يَرجُو ٱلآخِرَةَ بِغَيْرِ ٱلْعَمَلِ وَ يُرَجّي ٱلتَّوبَةَ بِطُولِ ٱلأَمَلِ.[٦]

---

١. سورة الأعراف / الآية ١١٧.

٢. سورة الأنعام / الآية ١٦٢.

٣. سورة الزمر / الآية ٤٢.

٤. سورة الليل / الآيات ٨-١١.

٥. نهج البلاغة / الحكمة ٥٤.

٦. نهج البلاغة / الحكمة ١٥٠.

- ٣٤ -

الاسم المنصرف و غير المنصرف

٢٦١. ما هو الاسم المنصرف؟

٢٦٢. ما هو الاسم غير المنصرف؟

٢٦٣. عدد أهم الأسماء الممنوعة من الصرف؟

٢٦٤. بأي شرط يمتنع العلم من الصرف؟

٢٦٥. بأي شرط تمتنع الصفة من الصرف؟

٢٦٦. بأي شرط يمتنع الجمع من الصرف؟

٢٦٧. بأي شرط يمتنع الاسم المختوم بألف التأنيث من الصرف؟

٢٦٨. متى يجر بالكسرة الاسم الممنوع من الصرف؟

٢٦١. الاسم المنصرف هو ما يظهرُ في آخره التنوين و حركات الإعراب كلها، نحو: رجُل و عالم، فتقول:

جاءَنا رَجُلٌ عالمٌ ، رأينا رَجُلاً عالماً ، سَلَّمنا على رَجُلٍ عالمٍ.

٢٦٢. الاسمُ غير المنصرف هو ما لا يلحقه الكسر و لا التنوين و يسمّى الممنوع من الصرف، مثل: إبراهيم ، يعقوب و يوسُف، فتقول:

قَدِمَ إبراهيمُ ، رَأَيْتُ يعقوبَ ، خلوتُ بيوسُفَ.

٢٦٣. إليك أهم الأسماء الممنوعة من الصرف:

- بعض الأعلام و الصفات في المفرد.
- الجمع على وزن مفاعل و مفاعيل.
- كل اسم ختم بألف تأنيث.

٢٦٤. يمتنع العَلَمُ من الصرف:

- إذا كان مؤنثاً، نحو: **آمِنَة** ، **حَمْزَة** ، **مَرْيَم** ، **زَيْنَب**.
- إذا كان أعجمياً، نحو: **إسْحٰق** ، **يعقوب** و **بَطليموس**.
- إذا كان مركباً مزجياً، نحو:**بَعْلَبَك** ، **بَيْتَ لَحم** و **بُخْتَنَصَّر**.
- إذا كان مزيداً فيه ألف و نون، نحو: **عُثمان** ، **رِضْوان** و **عِمران**.
- إذا كان موازناً للفعل، نحو: **أَحْمَد** ، **يَزيد** و **تَغلِب**.
- إذا كان معدولاً به عن لفظ آخر، نحو: **عُمَر** ، **زُحَل** و **قُزَحْ**.

٢٦٥. تمتنع الصفة من الصرف:

- إذا كانت على وزن فَعْلان الذي مؤنّثه فَعْلیٰ، نحو: **عَطْشان**، **رَيَّان**، **جَوْعان**، **شَبْعان**.
- إذا كانت على وزن اَفْعَل، نحو: **أَفْضَل**، **أَحْسَنْ** و **أَكْبَر**.
- إذا كان معدولاً به عن لفظ آخر، نحو: **مَثنى**، **ثُلاث** و **أُخَر**.

٢٦٦. يمتنع الجمع من الصرف:

- إذا كان على وزن فاعل، نحو: **مَساجد** ، **مَكارِم** ، **مَنابِر**.
- إذا كان على وزن مفاعيل، نحو: **مَصابيح** ، **قناديل** و **دَنانير**.

٢٦٧. إنّ الاّم المختوم بألف التأنيث مقصورة أو ممدودة[1] يمتنع من الصرف دون شرط، سواء كان مفرداً أو جمع عَلَم أو صِفة أو غير ذلك، نحو: **سَكْرى**، **مَرْضى**، **سَلْمى**، **حَمْراء** و **شُعَراء**.

---

١. اطلب العدد ١٣١ و ١٣٢ و ١٣٣.

٢٦٨. إنّ الإسم الممنوع من الصرف يجرّ بالكسرة إذا أُضيف أو **دخلته ال**، نحو: **مَرَرْتُ بأَفْضَلِ ٱلعلماء**، و نحو: **سلَّمتُ على ٱلأفضلِ**.

تمرين٩١. لماذا تمتنع من الصرف الأسماء التالية:

مَساجِد ، مَصابيح ، مصر ، إسْحٰق ، مَقابِر ، إسماعيل ، يثرب، ذِكْرىٰ ، إرَم ، فرْعَوْن ، مَجالِس ، يَأْجُوج ، جَهَنَّم ، آخَر ، أُخَر ، أشْياء، ظَمْآن ، طَهْران ، أعْلىٰ ، صَنعاء ، لبنان ، بَعلبك ، هُبَل ، خُماس.

تمرين٩٢. بيّن الممنوع من الصرف في العبارات التابعة:

١. القرآن الكريم: لَقَدْ نَصَرَكُمُ ٱللَّهُ فِي مَوَاطِنَ كَثِيرَةٍ.[1]

٢. القرآن الكريم: مُحَمَّدٌ رَسُولُ ٱللَّهِ وَٱلَّذِينَ مَعَهُ أَشِدَّاءُ عَلَى ٱلْكُفَّارِ رُحَمَاءُ بَيْنَهُمْ.[2]

٣. القرآن الكريم: وَجَعَلْنَا لَكُمْ فِيهَا مَعَايِشَ قَلِيلاً مَا تَشْكُرُونَ ۞ وَلَقَدْ خَلَقْنَاكُمْ ثُمَّ صَوَّرْنَاكُمْ ثُمَّ قُلْنَا لِلْمَلَائِكَةِ ٱسْجُدُوا لِآدَمَ فَسَجَدُوا إِلَّا إِبْلِيسَ لَمْ يَكُنْ مِنَ ٱلسَّاجِدِينَ.[3]

٤. القرآن الكريم: وَٱتَّبَعُوا مَا تَتْلُوا ٱلشَّيَاطِينُ عَلَىٰ مُلْكِ سُلَيْمَانَ وَمَا كَفَرَ سُلَيْمَانُ وَلَٰكِنَّ ٱلشَّيَاطِينَ كَفَرُوا يُعَلِّمُونَ ٱلنَّاسَ ٱلسِّحْرَ وَمَا أُنزِلَ عَلَى ٱلْمَلَكَيْنِ بِبَابِلَ هَارُوتَ وَمَارُوتَ.[4]

٥. الإمام عليّ عليه السلام: مَا ٱلْمُبْتَلَى ٱلَّذِي قَدِ ٱشْتَدَّ بِهِ ٱلْبَلَاءُ بِأَحْوَجَ إِلَى ٱلدُّعَاءِ مِنَ ٱلْمُعَافَى ٱلَّذِي لَا يَأْمَنُ ٱلْبَلَاءَ.[5]

---

[1]. سورة التوبة / الآية ٢٥.
[2]. سورة الفتح / الآية ٢٩.
[3]. سورة الأعراف / الآيتان ١٠ و ١١.
[4]. سورة البقرة / الآية ١٠٣.
[5]. نهج البلاغة / الحكمة ٢٩٤.

- ٣٥ -

الحروف

٢٦٩. ما هو الحرف و هل هو مبني أم معرب؟

٢٧٠. كم هي أحرف الجر؟

٢٧١. كم هي أحرف النصب؟

٢٧٢. كم هي أحرف الجزم؟

٢٧٣. كم هي أحرف القسم؟

٢٧٤. كم هي أحرف العطف؟

٢٧٥. كم حرفاً للاستفهام؟

٢٧٦. كم هي أحرف الجواب؟

٢٧٧. كم هي أحرف النفي؟

٢٧٨. كم هي أحرف النداء؟

٢٧٩. كم حرفاً للاستقبال؟

٢٨٠. كم هي أحرف المصدر؟

٢٨١. كم حرفاً للشرط؟

٢٨٢. كم هي أحرف التوكيد؟

٢٨٣. كم هي أحرف الاستثناء؟

٢٦٩. الحرف كلمة لا يتم لها مدلول إلّا باضافتها إلى الاسم أو الفعل، و الحروف كلها مبنية.

٢٧٠. أحرف الجر تسعة عشر و هي: مِنْ ، إلىٰ ، عَنْ ، عَلىٰ ، في ، رُبَّ ، الكاف ، اللام ، الباء ، التاء ، الواو ، حتّىٰ ، مُذْ ، مُنْذُ ، خَلا ، عَدا ، حاشا ، لَوْلا ، كَيْ ، و هي تدخل على الأسماء فقط.

٢٧١. أحرف النصب أربعة و هي: أنْ ، لَنْ ، إذَنْ ، كَيْ ، و هي تدخل المضارع فقط.

٢٧٢. أحرف الجزم خمسة و هي: اِنْ ، لام الأمر ، لا الناهية ، لَمْ ، لَـمَّا ، و هي تدخل المضارع.

٢٧٣. أحرف القسم ثلاثة و هي: الباء ، التاء ، الواو ، و هي تدخل الاسم فقط.

٢٧٤. أحرف العطف تسعة و هي: الواو ، الفاء ، ثُمَّ ، حتَّىٰ ، أوْ ، أمْ ، لا ، بَلْ ، لٰكِن ، و هي مشتركة بين الاسم و الفعل.

٢٧٥. للاستفهام حرفان و هما: الهمزة و هَلْ ، و هما مشتركان بين الاسم و الفعل.

٢٧٦. أحرف الجواب ستة و هي: نَعَمْ ، بَلىٰ ، أجَلْ ، جَير ، جَلَل و إيْ.

٢٧٧. أحرف النفي سبعة و هي: ما ، لا ، لاتَ ، لَمْ ، لَمَّا ، لَنْ و إنْ.

٢٧٨. أحرف النداء سبعة و هي: الهمزة (أ) ، يا ، آ ، أي ، أيا ، هيا ، وَا ، و كلها تختص بالأسماء.

٢٧٩. للاستقبال حرفان و هما: السين و سوف ، و يختصان بالمُضارع.

٢٨٠. أحرف المصدر خمسة و هي: أن ، أنَّ ، كَيْ ، ما و لَوْ.

٢٨١. للشرط حرفان و هما: إنْ و لَوْ ، و هما يدخلان الماضي و المُضارع.

٢٨٢. أحرف التوكيد خمسة و هي: إنَّ ، أنَّ ، النون ، لام الابتداء و قَدْ.

٢٨٣. أحرف الاستثناء أربعة و هى: إلَّا ، خَلا ، عَدا ، حاشا.

تمرين٩٣. اذكر أسماء الحروف الآتية:

مِنْ ، إنَّ ، أنْ ، أنَّ ، إنْ ، إذَنْ ، أيَا ، إلَّا ، حَاشَا ، لَمَّا ، جَيْر ، جَلَل ، كَيْ ، بَلَىٰ ، هَلْ ، رُبَّ ، لَوْلا ، مُنْذُ ، وَ ، لِـ ، لَـ ، خَلَا ، لاتَ ، إي ، لٰكِنْ ، فَـ ، أ ، لا ، بِـ ، أوْ ، قَدْ.

تمرين٩٤. عيّن الحروف في الجمل التالية و اذكر أسماءَها:

١. القرآن الكريم: لَا أُقسِمُ بِهذَا ٱلبَلَدِ ۞ وَ أَنْتَ حِلٌّ بِهذَا ٱلبَلَدِ ۞ وَ وَالِدٍ وَ مَا وَلَدَ ۞ لَقَدْ خَلَقْنَا ٱلإنسانَ في كَبَدٍ ۞ أَيَحْسَبُ أنْ لَنْ يَقْدِرَ عَلَيْهِ أحَدٌ ۞ يَقُول أهْلَكْتُ مَالاً لُبَداً ۞ أَيَحْسَبُ أنْ لَمْ يَرَهُ أَحَدٌ.[1]

٢. الرسول الأعظم ﷺ: ألا أُنَبِّئُكُم بِشِرارِ ٱلنَّاسِ؟ قَالُوا: بَلى يا رَسولَ اللهِ.

قال ﷺ: مَنْ نَزَلَ وَحْدَهُ وَ مَنَعَ رِفْدَهُ وَ جَلَدَ عَبْدَهُ؛ ألا أُنَبِّئُكُم بِشَرٍّ مِنْ ذلِكَ؟ قالُوا: بَلىٰ يا رَسُول ٱللهِ.

قال ﷺ: مَنْ لا يُقيلُ عَثْرَةً و لا يَقْبَلُ مَعْذِرَةً.[2]

٣. الإمام عليٌّ عليه السلام: اَلزُّهْدُ كُلُّهُ بَيْنَ كَلِمَتَيْنِ مِنَ ٱلْقُرآنِ، قالَ ٱللهُ سُبْحانَهُ: ﴿لِكَيْلا تَأْسَوْا عَلىٰ ما فَاتَكُمْ وَ لا تَفْرَحُوا بِمَا آتاكُمْ﴾ وَ مَنْ لَمْ يَأْسَ عَلى ٱلماضي وَ لَمْ يَفْرَحْ بِٱلْآتِي فَقَدْ أَخَذَ ٱلزُّهْدَ بِطَرَفَيْهِ.[3]

٤. الإمام عليٌّ عليه السلام: هَيْهَاتَ! بَعْدَ ٱللتيّا وَ ٱلَّتي، وَ ٱللهِ لابْنُ أبي طالبٍ آنَسُ بِٱلْمَوتِ مِنَ ٱلطِّفْلِ بِثَدْيِ أُمِّهِ.[4]

---

١. سورة البلد / الآيات ١–٧.

٢. تحف العقول / ص ٣٧.

٣. نهج البلاغه / الحكمة ٤٤١.

٤. نهج البلاغه / الخطبة ٥.

ملحق أول:

التحليل الصرفي

٢٨٤. التحليـل الصـرفي: يُنظـر في الحرف إلى أمـرٍ واحد و هو تعيين جنسه (حرف جر، قسم، ...)، مثلاً:

وَ أَبي لَـنْ أرْضى إلَّا بِهذا ٱلحَلّ

وَ : حرف قسم.	لَنْ : حرف نصب
إلّا : حرف استثناء.	بِـ : حرف جر.

٢٨٥. التحليل الصرفي: يُنظر في الفعل إلى الأمور الآتية:

فعل	ماضى / مضارع / أمر	متكلم / غائب أو غائبة / مخاطب أو مخاطبة	مفرد / مثنى / جمع	الماضي منه	لازم / متعد	معلوم / مجهول	مبنى على ... / معرب: علامة الإعراب	الماضى من أصله	مجرّد / مزيد	صحيح (سالم / مهموز / مضاعف) / معتل (مثال / أجوف / ناقص)

مثلاً : يَترامَوْنَ - لَنْ تَشْتَدّي

يَترامون	فعل	مضارع	غائب	جمع	ترامى	لازم	معلوم	**معرب:** مرفوع بثبوت النون لأنّه من الأفعال الخمسة	رمى	مزيد	معتل: ناقص
تشتدي	فعل	مضارع	مخاطبة	مفرد	اشتد	لازم	معلوم	**معرب:** منصوب بحذف النون لأنّه من الأفعال الخمسة	شدّ	مزيد	صحيح: مضاعف

٢٨٦. التحليل الصرفي: يُنظر في الإسم إلى الأمور الآتية:

- اسم
  - مفرد
  - مثنى
  - جمع
    - سالم
    - تكسير
- مذكر
- مؤنث
- نكرة
- معرفة
- متصرف
  - موصوف
    - جامد
      - اسم جنس جامد
      - اسم علم
    - مشتق
      - مصدر
      - اسم جنس مشتق
        - اسم مكان أو زمان
        - اسم آلة
  - صفة
    - جامد
      - اسم منسوب
    - مشتق
      - اسم فاعل ـ اسم مفعول
      - صفة مشبهة ـ اسم مبالغة
      - اسم تفضيل
- غير متصرف
  - ضمير ـ اسم اشارة
  - اسم موصوف ـ اسم
  - استفهام ـ ظرف.
- مبني على...
- معرب:
- علامة
- الأعراب

مثلاً: رَأَيْتُ ٱلمُعَلِّمينَ - شاهَدْتُ مَساجِدَ كَثيرةً - أُطْلُبْ ما تُريد

المعلمين	اسم	جمع سالم	مذكر	معرفة	متصرف	صفة (موصوف)	مشتق	اسم فاعل	معرب منصوب بالياء لأنّه جمع مذكر سالم
مساجد	اسم	جمع تكسير	مذكر	نكرة	متصرف	موصوف	مشتق	اسم جنس مشتق: اسم مكان	معرب منصوب بالفتح
كثيرة	اسم	مفرد	مؤنث	نكرة	متصرف	صفة	مشتق	صفة مشبهة	معرب منصوب بالفتح
ما	اسم	مفرد	مذكر	معرفة	غير متصرف: موصول	—	—	—	مبني على السكون

ملحق ثان:

كتابة الهمزة

تناسب حروف العلة و الحركات

الياء (ي)	← ـِ	(الكسرة)
الواو (و)	← ـُ	(الضمة)
الألف (ا)	← ـَ	(الفتحة)

٢٨٧. في ابتداء الكلمة: تكتب الهمزة بصورة الألف مطلقاً، نحو: **أُنْصُرْ ، أَكْرَمَ ، إعْلَموا.**

٢٨٨. في وسط الكلمة: ينظر إلى حركة الهمزة و إلى حركة ما قبلها فتكتب الهمزة بصورة الحرف المناسب للتشكيل الأقوى، نحو: **سَئِمَ ، لَؤُم ، سأَلَ ، فِئران ، لُؤْم ، فَأْس ، بِيئَات.**

ترتيب الحركات ابتداء من التشكيل الأقوى إلى الأضعف
ـِـ ـُـ ـَـ ـْـ
[و تعتبر الياء الساكنة (ـيْـ) بقوة الكسرة]

٣٨٩. في وسط الكلمة: إذا وقعت الهمزة مفتوحة بعد ألف (اءَ) تُكتب مفردةً، نحو: **تَساءَلَ**.

٣٩٠. في طرف الكلمة تكتب الهمزة:

- منفردة بعد ساكن، نحو: **جُزْءٌ** ، **شَيْءٌ** ، **نَشْءٌ**.
- بحرف حركة ما قبلها في ما عدا ذلك، نحو: **قَرَأَ** ، **قُرِئَ** ، **تَبَوُّؤ**.

٣٩١. في شبه الطرف: أي إذا زيد بعدها حرف أو أكثر من حرف أو ضمير.

- **في الاسم**: تطبَّق قواعد الهمزة المتوسطة،[1] نحو: **مرْأَة** ، **خطيئَة** ، **لُؤْلؤَة**.

  و ترسم منفردة إن وقعت بعد ساكن و كانت مفتوحة يتبعها ضمير، نحو: **جُزْءَه** ، **بناءَک** ، **ضَوْءَنا**.

- **في الفعل**: تُكتب الهمزة بحسب ما قبلها و تزاد الضمائر من غير تغيير، نحو: **قَرَأا** ، **قَرَأُوا**.

---

١. راجع عدد ٣٨٩ ـ ٣٨٨.

قسم النحو

- ١ -

موضوع النحو

٢٩٢. ما ذا يعلّمنا النحو؟

٢٩٣. هل الألفاظ كلها سواء عند التركيب؟

٢٩٤. كيف تعرف حالة آخر الكلمة المبنية؟

٢٩٥. كيف تعرف حالة آخر الكلمة المعربة؟

٢٩٢. النحو يعلّمنا أحوالَ الألفاظ عندّ دخولِها في التركيب.

٢٩٣. إن الألفاظَ عند التركيب قسمان.

- مبني: و هو الذي يثبت آخره على حالة واحدة.
- معرب: و هو الذي يتغير آخره فيكون على أحوال مختلفة.

٢٩٤. لم توضع قواعد لمعرفة حالة آخر الكلمات المبنية و إنّما يتوقف ذلك على السماع.

٢٩٥. تُعرف حالة آخر الكلمة المعربة من القواعد التي وضعها النحويون في علم النحو، و به تعرف:

- حالات آخر الفعل: الرفع و النصب و الجزم.
- و حالات آخر الاسم: الرفع و النصب و الجر.

تمرين١. ميّز الألفاظ المعربة من الألفاظ المبنيّة:

١. القرآن الكريم: مَنْ عَمِلَ صَالِحاً مِنْ ذكَرٍ أوْ أنْثىٰ و هُوَ مُؤْمِنٌ فَلَنُحْيِيَنَّهُ حَيٰوةً طَيِّبَةً وَ لَنَجْزِيَنَّهُمْ أجْرَهُمْ بِأحْسَنِ مَا كانُوا يَعْمَلُونَ.[1]

٢. الرّسول الأكرمُ صلى الله عليه وآله: لَيِّنُوا لِمَنْ تُعَلِّمُونَ وَ لِمَنْ تَتَعَلَّمُونَ مِنه.[2]

٣. الإمام الصادق عليه السلام: مَنْ تَعَلَّمَ للهِ - عَزَّ وَ جَلَّ - وَ عَمِلَ للهِ وَ عَلَّمَ للهِ دُعِيَ في مَلكُوتِ السَّمَاواتِ عَظيماً، و قيل: تَعَلَّمْ للهِ! وَ عَلِّمْ للهِ![3]

٤. «في الإنجيل»: لا تَقُولُوا نَخافُ أنْ نَعْلَمَ فَلَا نَعْمَلَ وَ لكِنْ قُولُوا نَرْجُو أنْ نَعْلَمَ وَ نَعْمَلَ.[4]

---

١. سورة النحل / الآية ٩٧.

٢. بحار الأنوار، ج ٦ / ص ٥١٩.

٣. بحار الأنوار، ج ٢ / ص ٢٩.

٤. بحار الأنوار، ج ١ / ص ١٨٦.

- ٢ -

مواضع رفع الفعل المضارع و نصبه

٢٩٦. متى يرفع الفعل المضارع؟

٢٩٧. كم قسماً الحروف الناصبة؟

٢٩٨. عدّد الحروف الناصبة بذاتها؟

٢٩٩. عدّد الحروف الناصبة بـ «أنْ» مقدرة؟

٣٠٠. ما هو شرط نصب الفعل بـ «أن»؟

٣٠١. ما هو شرط نصب الفعل بـ «إذن»؟

٢٩٦. يرفع الفعل المضارع دائماً إلّا إذا دَخلت عليه إحدى الأدوات الناصبة أو الجازمة أو ما يوجب بناءه، نحو: **يُثمرُ الشَّجَرُ.**

٢٩٧. الحروف الناصبة قسمان: قسمٌ ينصب بذاته و قسمٌ ينصب بـ «أن» **مقدَّرة.**

٢٩٨. الحروف الناصبة بذاتها أربعة و هي: أنْ ، لَنْ ، إذَنْ ، كَيْ (لِكَي).

- **أنْ**، نحو: أريد أن أتعلَّمَ.
- **لَنْ**، نحو: **لَنْ يجودَ البخيلُ.**
- **إذَنْ**، نحو: **إذَنْ نَبْلُغَ القَصْدَ.**
- **كي أو لكي**، نحو: **أُدْرُسْ كي أو لكي تَحْفَظَ.**

٢٩٩. الحروف الناصبة بـ «أنْ» مقدرة خمسة و هي: حتى، اللام ، أو ، الفاء ، الواو.[١]

* **حتّى**، نحو: **اِضْرَبِ ٱلمذنبَ حتى يَتُوبَ.** للتعليل ← كي
أُدرسْ حتى أرجعَ. لانتهاء الغاية ← إلى أنْ

* **اللام**، نحو: **خُذِ ٱلدَّواءَ لتبرأ.** للتعليل
لم أكنْ لِأهْرُبَ. للجحود ← لام مسبوقة بـ «كان» منفية.

* **أو**، نحو: **لا أستريحُ أو أقولَ ٱلحقّ.** إلى أنْ ← إلا أنْ

* **فاء السبب**: إذا وقعت جواباً لطلب أو نفي:

□ **الطلب**:

للأمر،	نحو: **تاجرْ**	**فَتربَحَ.**
للنهي،	نحو: **لا تَدْنُ من ٱلنار**	**فَتحترقَ.**
للاستفهام،	نحو: **هل رَجَعَ صديقنا**	**فأُسلّمَ عليه؟**
للترجّي،	نحو: **لعلَّ ٱلصّديقَ يزورُنا**	**فَنستأنِس به.**
للتّمني،	نحو: **ليت لي مالاً**	**فأجودَ.**
للعرض،	نحو: **ألا تدنو من ٱلنور**	**فتبصرَ.**
للتحضيض،	نحو: **هَلّا تَدرسُ**	**فَتحفَظَ.**

□ **النفي** للنفي، نحو: **لا أعرف دارَ ٱلصّديقِ فأزورَه.**

١. والأصل: حتى ، أن، لِأن ، أو ، أنْ ، فأن و أن.

❊ **واو المعية:** المسبوقة بطلب أو نفي كما تقدّم في الفاء السببية:

نحو: لا تَنْهَ عنْ خُلُقٍ وَ تأتيَ مثله (مع أنك تأتي مثله).

٣٠٠. «أنْ» تنصب الفعل إذا وقعت مع ما بعدها في معنى المصدر، و يكون لجملة «أن» عندئذٍ محلٌّ من الإعراب، نحو: **أُريدُ أنْ أتعلَّمَ ← أُريدُ ٱلتَعلُّمَ.**

٣٠١. «إذن» تنصب الفعل بشرطين:

❊ إذا كانت في صدر الجواب الذي تقع فيه.

❊ و لم يُفَصّل بينها و بين الفعل، نحو:

اِحْترمْ رئيسك إذن يُكرِمَك.

و فيما خلا ذلك فإنها لا تنصب، نحو:

اِحترمْ رئيسَك إنّه إذن يُكرِمُك.

اِحترمْ رئيسك إذن هو يكرِمُك.

تمرين٢. عين المضارع المرفوع بالضمة و المرفوع بثبوت النون و المضارع المنصوب بالفتحة و المنصوب بحذف النون:

١. القرآن الكريم: وَ لَقَدْ نَعْلَمُ أَنَّكَ يَضِيقُ صَدْرُكَ بِمَا يَقُولُونَ.[١]

٢. القرآن الكريم: لا أُقْسِمُ بِيَوْمِ الْقِيٰمَةِ * وَ لا أُقْسِمُ بِٱلنَّفْسِ ٱللَّوّامَةِ * أَيَحْسَبُ ٱلإنْسانُ أَلَّنْ نَجْمَعَ عِظَامَهُ * بَلىٰ قادِرينَ عَلىٰ أنْ نُسَوِّيَ بَنَانَهُ * بَلْ يُريدُ ٱلإنْسانُ لِيَفْجُرَ أَمامَهُ.[٢]

٣. القرآن الكريم: وَ مَا كانَ ٱلْمُؤْمِنُونَ لِيَنْفِرُوا كافَّةً فَلَوْلَا نَفَرَ مِنْ كُلِّ فِرْقَةٍ مِنْهُمْ طَائِفَةٌ لِيَتَفَقَّهُوا فِي ٱلدِّينِ وَ لِيُنْذِرُوا قَوْمَهُمْ إذا رَجَعُوا إِلَيْهِمْ لَعَلَّهُمْ يَحْذَرُونَ.[٣]

٤. القرآن الكريم: لَنْ تَنَالُوا ٱلْبِرَّ حَتَّىٰ تُنْفِقُوا مِمَّا تُحِبُّونَ.[٤]

٥. الإمام الصادق عليه السلام: في قوله تعالى ﴿مِمَّا رَزَقْناهُمْ يُنْفِقُونَ﴾: مِمَّا عَلَّمْناهُمْ يَبُثُّونَ وَ مِمَّا عَلَّمْناهُمْ مِنَ ٱلْقُرآنِ يَتْلُونَ.[٥]

٦. الإمام الصادق عليه السلام: إنَّ ٱلْمُؤمِنَ مُكَفَّرٌ وَ ذلِكَ أنّ مَعْرُوفَهُ يَصْعَدُ إلى ٱللهِ عَزَّوَجلَّ، فَلا يَنْتَشِرُ في ٱلناسِ، وَ ٱلْكافِرُ مَشهُورٌ وَ ذلكِ أنّ معروفة يَنْتَشِرُ في ٱلنَّاسِ وَ لا يَصْعَدُ إلى ٱلسَّماءِ.[٦]

٧. الإمام الرضا عليه السلام: ٱلسَّخِيُّ يَأْكُلُ مِنْ طَعامِ ٱلنّاسِ لِيَأكُلُوا مِنْ طَعامِهِ وَٱلْبَخيلُ لا يَأكُلُ مِنْ طَعامِ ٱلنّاسِ لِئَلّا يَأكُلوا مِنْ طَعَامِهِ.[٧]

---

١. سورة الحجر / الآية ٩٧.

٢. سورة القيامة / الآيات ١-٥.

٣. سورة التوبة / الآية ١٢٢.

٤. سورة آل عمران / الآية ٩٢.

٥. ميزان الحكمة، ج ٧ / ص ٤٦٩.

٦. ميزان الحكمة، ج ٥ / ص ١٥٤.

٧. تحف العقول / ص ٤٤٦.

تمرين٣. اكتب و انصب كلّ فعل يجب نصبه ذاكراً السبب:

مثلاً: يا لَيتَني كُنتُ مُجتَهِداً (فَأربَح) الجائزَةَ.

(«فَأَرْبَحَ»: منصوبٌ بالفتحة لأنّه واقع بعد فاء السبب في جواب التمنّي).

١. الإمام عليٌّ عليه السلام: لَنْ يُثْمِرَ ٱلْعِلْمُ حتّى (يُقارنه) ٱلْحِلْمُ.[1]

٢. الإمام الباقر عليه السلام: لا تَطْلُبَنَّ أنْ تكونَ رأساً (فتكون) ذنباً.[2]

٣. قالَ: إنّي أقْرأُ لَيلاً على نُورٍ ضَعيفٍ، فَقلتُ: ٱلْقراءَةُ إذَنْ (تُؤْذي) عَينيكَ فَٱجْتَنِبِ ٱلمطالعةَ ليلاً مَا ٱسْتَطعت (لِتَحفظ) بَصرَكَ.

٤. اِصْنَعوا في ٱلحياةِ ما تَشْتَهُونَ صَنيعه عِنْدَ ٱلْمَوت (فَتَربحونَ) سَعادةَ ٱلدّارَيْنِ.

تمرين٤. أصلح ما تراهُ مغلوطاً في الجمل الآتية و اذكر دليله:

١. عَلى ٱلوالدينِ أنْ يُحسِنُونَ تَربيةَ أوْلادِهم.

٢. قالُوا: إنَّنا سَنَسيرُ سيرةً حسنةً. قلتُ: إذن تكُونُونَ مِنَ ٱلفائِزينَ.

٣. ثابِرا عَلى ٱلجدّ حتّى تبلغانِ أرَبَكُما.

٤. اتّقِي ٱللّه لِكَي تَفُوزينَ بِرِضَاهُ.

---

١. ميزان الحكمة، ج٦ / ص ٤٩٩.

٢. بحار الأنوار، ج ٧٢ / ص ٢٣٣.

- ٣ -

مواضع جزم الفعل المضارع

٣٠٢. متى يجزم الفعل المضارع؟

٣٠٣. كم قسماً الأدوات الجازمة؟

٣٠٤. كم هي الأدوات الجازمة فعلاً واحداً؟

٣٠٥. كم هي الأدوات الجازمة فعلين؟

٣٠٦. ماذا يسمى كل من الفعلين المجزومين؟

٣٠٧. هل كل هذه الأدوات الجازمة لفعلين أسماء أم حروف؟

٣٠٨. هل كل هذه الأدوات مبنية أم معربة؟

٣٠٩. متى تكون «إن» الشرطية مقدرة؟

٣١٠. هل يكون فعل الشرط و جوابه ماضيين أم مضارعين؟

٣١١. في أي محل تدخل الفاء على جواب الشرط و جوباً؟

٣١٢. في أي محل تدخل الفاء على جواب الشرط جوازاً؟

٣١٣. ما هي حالة جواب الشرط إذا دخلت عليه الفاء؟

٣١٤. كيف يكون إعراب من، ما، مهما و أي الشرطية؟

٣١٥. كيف يكون إعراب متى، أيان، أينما، أنّى و حيثما الشرطية؟

٣١٦. كيف تعرب كيفما الشرطية؟

٣٠٢. يجزم الفعل المضارع إذا سبقته إحدى الأدوات الجازمة السِتّ عَشرة.

٣٠٣. الأدوات الجازمة قسمان: قسمٌ يجزم فعلاً واحداً، و قسمٌ يجزم فعلين.

٣٠٤. الأدوات الجازمة فعلاً واحداً أربعٌ:

- **لَم**، نحو: **لَمْ يَذْهَبْ أحدٌ.**
- **لَمّا**، نحو: **تَعَلَّمَ ٱلقراءَةَ وَ لمّا يَكْتُبْ.**
- **لام الأمر**، نحو: **لِتَطِبْ نَفْسُكَ.**
- **لا الناهية**، نحو: **لا تَيْأسْ منْ رَحمةِ ٱللّهِ.**

٣٠٥. الأدوات الجازمة فعلين اثنتا عَشْرَةَ و كلُّها للشرط:

- **إنْ** (حرف شرط) نحو: **إنْ تَكْسلْ تَخْسَرْ.**
- **إذْما** (حرف الشرط) نحو: **إذا ما تتعلَّمْ تتقدَّمْ.**
- **مَنْ** (اسم شرط للعاقل) نحو: **مَنْ يَطلُبْ يَجدْ.**
- **ما** (اسم شرط لغير العاقل) نحو: **ما تَفْعَلْ أفْعَلْ.**
- **مَهْما** (اسم شرط) نحو: **مَهْما تأمُرْ بالخير أفْعَلْهُ.**
- **أيٌّ** (اسم شرط) نحو: **أيٌّ يَجْتَهِدْ يَنْجَحْ. أَيّاً تُكْرِمْ أُكْرِمْ.**
- **كَيفَما** (اسم شرط للحال) نحو: **كيفَما تجلسْ أجلسْ.**
- **مَتىٰ** (اسم شرط للزمان) نحو: **متى ترجعْ نُكرمْك.**
- **أيّان** (اسم شرط للزمان) نحو: **أيّان تَسْألْني أُجِبْكَ.**
- **أينما** (اسم شرط للمكان) نحو: **أينما تذهَبْ تَنْجَحْ.**
- **أنّىٰ** (اسم شرط للمكان) نحو: **أنّى يَذْهَبْ صاحبُ العلم يُكرَمْ.**
- **حيثُما** (اسم شرط للمكان) نحو: **حيثُما تَسقُطْ تَثْبُتْ.**

٣٠٦. يُسمّى أول الفعلين المجزومين شرطاً و الثاني **جواباً**.

٣٠٧. إنّ الأدوات الجازمة لفعلين كلها أسماء ما عدا «**إنْ**» و «**إذْما**» فهما حرفان.

٣٠٨. كل هذه الأدوات مبنيّة ما عدا «**أيّ**» فهي معربة.

٣٠٩. «إنْ» الشرطية تكون مقدرة بعد الطلب، فيجزم المضارع؛ نحو:

تَعَلَّمْ تَفُزْ ← إنْ تَتَعَلَّمْ تَفُزْ.

٣١٠. إنّ فعل الشرط و جوابه يجوز أن يكونا:

* **مضارعين**، نحو: **إنْ تَصْبِرْ تَظْفَرْ** (و هما مجزومان).
* **أو ماضيين**، نحو: **إن صَبرتَ ظَفَرتَ** (و هما في محل جزم).
* **أو متخالفين**، نحو: **إن تصْبِرْ ظَفَرتَ** (الشرط مجزوم والجواب في محل الجزم). **إن صبرتَ تظفَرْ أوْ تَظْفَرُ** (الشرط في محل الجزم و الجواب مجزوم أو مرفوع).

٣١١. تدخل الفاء (فاء الجزاء) على جواب الشرط وجوباً في ستة مواضع:

* إذا كان ماضياً مقروناً بـ «قَدْ»، نحو: **إنْ آمَنْتَ فَقَدْ خَلَصْتَ.**
* إذا كان منفياً بـ «ما» أو «لَنْ»، نحو: **إن جاءني ضيفٌ فما أرُدُّهُ أوْ فَلَنْ أرُدَّهُ.**
* إذا كان فعلاً طلبياً، نحو: **إن سَقَطَ عدُوُّكَ فَلا تَشْمَتْ بِه.**
* إذا كان فعلاً جامداً، نحو: **إن تَرَني أقلّ مالاً فعسىٰ ربّي أن يُغْنِيَني.**
* إذا كان مقروناً بالسين أو بـ «سوف»، نحو: **إنْ زُرتَني فسأزورك أو فسوفَ أزُورُك.**

* إذا كان جملة اسمية، نحو: **مَهما أردت فإنّي مستعدٌّ لقضائه.**

٣١٢. تدخل الفاء على جواب الشرط **جوازاً** في موضعين:

* إذا كان مضارعاً، بـ «لا»، نحو: **إنْ تَدْرُسْ فَلا تَخْسَرُ** (أو لا تَخْسَرْ).
* إذا كان مضارعاً مثبتاً، نحو: **مَنْ يَطْلُبْ فَيَجِدُ** (أَوْ يَجِدْ).

٣١٣. إذا دخلت الفاء على جواب الشرط يمتنع الجزم و يُرفع الفعل خبراً عن مبتدأ محذوف و تكون الجملة في محل الجزم لأنّها جواب الشرط، نحو:

مَنْ يَطلبْ فَيَجدُ ← مَن يطلب فهو يجدُ.

٣١٤. تكون «من، ما، مهما، أيّ» الشرطية:

* مبتدأ: إذا وقع بعدها فعل لازم؛ و يكون الشرط و جوابه خبراً عنها، نحو:

أيٌّ يجتهدْ ينجح ، ما يصلْني من المال أنْتَفعْ به.

* **مفعولاً به**: إذا وقع بعدها فعلٌ متعدٍّ لم يأخذ مفعوله، نحو: **مَنْ تُكْرِمْ أُكْرِمْ، أيّاً تسألْ يُجِبْكَ ، ما تطلبْ تَنَلْ ، مهما تفعلْ في الصغر تجده في الكبر.**
* **في محل جر** بالحرف أو بالإضافة، نحو:

بِمَنْ تَذْهَبْ أذْهَبْ ، عَمَّا تُفَتّشْ أُفَتّشْ ، غُلام مَنْ تَضْرِبْ أضرِبْ.

٣١٥. تكون «متى، أيّان أينما، أنّى، حيثما» الشرطية في محل نصب على الظرفية، نحو: **متى تَنمْ أنَمْ. حيثما تَسقُطْ تَثْبتْ.**

٣١٦. تكون «كيفما» الشرطية في محل نصب حال، نحو: **كيفما نتوجَّهْ نُصادفْ خيراً.**

تمرين٥. عين المضارع المرفوع و المنصوب و المجزوم و اكتب علامة الرفع و النصب و الجزم:

١. القرآن الكريم: يَا أَيُّها ٱلَّذين آمَنُوا لا يَسْخَرْ قَوْمٌ مِنْ قَوْمٍ عَسَى أنْ يَكُونُوا خَيْراً مِنْهُمْ وَ لا نِساءٌ مِنْ نِساءٍ عَسَى أنْ يَكُنَّ خيْراً مِنْهُنَّ وَ لا تَلْمِزُوا أنْفُسَكُمْ وَ لا تَنَابَزُوا بِٱلْألْقابِ بِئْسَ ٱلاسْمُ ٱلْفُسُوقُ بَعْدَ ٱلإيمانِ وَ مَنْ لَمْ يَتُبْ فَأُولئِكَ هُمْ ٱلظّالِمُونَ.[١]

٢. القرآن الكريم: يا أَيُّها ٱلَّذينَ آمَنُوا ٱجْتَنِبُوا كَثيراً مِنَ ٱلظَّنِّ إنَّ بَعْضَ ٱلظَّنِّ إثْمٌ وَ لا تَجَسَّسُوا وَ لا يَغْتَبْ بَعْضُكُمْ بَعضاً أيُحِبُّ أَحَدُكُمْ أنْ يَأْكُلَ لَحْمَ أخِيهِ مَيْتاً فَكَرِهْتُمُوهُ وَٱتَّقُوا ٱللّهَ إنَّ ٱللّهَ تَوّابٌ رَحيمٌ.[٢]

٣. القرآن الكريم: لا تَتَّبِعِ ٱلْهَوىٰ فَيُضِلَّكَ عَنْ سَبيلِ ٱللّهِ.[٣]

٤. الرسول الأعظم ﷺ: يا أباذرّ! هُمَّ بِٱلْحَسَنةِ وَ إنْ لَمْ تَعْمَلْها، لِكَيْلا تُكْتَبَ مِنَ ٱلْغافِلينَ.[٤]

تمرين٦. اضبط أواخر الأفعال في الجمل التابعة و أصلح ما تراه مغلوطاً:

المجتهدُ يَنْجَحَ ، مَنْ لَمْ يَجْتَهِد فَلَن يَنجَحُ ، اِجْتَهِدْ لِتَنْجَحْ ، ما كانَ ٱلاجتهاد لِيَضُرّ أحداً ، إنِ ٱجْتَهَدْتَ إذَنْ تنجحُ ، أُحِبُّ أنْ أجتَهِدُ ، أجتَهِدُ لِكَيْ أنْجَح ، ألّا تجتَهِدُونَ فَتَنْجَحُونَ ، إذْ ما تَجْتَهِد تَنْجَح ، أيّ انسانٍ يَجْتَهِد يَنْجَح ، اِنْ ٱجْتَهَدت تَنْجَح.

---

١. سورة الحجرات / الآية ١١.

٢. سورة الحجرات / الآية ١٢.

٣. سورة ص / الآية ٢٦.

٤. ميزان الحكمة، ج ٣ / ص ٣٨٠.

تمريـن٧. اكتـب و افرق بين لام الأمر الجازمة و لام التعليـل الناصبة، و ميّز بين «لا» النهي الجازمة و «لا» النفي غير الجازمة و أعط الفعل بعد كل واحدة ما يستحقه من الإعراب:

١. القرآن الكريم: وَلْيَسْتَعْفِفِ ٱلَّذِينَ لا يَجِدُونَ نِكاحاً حَتّى يُغْنِيَهُمُ ٱللهُ مِنْ فَضْلِهِ.[١]

٢. القرآن الكريم: وَلْيَضْرِبْنَ بِخُمُرِهِنَّ عَلىٰ جُيُوبِهِنَّ وَ لا يُبْدِينَ زِينَتَهُنَّ.[٢]

٣. القرآن الكريم: لِيَجْزِيَ ٱللهُ كُلَّ نَفْسٍ مَا كَسَبَتْ إِنّ ٱللهَ سَرِيعُ ٱلْحِسابِ * هذا بَلاغٌ لِلنّاسِ وَ لِيُنْذَرُوا بِهِ وَ لِيَعْلَمُوا أَنَّمَا هُوَ إِلٰهٌ وَاحِدٌ وَ لِيَذَّكَّرَ أُولُوا ٱلْأَلْبابِ.[٣]

٤. الرسول الأعظم صلى الله عليه وآله: إنّ مُوسى لَقِيَ ٱلْخَضْرَ فَقال: أوصِني! فقال ٱلْخَضرُ:... تَعَلَّمْ ما تَعَلَّمُ لِتَعْمَلَ وَ لا تَعلَّمْ لِتُحَدِّثَ بِهِ، فَيَكُونَ عَلَيكَ بُورُه وَ يَكُون على غيرِكَ نُورُه.[٤]

٥. المسيحُ عليه السلام: لا تَكُونَنَّ حَدِيدَ ٱلنَّظَرِ إِلى مَا لَيْسَ لَكَ، فإنّه لَنْ يَزنِيَ فَرْجُكَ ما حَفِظْتَ عَيْنَكَ، فإِنْ قَدَرْتَ أَنْ لا تَنْظُرَ إِلى ثَوبِ ٱلمَرأَةِ ٱلَّتي لا تَحِلُّ لَكَ فافْعَلْ.[٥]

تمرين٨. اجعل أداة الجزم الملائمة في موضع النقط و اكتب الأفعال كما يتطلبه الجزم:

.... تَذهبُونَ يَلحقونَ بِكُمْ ـ ... تُقدِّمُونَ من ٱلأطعمة يأكلونَ.

.... يَتْعَبُ في صغرِهِ يَستَريحُ في كبره ـ ... تُفَتّشانِ تجدانِ.

حفظتُ ٱلكتابَ وَ... تَنتهي ٱلسنةُ ـ ... يؤاخي ٱلكسلان يصبحُ مثلَه.

---

١. سورة النور / الآية ٣٣.

٢. سورة النور / الآية ٣١.

٣. سورة ابراهيم / الآيتان ٥١ و ٥٢.

٤. ميزان الحكمة، ج ٦ / ص ٥١١.

٥. ميزان الحكمة، ج ٤ / ص ٣٤٣.

تمرين٩. اكتب «إن» الشرطية المقدّرة و فعل الشرط في الروايات الآتية:

نحو: اِسْأَلْ تَعْلَمْ[١] اِسْأَلْ(إنْ تَسْأَلْ) تَعْلَمْ.

١. أَخْلِصْ تَنَلْ.[٢] ٢. اِلْزَمِ ٱلصَّمتَ يَسْتَنِرْ فِكْرُكَ.[٣]

٣. اشْكُرْ تُزَدْ.[٤] ٤. أَحْسِنْ إلى ٱلْمُسيءِ تَمْلِكْهُ.[٥]

٥. اِخْتَبِرْ تَعْقِلْ.[٦] ٦. اِغْلَبِ ٱلشَّهْوَةَ تَكْمُلْ لَكَ ٱلحِكمَةُ.[٧]

٧. أَقْلِلِ ٱلكلامَ تَأمَنِ ٱلملامَ.[٨]

تمرين١٠. دُلَّ على الجواب الذي دخلته فاء الشرط وجوباً أو جوازاً.

١. القرآن الكريم: وَ إِنْ خِفْتُمْ عَيْلَةً فَسَوْفَ يُغْنِيكُمُ ٱللّٰهُ مِنْ فَضْلِهِ إِنْ شَاءَ.[٩]

٢. القرآن الكريم: وَ مَنْ قُدِرَ عَلَيْه رِزْقُهُ فَلْيُنْفِقْ مِمَّا ءاتَيٰهُ ٱللّٰهُ.[١٠]

٣. القرآن الكريم: مَنْ جاءَ بِٱلْحَسَنةِ فَلَهُ عَشْرُ أَمْثالِها وَ مَنْ جاءَ بِٱلسَّيِّئَةِ فَلا يُجزَىٰ إلّا مثلَها.[١١]

٤. القرآن الكريم: إذ قُرِئَ ٱلْقُرآنُ فَٱسْتَمِعُوا لَهُ وَ أَنْصِتُوا.[١٢]

---

١. غرر الحكم / ص ١٠٨.

٢. غرر الحكم / ص ١٠٩.

٣. غرر الحكم / ص ١٠٩.

٤. غرر الحكم / ص ١٠٩.

٥. غرر الحكم / ص ١٠٩.

٦. غرر الحكم / ص ١٠٩.

٧. غرر الحكم / ص ١٠٩.

٨. غرر الحكم / ص ١٠٩.

٩. سوره التوبة/ الآية ٢٨.

١٠. سورة الطلاق / الآية ٧.

١١. سوره الأنعام / الآية ١٦٠.

١٢. سورة الأعراف / الآية ٢٠٤.

٥. **الرسول الأعظم** صلى الله عليه وآله: مَنْ كانَ عِنْدَه صَبيٌّ فَلْيَتصاب لَهُ.[١]

٦. **الإمام عليٌّ** عليه السلام: إذَا رَأيْتَ عَالِماً فكُنْ لَهُ خَادماً.[٢]

٧. **الإمام العسكري** عليه السلام: مَنْ وَعَظَ أخاهُ سِرّاً فَقَدْ زانَهُ وَ مَنْ وَعَظَهُ عَلانيةً فَقَدْ شَانَهُ.[٣]

إعراب القرآن و الحديث

القرآن الكريم:

لا تَظْلِمُونَ وَ لا تُظْلَمُونَ[٤]

لا : حرفُ نَفي مبنيٌّ على السكون.

تَظْلِمُونَ : فعلٌ مضارعٌ مرفوعٌ و علامةُ رفعِه ثبوتُ النونِ في آخرِه، **الواوُ**: ضميرٌ متصلٌ مبنيٌّ على السكون في محلّ رفعٍ فاعلٌ.

وَ : حرفُ عطفٍ مبنيٌّ على الفتحِ.

لا : حرفُ نَفي مبنيٌّ على السكون.

---

١. وسائل الشيعة، ج ١٥ / ص ٣٣.

٢. ميزان الحكمة، ج ٦ / ص ٤٨٩.

٣. ميزان الحكمة، ج ١٠/ ص ٥٨٠.

٤. سورة البقرة / الآية ٢٧٩.

تُظْلَمونَ : فعلٌ مضارعٌ مرفوعٌ و علامةُ رفعِه ثبوتُ النونِ في آخرِه، **الواوُ**: ضميرٌ متصلٌ مبنيٌّ على السكون في محلّ رفعٍ نائبُ فاعلٍ.

القرآن الكريم:

وَ يُحِبُّونَ أن يُحْمَدُوا بِما لَمْ يَفْعَلُوا[١]

وَ يُحبُّونَ : **الواو**:حسب ما قبلها؛ **يُحِبُّونَ**: فعلٌ مضارعٌ مرفوعٌ و علامةُ رفعِه ثبوتُ النون في آخرِه؛ **الواوُ**: ضميرٌ متصلٌ مبنيٌّ على السكونِ في محلّ رفعٍ فاعلٌ.

أنْ يُحْمَدُوا : **أنْ**: حرفُ نصبٍ و مصدرٍ ؛ **يُحْمَدُوا**: فعلٌ مضارعٌ منصوبٌ و علامةُ نصبِه حذفُ النونِ؛ الواوُ: ضميرٌ متصلٌ في محلّ رفعٍ نائب فاعلٍ. والمصدر المؤوّلُ من «أن و الفعل» في محلِّ نصبٍ مفعولٌ به، والتقديرُ: يُحِبُّونَ (حَمْدَهُمْ) بِما لَمْ يَفْعَلُوا.

بِمَا : **الباءُ**: حرفُ جرٍّ مبنيٌّ على الكسر؛ مَا: اسمُ موصول بمعنى (الَّذي) مبنيٌّ على السكون في محلّ جرٍ؛ والجارُّ والمجرورُ متعلّقانِ بالمصدرِ المؤوّلِ.

لَمْ يَفْعَلُوا : **لَمْ**: حرفُ جزمٍ و نفيٍ و قلبٍ؛ **يَفْعَلُوا**: فعلٌ مضارعٌ مجزومٌ بـ «لَمْ» وَ علامةُ جزمِه حذفُ النونِ لأنّه من الأفعال الخمسة؛ و **الواوُ** : ضميرٌ متصلٌ مبنيٌّ على السكون في محلّ رفعٍ فاعلٌ.

و الجملة الفعلية (لم يفعلوا) لا محل لها من الإعراب لأنّها صلة الموصول.

---

١. سورة آل عمران / الآية ١٨٨.

الرّسولُ الأكرم ﷺ:

لا تُمَارِ أخَاكَ وَ لا تُمَازِحْهُ وَلَا تَعِدْهُ فَتُخْلِفَهُ [١]

لاتُمارِ : لا: ناهيةٌ جازمةٌ؛ تُمَارِ: فعلٌ مضارعٌ مجزومٌ و علامةُ جزمِه حذفُ حرفِ العلّةِ، والأصلُ: تُمَارِي، و فاعلُه ضميرٌ مستترٌ فيه وجوباً، تقديره: أنتَ.

أخاكَ : أَخا: مفعولٌ به منصوبٌ و علامةُ نصبِه «الألف» لأنّه من الأسماء الستّة؛ والكافُ: ضميرٌ متصلٌ مبنيٌّ على الفتح في محلّ جرٍ مضافٌ إليه.

وَلا تُمَازِحْهُ : الواو: حرفُ عطفٍ مبنيٌّ على الفتح؛ لا: ناهيةٌ جازمةٌ؛ تمازحْ: فعلٌ مضارعٌ مجزومٌ و علامةُ جزمِهِ السكونُ، والفاعلُ ضميرٌ مستترٌ فيه وجوباً، تقديره: أنـتَ؛ والهـاءُ: ضميرٌ متصلٌ مبنيٌّ على الضمّ في محلّ نصبٍ مفعولٌ به.

وَلا تَعِدْهُ : الواو: حرفُ عطفٍ مبنيٌّ على الفتح؛ لا:ناهيةٌ جازمةٌ؛ تَعِدْ: فعلٌ مضارعٌ مجزومٌ و علامته السكونٌ، والفاعل ضميرٌ مستترٌ فيه وجوباً، تقديره: أنتَ ؛ والهاءُ: ضميرٌ متصلٌ مبنيٌّ على الضمّ في محلّ نصبٍ مفعولٌ به.

فَتُخْلِفَهُ : الفاءُ: فاء السبب (تنصب المضارع بـ «أن» مقدّرة)؛ تُخْلِفَ: فعلٌ مضارعٌ منصوبٌ و علامةُ نصبِه الفتحَةُ، والفاعلُ ضميرٌ مستترٌ فيه، تقديره: أنتَ؛ والهاءُ: ضميرٌ متصلٌ مبنيٌّ على الضمّ في محل نصبٍ مفعولٌ به.

---

١. تحف العقول / ص ٣٥.

الإمام عليٌّ عليه‌السلام:

اِصْبِرْ تَنَلْ.[١]

اِصْبِرْ : فعلُ أمرٍ مبنيٌّ على السكون و الفاعلُ ضميرٌ مستترٌ فيه و جوباً، تقديره: أنتَ.

تَنَلْ : فعلٌ مضارعٌ مجزومٌ لأنّه جوابُ الطلب، والأصلُ: اِصْبِرْ إنْ تَصْبِرْ تَنَلْ، و علامةُ جزمِه السكونُ الظاهرُ، والفاعل ضميرٌ مستترٌ فيه وجوباً تقديره: أنت.

تمرين١١. أعرب الآية الكريمة و الرواية الشريفة:

١. القرآن الكريم: لَنْ تَنالُوا ٱلبِرَّ حَتىّ تُنْفِقُوا مِمَّا تُحِبُّونَ.[٢]

٢. الإمام عليٌّ عليه‌السلام: لا تَقُلْ ما لا تُحِبُّ أنْ يُقالَ لَكَ.[٣]

---

١. غرر الحكم / ص ١٠٩.

٢. سورة آل عمران / الآية ٩٢.

٣. نهج البلاغة / الكتاب ٣١.

- ٤ -

مواضع رفع الاسم: الفاعل

٣١٧. ما هو الفاعل؟

٣١٨. كم نوعاً الفاعل؟

٣١٩. هل يبقى الفعل على حاله إذا كان الفاعل مؤنثاً؟

٣٢٠. هل يتغير الفعل إذا كان الفاعل اسماً ظاهراً بالمثنى؟

٣٢١. هل يتغير الفعل إذا كان الفاعل اسماً ظاهراً بالجمع؟

٣٢٢. متى يجوز التذكير و التأنيث في الفعل؟

٣٢٣. ماذا تسمى الجملة المركبة من الفعل و الفاعل؟

٣١٧. **الفاعلُ** هو اسمٌ وَقَع بعد فعل معلوم و دلَّ على مَنْ فعله؛ نحو:

لَعِبَ ٱلصَّغيرُ.

فكلمة «**الصَّغير**» فاعلٌ، لأنَّها وقعت بعد الفعل و دلّت على مَنْ فَعَلَ اللعب.

٣١٨. يكون الفاعل:

* اسماً ظاهراً؛ نحو : **طَلَعَتِ الشَّمسُ.**
* ضميراً بارزاً؛ نحو : **نَجَحْتُ في الامتحانِ.**
* ضمير مستتراً؛ نحو : **اَلتَّلميذُ المجتهدُ يَنجحُ (هو).**
* مؤوّلاً؛ نحو : **بَلَغني أنّكَ نَجَحْتَ** ← **بَلَغني نجاحُك.**

٣١٩. إذا كان الفاعل مؤنثاً يؤنث فعله:

* **فعل الماضي**: بتاء ساكنة في آخِره، نحو: **سافَرَتْ مَريمُ.**
* **في المضارع**: بعلامات التأنيث للمضارع في أوّله، نحو: **تُسافرُ مريمُ.**

٣٢٠. إذا كان الفاعل اسماً ظاهراً بالمثنّي لا تلحق آخر الفعل علامة التثنية بل يبقى الفعل مفرداً، فلا يقال: قاما ٱلرَّجلان بل: **قام ٱلرَّجلان.**

٣٢١. إذا كان الفاعل اسماً ظاهراً بالجمع لا تلحق آخر الفعل علامة الجمع بل يبقى الفعل مفرداً، فلا يقال: تكلّموا الخطباء بل: **تكلَّمَ الخطباء.**

٣٢٢. يجوز التذكير و التأنيث في الفعل في ثلاثة مواضع:

* إذا كان الفاعل المؤنث منفصلاً عن الفعل، نحو:

سافَرَتْ أو سافَرَ اليومَ مَرْيَمُ.

* إذا كان الفاعل مؤنثاً مجازياً، نحو: **أثمَرَتْ أو أثمَرَ الشَّجَرَةُ.**
* إذا كان الفاعل جمع تكسير، نحو: **جاءَتْ أو جاءَ الجواري.**

٣٢٣. إنّ الجملة المركبة من الفعل و الفاعل تسمى جملة فعلية، نحو: **نزلَ المَطرُ.**

تمرين١٢. دلّ على الفاعل بخطّ و عيّن علامة إعرابه:

١. القرآن الكريم: قَدْ أَفْلَحَ ٱلْمُؤْمِنُونَ.[١]

٢. القرآن الكريم: يَوْمَ يَنْظُرُ ٱلْمَرءُ ما قَدَّمَتْ يَداهُ.[٢]

٣. الإمام عليٌّ عليه السلام: إذا تَمَّ ٱلعَقْلُ نَقَصَ ٱلْكَلامُ.[٣]

٤. الإمام الصادقُ عليه السلام: مَا ضَعُفَ بَدَنٌ عَمَّا قوِيَتْ عَلَيْهِ ٱلنِّيَّةُ.[٤]

٥. الإمام عليٌّ عليه السلام: مَنْ كَرُمَتْ عَلَيْهِ نَفْسُهُ هَانَتْ عَلَيْهِ شَهَواتُهُ.[٥]

٦. الإمام السَّجادُ عليه السلام:.... وَ وَفِّقْني إذَا ٱشْتَكَلَتْ عَلَيَّ ٱلأُمُورُ لِأَهْداهَا، وَإِذَا تَشابَهَتِ ٱلأعمالُ لِأَزْكاهَا، وَ إِذا تَناقَضَتِ ٱلْمِلَلُ لِأَرْضَاهَا.[٦]

تمرين١٣. اكتب و ميّز بين الفاعل الظاهر و الفاعل المضمر:

١. القرآن الكريم: قالَتِ ٱلأعراب آمَنَّا قُلْ لَمْ تُؤْمِنُوا وَ لكِنْ قُولُوا أَسْلَمْنَا وَ لَمّا يَدْخُلِ ٱلإيمانُ في قُلُوبِكُمْ.[٧]

٢. الإمام الجوادُ عليه السلام: أَمَا عَلِمْتَ أَنَّهُ لا يَنْقَطِعُ ٱلمَزيدُ مِنَ ٱللهِ حتّىٰ يَنْقَطِعَ ٱلشُّكرُ مِنَ ٱلْعِبادِ.[٨]

---

١. سورة المؤمنون / الآية ١.

٢. سورة النبأ/ الآية ٤٠.

٣. نهج البلاغة / الحكمة ٧١.

٤. ميزان الحكمة، ج ١٠ / ص ٢٧٠.

٥. نهج البلاغة / الحكمة ٤٤٩.

٦. ميزان الحكمة، ج ٥ / ص ١٤.

٧. سورة الحجرات / الآية ١٤.

٨. تحف العقول / ص ٤٥٧.

تمرين١٤. دُلّ على المواضع التي تجب فيها التاء مع الفعل و على المواضع التي يجوز فيها ترك التاء مع ذكر الدليل:

١. القرآن الكريمُ: إِذَا ٱلسَّمَاءُ ٱنْفَطَرَتْ ۞ وَ إِذَا ٱلْكَوَاكِبُ ٱنْتَثَرَتْ ۞ وَ إِذَا ٱلْبِحَارُ فُجِّرَتْ ۞ وَ إِذَا ٱلْقُبُورُ بُعْثِرَتْ.[1]

٢. الرّسولُ الأعظم ﷺ: طُوبى لِمَنْ طَابَ كَسْبُه وَ صَلُحَتْ سَرِيرَتُهُ وَ حَسُنَتْ عَلانِيَتُهُ و ٱسْتَقامَتْ خَلِيقَتُهُ.[2]

تمرين١٥. حوّل الفاعل المفرد إلى مثنى و جمع و عامل فعله و كل ما يرجع إليه بموجب القاعدة:

١. حَطَّ ٱلعُصفورُ على ٱلغُصنِ.

٢. اِنهدمَ ٱلبيتُ على أصحابِه بِٱلزّلزال.

٣. تَحضُنُ ٱلدَّجاجَةُ بَيْضَها.

٤. تَسرُّ ٱلجريدةُ ٱلّتي تذكر أخباراً صادِقةً.

تمرين١٦. أصلح ما تراه مغلوطاً في الجمل التابعة:

١. جاؤوا ٱلمؤمنونَ إلى ٱلمسجِدِ.

٢. المعلّماتُ يُدرِّسُونَ ٱلقَواعدَ.

٣. حَلّقُوا ٱلطائرات في سماء ٱلمدينة.

٤. يَنجحانِ ٱلتلميدان ٱلّذي يتمّ واجبَه.

٥. التّلميذان ينجح في ٱمتحانهم.

---

١. سورة الانفطار / الآيات ١-٤.

٢. تحف العقول / ص ٣٠.

- ٥ -

مواضع رفع الاسم: نائب الفاعل

٣٢٤. ما هو نائب الفاعل؟

٣٢٥. ما هو العمل إذا كان الفعل متعدياً إلى أكثر من مفعول واحد؟

٣٢٦. هل يبقى الفعل على حاله إذا كان نائب الفاعل مؤنثاً؟

٣٢٧. هل يتغير الفعل إذا كان نائب الفاعل اسماً ظاهراً بالمثنى؟

٣٢٨. هل يتغير الفعل إذا كان نائب الفاعل اسماً ظاهراً بالجمع؟

٣٢٩. ماذا تسمى الجملة المركبة من الفعل و نائب الفاعل؟

٣٢٤. نائب الفاعل هو مفعول به وقَعَ بعد فعل مجهول فحلّ المفعول محل الفاعل المحذوف و رُفع بدله،[1] نحو:

قَتَلَ	(معلوم)	قُتِلَ	(مجهول).
الحارِسُ	(فاعل)	-	(يجب حذفه مطلقاً).
اللّصَّ	(مفعول به)	اللّصُّ	(مفعول به حلَّ محل الفاعل و دُعي «نائب فاعل» فأصبح مرفوعاً).

١. اطلب العدد ٦١ و ٦٢.

٣٢٥. إذا كان الفعل متعدياً إلى أكثر من مفعول واحد **يُرفَع الأوّلُ** نائبَ فاعلٍ و يبقى الثاني منصوباً:

رَزَقَ	(معلوم)	رُزِقَ	(مجهول).
ٱللّهُ	(فاعل)	-	(يجب حذفه مطلقاً).
ٱلفقيرَ	(مفعول به أوّل)	ٱلفقيرُ	(مفعول به حلّ محل الفاعل و دُعي «نائب فاعل» فأصبح مرفوعاً).
مالاً	(مفعول به ثانٍ)	مالاً	(مفعول به ثانٍ بقي على حاله في حالة النصب).

٣٢٦. إذا كان نائب الفاعل مؤنثاً يؤنث فعله:

- **في الماضي** : بتاء ساكنة في آخره، نحو: **سُرِقَتْ ساعَةٌ**.
- **في المضارع** : بعلامات التأنيث للمضارع في أوّله، نحو: **تُغْرَسُ ٱلشَّجرةُ**.

٣٢٧. إذا كان نائب الفاعل اسماً ظاهراً بالمثنى لا تلحق آخر الفاعل علامة التثنية بل يبقى الفعل مفرداً، فلا يقال: ضُربا اللّصان، بل: **ضُرِبَ ٱللّصانِ**.

٣٢٨. إذا كان نائب الفاعل اسماً ظاهراً بالجمع لا تلحق آخر الفعل علامة الجمع بل يبقى الفعل مفرداً، فلا يقال: سُمِعُوا ٱلشُّهودُ بل: **سُمِعَ ٱلشُّهودُ**.

٣٢٩. إنّ الجملة المركبة من الفعل و نائب الفاعل تُسمى **جملة فعلية**، نحو:

زُرِعَ ٱلحبُّ.

تمرين١٧. عيّن الفعل المجهول و نائب الفاعل واذكر علامة إعرابه:

١. **الرسولُ الأكرم** ﷺ: بِٱلْعِلمِ يُطاعُ ٱللهُ و يُعْبَدُ، وَ بِٱلْعِلمِ يُعرَفُ ٱللهُ و يُوَحَّدُ، وَ بِهِ تُوصَلُ ٱلأرحامُ و يُعرَفُ ٱلحلالُ وَ ٱلحرامُ، وَٱلعِلمُ أمَامَ ٱلعَقلِ.[1]

٢. **الرسولُ الأكرم** ﷺ: يُوزَنُ مِدادُ ٱلعُلماءِ وَدَمُ ٱلشُّهداءِ، يُرَجَّحُ مِدادُ ٱلعلماء على دَمِ ٱلشُّهَداءِ.[2]

٣. **الإمامُ الصادقُ** عليه‌السلام: يُغْفَرُ لِلْجاهِلِ سَبْعُونَ ذَنْباً قَبْلَ أنْ يُغْفَرَ لِلْعالمِ ذَنْبٌ واحِدٌ.[3]

٤. **الإمامُ الصادقُ** عليه‌السلام: مَشيُ ٱلرَّجُلِ في حاجَةِ أخيهِ ٱلمُؤْمِنِ يُكْتَبُ لَهُ عَشْرُ حَسَناتٍ، وَ يُمْحىٰ عَنْهُ عَشْرُ سَيِّئاتٍ، و يُرْفَعُ لَهُ عَشْرُ دَرجاتٍ.[4]

تمرين١٨. ميّز الفعل المعلوم من المجهول، و الفاعل من نائب الفاعل:

١. **القرآن الكريمُ**: إذا زُلْزِلَتِ ٱلأرْضُ زِلْزالَها.[5]

٢. **القرآن الكريمُ**: وَ ٱتَّقُوا يَوْماً لا تَجْزِي نَفْسٌ عَنْ نَفْسٍ شَيْئاً وَ لا يُقْبَلُ مِنْها شَفاعَةٌ وَ لا يُؤْخَذُ مِنْها عَدْلٌ و لا هُمْ يُنْصَرُونَ.[6]

٣. **الرسولُ الأكرم** ﷺ: رَأيْتُ لَيْلَةَ أُسْرِيَ بي إلَى ٱلسَّماءِ قَوْماً تُقْرَضُ شِفاهُهُم بِمَقاريضَ مِن نارٍ ثُمَّ تُرْمىٰ، فقلتُ: يا جبرئيلُ مَنْ هؤلاءِ؟ فقالَ: خُطباءُ

---

١. تحف العقول / ص ٣٨.

٢. ميزان الحكمة، ج ٦ / ص ٤٥٧.

٣. ميزان الحكمة، ج ٦ / ص ٥١٤.

٤. أُصول الكافي، ج ٣ / ص ٣٩٨.

٥. سورة الزلزال / الآية ١.

٦. سورة البقرة / الآية ٤٨.

أُمَّتِكَ، يَأْمُرونَ ٱلناسَ بِٱلبِرِّ وَ يَنْسَوْنَ أَنْفُسَهُمْ وَ هُمْ يَتْلُونَ ٱلكتابَ أفلا يَعْقِلُونَ.[1]

٤. جاء رَجلٌ إلى أمير المؤمنين عليه السلام فقال: إنّي حُرمتُ ٱلصلاةَ بِٱللَّيلِ، فقالَ عليه السلام: قَدْ قَيَّدَتْكَ ذُنُوبُكَ.[2]

تمرين١٩. احذف الفاعل في الجملة التابعة وضع المفعول مكانه في حالة الرّفع و غيّر صورة الفعل:

١. خَلَقَ ٱللهُ ٱلإنسانَ.

٢. يَرْزُقُ ٱللهُ ٱلبَارَّ.

٣. يَجْزي ٱللهُ ٱلمُحسِنينَ.

٤. يخدعُ ٱلعَرّافُونَ ٱلجُهلاءَ وَ يَسْتَنْزِفُونَ أمْوالَهُمْ.

٥. يَعْبُدُ ٱلهُنودُ ٱلْبُحيراتِ وَٱلأنهارَ وَ ٱلمنْحوتاتِ وَٱلأشْجارَ وَ بعضَ أنواعِ ٱلحيوانِ وَ لا سيَّما إناثَ ٱلْبَقَرِ.

تمرين٢٠. أقم أحد المفعولين في الجمل التابعة مقام الفاعل بعد حذفه و بناء الفعل المجهول:

١. أنْشَدَني ٱلشّاعرُ قَصيدةً.

٢. خوَّلَنا ٱللهُ ٱلحُرِّيَّةَ.

٣. قَد يَحرُمُ ٱلأبُ وَلَدَهُ ٱلْميرَاثَ.

٤. زَوَّجَتِ ٱلأُمُّ بِنْتَها شَابّاً مِن أولادِ ٱلأتْقياءِ.

---

١. وسائل الشيعة، ج ١١ / ص ٤٣٠.

٢. بحار الأنوار، ج ٨٣ / ص ١٢٧.

إعراب القرآن و الحديث

القرآن الكريم:

قَدْ أَفْلَحَ ٱلْمُؤْمِنُونَ[١]

قَدْ : حرفُ تحقيقٍ.

أفْلَحَ : فعلٌ ماضٍ مبنيٌّ على الفتحِ.

الْمُؤمنُونَ : فاعلٌ مرفوعٌ و علامةُ رفعِه (الواو) لأنّه جمعُ مذكرٍ سالم.

القرآن الكريم:

قالَتِ ٱلأعرابُ آمَنّا قُلْ لمْ تُؤْمِنُوا وَ لٰكنْ قُولُوا أسْلَمْنا[٢]

قالَتِ : فعلٌ ماضٍ مبنيٌّ على الفتح، والتاء: للتأنيث مبنيةٌ على السكون إنّما كُسِرت لدفع التقاء الساكنين.

ٱلأعراب : فاعلٌ مرفوعٌ و علامةُ رفعِه الضمةُ الظاهرةُ.

آمَنَّا : فعلٌ ماضٍ مبنيٌّ على السكون، نا: ضميرٌ متصلٌ مبنيٌّ على السكون في محلّ رفعٍ فاعلٌ.

---

١. سورة المؤمنون / الآية ١.

٢. سورة الحجرات / الآية ١٤.

قُلْ : فعلُ أمر مبنيٌّ على السكون، و الفاعل ضميرٌ مستترٌ فيه وجوباً، تقديره: أنتَ.

لَمْ تُؤْمِنُوا : **لَمْ**: حرفُ جزمٍ و نفيٍ و قلبٍ؛ **تُؤمِنُوا**: فعلٌ مضارعٌ و علامةُ جزمه حذف النونِ لأنّه من الأفعال الخمسةِ؛ و **الواوُ**: ضميرٌ متصلٌ مبنيٌّ على السكون في محلّ رفعٍ فاعلٌ.

و لكِنْ : **الواو**: حرفُ عطفٍ؛ **لكِنْ**: حرف استدراك.

قُولُوا : فعلُ أمر مبنيٌّ على حذف النون نيابةً على السكون، **الواو**: ضميرٌ متصلٌ مبنيٌّ على السكون في محل رفعٍ فاعلٌ.

أسْلَمْنا : فعلٌ ماضٍ مبنيٌ على السكون، نا: ضميرٌ متصلٌ مبنيٌّ على السكون في محلّ رفعٍ فاعلٌ.

القرآن الكريم:

قُتِلَ الخَرّاصُون[1]

قُتِلَ : فعلٌ ماضٍ مبنيٌّ للمجهول، مبنيٌّ على الفتح الظاهر.

الخرّاصُون : نائب فاعلٍ مرفوعٌ و علامةُ رفعِه (الواو) لأنّه جمعُ مذكر سالم.

---

١. سورة الذاريات / الآية ١٠.

القرآن الكريم:

وَ لَقَدْ كُذِّبَتْ رُسُلٌ مِنْ قَبْلِكَ فَصَبَرُوا عَلى مَا كُذِّبُوا. [١]

وَلَقَدْ : **الواو:** حسب ما قبلها ؛ اللام: للتأكيد؛ قَدْ: حرفُ تحقيقٍ مبنيٌّ على السكون.

كُذِّبَتْ : فعلٌ ماضٍ مبنيٌّ للمجهول، مبنيٌ على الفتح الظاهر؛ والتاء: للتأنيث مبنية على السكون.

رُسُلٌ : نائبُ فاعلٍ مرفوعٌ و علامة رفعهِ الضمّةُ الظاهرةُ.

مِنْ : حرفُ جرٍ مبنيٌ على السكون.

قبلِكَ : قَبْلِ: اسمٌ مجرورٌ و علامةٌ جرّهِ الكسرةُ، والجارّ والمجرورُ متعلّقانِ بـ (كُذِّبتْ)؛ الكاف: ضميرٌ متصلٌ مبنيٌ على الفتح في محل جرٍ مضافٌ إليه.

فَصَبَرُوا : الفاء: للسببيّة ؛ صَبَرُوا: فعلٌ ماضٍ مبنيٌ على الضم، الواو: ضميرٌ متصلٌ في محل رفعٍ فاعلٌ.

على ما : حرف جر مبنيٌ على السكون؛ ما: اسم موصولٌ بمعنى(الَّذي) في محلّ جرٍ، والجار والمجرور متعلّقانِ بـ (صَبَرُوا).

كُذِّبُوا : فعلٌ ماضٍ مبنيٌ للمجهول مبنيٌ على الضم، **الواو:** ضميرٌ متصلٌ في محلِ رفعِ نائبُ فاعلٍ. و الجملة الفعلية (كذبوا) لا محل لها من الإعراب لأنّها صلة الموصول.

---

١. سورة الأنعام / الآية ٣٤.

الإمام عليّ عليه السلام:

أقِلْ تُقَلْ [١]

أقِلْ : فعلُ أمرٍ مبنيٌ على السكون و الفاعل ضميرٌ مستترٌ فيه وجوباً، تقديره: أنتَ.

تُقَلْ : فعلُ مضارعٌ مجزومٌ لأنّه جواب الطلب والأصل: أقِلْ إنْ تُقِلْ تُقَلْ؛ و علامةُ جزمه السكونُ الظاهر، و نائبُ الفاعل ضميرٌ مستترٌ فيه وجوباً، تقديره: أنت.

تمرين١١. أعرب الآية الكريمة و الرواية الشريفة:

١. القرآن الكريم: قُلْ لا يَسْتَوِي الخَبيثُ وَالطَّيِّبُ. [٢]

٢. الإمام الباقر عليه السلام: إنْ كُذِّبْتَ فَلا تَغْضَبْ. [٣]

---

١. غرر الحكم / ص ١٠٩.

٢. سورة المائدة/ الآية ١٠٠.

٣. تحف العقول / ص ٢٩١.

- ٦ -

مواضع رفع الاسم: المبتدأ و الخبر

٣٣٠. ما هو المبتدأ؟

٣٣١. ما هو العامل اللفظي؟

٣٣٢. ما هو الخبر؟

٣٣٣. ما هو حكم المبتدأ و الخبر؟

٣٣٤. هل يجوز أن يكون المبتدأ نكرة؟

٣٣٥. متى يقدم الخبر على المبتدأ؟

٣٣٦. ماذا تسمى الجملة المركبة من المبتدأ و الخبر؟

٣٣٧. كم هي أنواع الخبر؟

٣٣٠. المبتدأ هو الاسم المرفوع في أول الجملة بدون عامل لفظي؛ نحو:

العلمُ نافعٌ.

٣٣١. العامل اللفظي هو كل كلمة تدخل على كلمة أُخرى و تحدث في آخرها علامة إعراب، نحو:

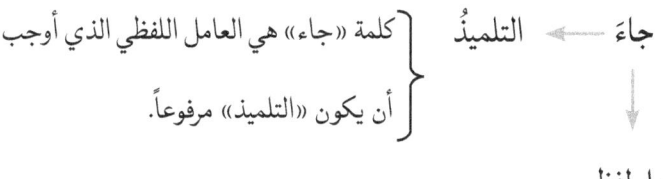

جاءَ ← التلميذُ } كلمة «جاء» هي العامل اللفظي الذي أوجب أن يكون «التلميذ» مرفوعاً.

↓

عامل لفظي

٣٣٢. الخبر هو لفظ يتمِّم معنى المبتدأ، نحو: المطرُ غزيرٌ

المطرُ	غزيرٌ
مبتدأ	خبر

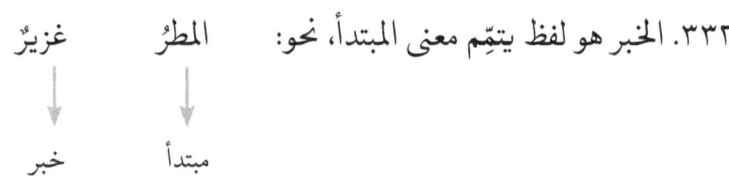

٣٣٣. المبتدأ يكون **معرفة مقدمة**؛ و الخبر، إن كان اسماً مفرداً، **نكرة مؤخرة**.

٣٣٤. يجوز أن يكون المبتدأ نكرة إذا كانت مفيدة، نحو:

شمسٌ مضيئةٌ ظَهَرَتْ

شمسٌ مضيئةٌ ← مبتدأ نكرة مفيدة

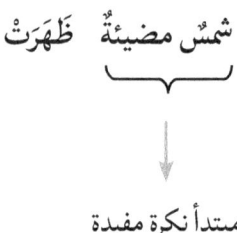

٣٣٥. يقدَّم الخبر على المبتدأ:

* إذا كان المبتدأ **محصوراً**، نحو:

ما	عادلٌ	إلّا	اللهُ
	خبر مقدم	أداة حصر	مبتدأ مؤخر

إنَّما	شجاعٌ	الفارسُ
أداة حصر	خبر مقدم	مبتدأ مؤخر

* إذا كان الخبر **مجروراً** أو **ظرفاً** و المبتدأ نكرة، نحو:

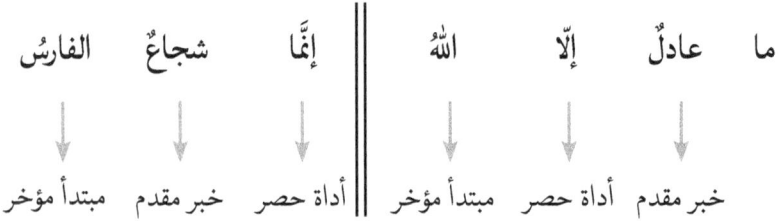

في ٱلبيت	لصٌّ
خبر مقدم	مبتدأ مؤخر

عندي	قَلَمٌ
خبر مقدم	مبتدأ مؤخر

* إذا كان الخبر مما له الصدارة،[١] نحو:

أينَ	الطريقُ؟
↓	↓
خبر مقدم (اسم استفهام)	مبتدأ مؤخر

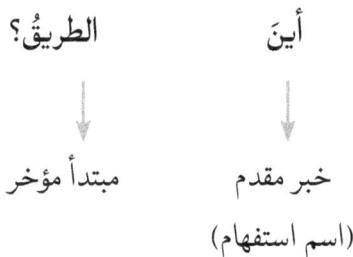

* إذا كان في المبتدأ ضمير يرجع إلى الخبر، نحو:

في ٱلدارِ	صاحبُها
↓	↓
خبر مقدم (اسم استفهام)	مبتدأ مؤخر

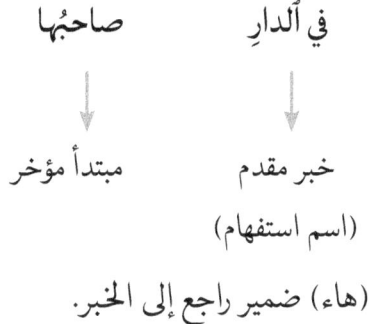

(هاء) ضمير راجع إلى الخبر.

٣٣٦. الجملة المركبة من المبتدأ و الخبر تُسمَّى جملة اسمية؛ نحو:

اَلكسلُ عاقبتُهُ الفقرُ.

اَلكسلُ : مبتدأ أول مرفوع بضمّة آخِرِه.

عاقِبتُهُ : مبتدأ ثانٍ مرفوع بضمة آخِره «مضاف»؛ و الهاء: ضمير متصل مبنى على الضم فى محل جرٍ «مضاف إليه».

---

١. أسماء الاستفهام و الشرط من الأسماء التي لها الصدارة: أين؟ أينَ، مَتى؟، مَتى، كيف،...

الفقرُ : خبر المبتدأ الثاني مرفوع بضمّة آخره.

و جملة «**عاقبته ٱلفقر**» جملة اسمية (مركبة من المبتدأ و الخبر) في محل رفع خبر المبتدأ الأوّل.

٣٣٧. أنواع الخبر ثلاثةٌ: اسم مفرد، جملة و شبه جملة.

* **اسم مفرد**
  - جامد، نحو: **عليٌ** ← مبتدأ **أسدٌ** ← خبر
  - مشتق، نحو: **محمّدٌ** ← مبتدأ **عادلٌ** ← خبر

* **جمله**
  - اسميه، نحو: **ٱلكسلُ** ← مبتدأ **عاقبتُهُ ٱلفقرُ.** ← خبر
  - فعليه، نحو: **ٱلحسودُ** ← مبتدأ **لا يَسودُ.** ← خبر

* شبه جمله:
- ظرف، نحو: اَلحيّةُ (مبتدأ) تحت ٱلعشبِ. (خبر)
- جار و مجرور، نحو: بَلاء ٱلإنسانِ (مبتدأ) مِن ٱللسانِ. (خبر)

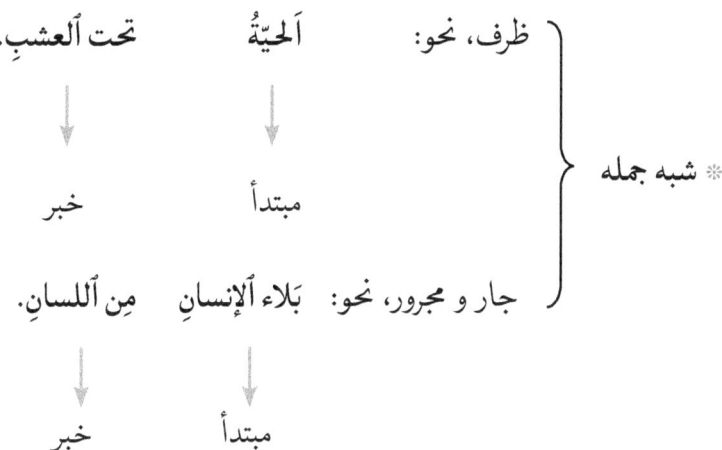

تمرين٢٢. ميّز المبتدأ من الخبر واذكر أنواع الخبر في الأحاديث الآتية:

١. اَلدُّنيا أمَدٌ وَٱلآخِرةُ أبَدٌ.[١]

٢. اَلرِّزْقُ مَقْسومٌ، اَلحَريصُ مَحْرومٌ، اَلْبَخيلُ مَذْمومٌ.[٢]

٣. اَلشَّهَواتُ آفاتٌ و ٱللَّذّاتُ مُفْسِداتٌ.[٣]

٤. اَلإيثارُ شِيمةُ ٱلأبرارِ وَ ٱلاحْتِكارُ شِيمةُ ٱلفُجّارِ.[٤]

٥. اَلوَجَلُ شِعارُ ٱلمُؤمنينَ، اَلبُكاءُ سَجيَّةُ ٱلمُشْفِقينَ، وَ ٱلذِّكْرُ لَذَّةُ ٱلمُحِبّينَ.[٥]

٦. اَلتَّواضُعُ يَرْفَعُ، اَلتَكبُّرُ يَضَعُ.[٦]

٧. اَلتَّواضُعُ يَنْشُرُ ٱلْفَضِيلَةَ، اَلتَّكَبُّرُ يُظهِرُ ٱلرَّذيلَةَ.[٧]

٨. اَلصِدْقُ يُنْجي وَ ٱلكِذْبُ يُرْدي.[٨]

٩. اَلظَّفَرُ بِٱلْحَزْمِ وَ ٱلْحَزْمُ بِٱلتَّجارُبِ.[٩]

١٠. اَلْحِسابُ قَبْلَ ٱلعِقاب، اَلثَّوابُ بَعْدَ ٱلحِسَابِ.[١٠]

تمرين٢٣. ميّز الخبر الجملة من شبه الجملة:

١. القرآن الكريم: وَٱلْعاقِبَةُ لِلْمُتَّقِينَ[١١].

---

١. غرر الحكم / ص ٥.

٢. غرر الحكم / ص ٨.

٣. غرر الحكم / ص ٧.

٤. غرر الحكم / ص ٣٣.

٥. غرر الحكم / ص ٣٥.

٦. غرر الحكم / ص ٥.

٧. غرر الحكم / ص ٣١.

٨. غرر الحكم / ص ٦.

٩. غرر الحكم / ص ٦.

١٠. غرر الحكم / ص ١٧.

١١. سورة الأعراف / الآية ١٢٨.

٢. رسول الله ﷺ: اَلأَنَاةُ مِنَ ٱللهِ وَٱلْعَجَلَةُ مِنَ ٱلشَّيْطَانِ.[١]

٣. رسول الأكرم ﷺ: اَلمُسلِمُونَ عِنْدَ شُرُوطِهِمْ.[٢]

٤. الإمام عليٌّ عليه السلام: اَلدُّنيا تَغُرُّ وَ تَضُرُّ وَ تَمُرُّ.[٣]

٥. الإمام عليٌّ عليه السلام: اَلإعجابُ يَمْنَعُ ٱلْازْدِيادَ.[٤]

٦. الإمام عليٌّ عليه السلام: عِلمُ ٱلْمُنافقِ في لِسانِه و عِلمُ ٱلْمؤمِنِ في عَمَلِه.[٥]

٧. الإمام عليٌّ عليه السلام: قَدْرُ ٱلرَّجُلِ على قَدْرِ هِمَّتِه.[٦]

٨. الإمام الصادق عليه السلام: صَلاةُ ٱلليلِ تُبَيِّضُ ٱلْوُجُوهَ وَ صَلاةُ ٱللَّيلِ تُطَيِّبُ ٱلليلِ وَ صلاةُ ٱلليلِ تَجْلبُ ٱلرِّزْقَ.[٧]

٩. الإمام الصادق عليه السلام: اَلقَهْقَهَةُ مِنَ ٱلشَّيْطانِ.[٨]

تمرين٢٤. اذكر الموجب لتقديم الخبر في الجمل الآتية:

١. القرآن الكريم: أَيْنَ ٱلمفَرُّ.[٩]

٢. القرآن الكريم: مَتىٰ هٰذَا الْوَعْدُ.[١٠]

٣. القرآن الكريم: لِكُلِّ أَجَلٍ كِتابٌ.[١١]

---

١. تحف العقول /ص ٤٣.

٢. ميزان الحكمة، ج ١ / ص ١٠٧.

٣. غرر الحكم / ص ٣١.

٤. غرر الحكم / ص ٢٣.

٥. ميزان الحكمة، ج ٦ / ص ٥١١.

٦. نهج البلاغة / الحكمة ٤٧.

٧. ميزان الحكمة، ج ٥/ ص ٤٣١.

٨. وسائل الشيعة، ج ٨ / ص ٤٧٩.

٩. سورة القيامة / الآية ١٠.

١٠. سورة سبأ/ الآية ٢٩.

١١. سورة الرعد / الآية ٣٨.

٤. القرآن الكريم: يَسْئَلُونَكَ عَنِ ٱلسَّاعَةِ أيّانَ مُرْسَاٰها.[١]

٥. الإمام عليٌّ عليه السلام: في كُلِّ نَظَرٍ عِبْرَةٌ وَ في كُلِّ تَجربةٍ مَوْعِظَةٌ.[٢]

٦. الإمام الصادق عليه السلام: لِكُلِّ شَيءٍ وَجْهٌ وَ وَجْهُ دِينِكُمُ ٱلصَّلاةُ.[٣]

٧. ما إمامٌ إلّا عليٌّ.

٨. في ٱلأبْوابِ أقْفالُها.

تمرين٢٥. اجعل الفاعل أو نائب الفاعل مبتدأ و اجعل الفعل المتقدم خبراً لهما:

١. يُسَرُّ ٱلإنسانُ بِٱلشَّيءِ ٱلْجَديدِ.

٢. لا تُسقِطُ قَدْرَ ٱلعَالِمِ هَفْوَةٌ.

٣. يَحْتَقَرُ ٱلْمِهْذَارُ وَ ٱلنَّمَّامُ وَ ٱلكثيرُ ٱلكلامِ.

تمرين٢٦. حوّل كلا من المبتدأ و الخبر إلى جمع:

اللَّيلةُ مُقمِرَةٌ ، العَالِمُ مصباحُ ٱلدُّنيا ، النَّمَّامُ لا يُعاشَرُ ، الحقيقةُ بِنْتُ ٱلبَحثِ.

تمرين٢٧. ضع تحت المبتدأ خطّاً و تحت الخبر خطّين:

وَ قالَ صلى الله عليه وآله: لا يدخُلُ ٱلجَنَّةَ إلّا مَنْ كانَ مُسلِماً، فَقالَ أبوذَرّ: يا رَسولَ ٱللّٰهِ وَ مَا ٱلإسلامُ؟ فقالَ: ٱلإسلامُ عُرْيانٌ، و لِباسُهُ ٱلتَّقوىٰ، وَ شِعارُهُ ٱلهُدىٰ، وَ دِثارُهُ ٱلْحياءُ، وَ ملاكُهُ ٱلوَرَعُ، وَ كَمالُهُ ٱلدِّينُ، وَ ثَمَرَتُهُ ٱلْعَمَلُ ٱلصّالِحُ، وَ لِكُلِّ شَيءٍ أسَاسٌ وَ أساسُ ٱلإسلامِ حُبُّنا أهْلَ ٱلْبَيْتِ.[٤]

---

١. سورة الأعراف / الآية ١٨٧.

٢. غرر الحكم / ص ٥١٣.

٣. ميزان الحكمة، ج ٥ / ص ٣٦٦.

٤. تحف العقول / ص ٥٢.

إعراب القرآن و الحديث

القرآن الكريم:

هُوَ ٱلأَوَّلُ وَٱلآخِرُ.[١]

هُوَ : ضميرٌ منفصلٌ مبنىٌ على الفتح في محلِّ رفعٍ مُبتدأٌ.

ٱلأوّلُ : خبرٌ مرفوعٌ و علامةُ رفعِه الضمّةُ الظاهرةُ.

وَٱلآخِرُ : الواو: حرفُ عطفٍ مبنيٌّ على الفتح؛ **ٱلآخِرُ**: اسمٌ مرفوعٌ و علامتُه الضمةُ الظاهرةُ، لأنّه مَعطوفٌ على (الأوّل) و مرفوعٌ مثلهُ.

القرآن الكريم:

وَ ٱلطَّيِّباتُ لِلطَّيِّبينَ وَٱلطَّيِّبُونَ لِلطَّيِّباتِ[٢]

وَالطَّيِّباتُ : الواو: حسب ما قبلها و هي في الآيةِ عاطفةٌ؛ **الطَّيّباتُ**: مبتدأٌ مرفوعٌ و علامةُ رفعِه ضَمَّةُ آخِره.

لِلطَّيّبينَ : **اللامُ**: حرفُ جرٍ مبنيّ على الكسر؛ **ٱلطَّيِّبِينَ**: اسمٌ مجرورٌ بـ (اللام) و علامةُ جرِّهِ الياءُ لأنّه جمعُ مذكر سالم، والجار والمجرور متعلّقان بخبر محذوف، تقديره: الطّيّبات (كائناتٌ) لِلطّيّبينَ.

---

١. سورة الحديد / الآية ٣.

٢. سورة النور / الآية ٢٦.

وَالطَّيِّبُونَ : الواو: حرفُ عطفٍ؛ الطَّيِّبُونَ: مبتدأٌ مرفوعٌ و علامةُ رفعهِ (الواو) لأنّه جمعُ المذكرِ لأنّه جمعُ المذكرِ السالمِ.

لِلطَّيِّباتِ : اللام: حرفُ جَرٍّ مبنيٌّ على الكسر؛ الطَّيِّباتِ: اسمٌ مجرورٌ بـ(اللام) و علامة جرّه الكسرةُ، والجار و المجرور متعلّقان بالخبر المحذوف، تقديرة: الطَّيِّبُونَ (كائنونَ) للطّيِّباتِ.

القرآن الكريم:

اَلْقَارِعَةُ ۞ مَا ٱلْقَارِعَةُ[1]

اَلْقارِعَةُ : مبتدأٌ مرفوعٌ و علامةُ رفعِه الضمةُ الظاهرة.

مَا : اسمٌ استفهامٍ مبنيٌّ على السكون في محلّ رفعٍ خبرٌ مقدَّمٌ.

اَلقارعةُ : مُبتدأٌ مؤخَّرٌ و علامةُ رفعِه ضمّةُ آخرِهِ.[2]

---

١. سورة القارعة / الآيتان ١ و ٢.

٢. يجوز اعتبار (مَا) مبتدأ و (القارعةُ) خبره.

الإمام عليٌّ عليه‌السلام :

اَلْمُنافِقُ قَوْلُهُ جَميلٌ و فِعْلُهُ الدّاءُ الدَّخيلُ[۱]

اَلمُنافِقُ : مبتدأٌ مرفوعٌ و علامةُ رفعِه ضمةُ آخِرِه.

قَوْلُهُ : مبتدأٌ ثانٍ مرفوعٌ و علامتهُ الضمةُ؛ الهاءُ: ضميرٌ متصلٌ مبنيٌّ على الضم في محلّ جرٍ مضافٌ إليه.

جَميلٌ : خبرٌ لـ (قوْلُهُ)مرفوعٌ و علامتهُ الضمةُ.

وَ فِعْلُهُ : الواو: حرفُ عطفٍ؛ فِعْلُ: مبتدأُ مرفوعٌ و علامةُ رفعِه الضمة و هو مضافٌ، الهاءُ: ضميرٌ متصلٌ مبنيٌّ على الضم في محل جرٍ مضافٌ إليه.

الدّاءُ : خبرٌ لـ (فِعْله) مرفوعٌ و علامتهُ الضمةُ.

الدَّخيلُ : نعتٌ لـ (الداء) مرفوعٌ مثلُه، لأنّه تابعٌ و علامةُ رفعِه الضمة.

○ جملةُ «قَولُهُ جميلٌ» جملةٌ اسميةٌ في محلّ رفعٍ خبرٌ لـ (المنافق).

○ و جملة «فِعْلُهُ الدّاءُ الدَّخيلُ» جملةٌ اسميةٌ في محلّ رفعٍ، لأنّها معطوفةٌ على جملة (قولُهُ جميلٌ) و تابعةٌ لها.

تمرين۲۸. أعرب الروايتين الشريفتين:

۱. **الإمام الصادق** عليه‌السلام : اَلبَناتُ حَسَناتٌ وَ ٱلْبَنُونَ نِعَمٌ، و ٱلْحَسناتُ يُثابُ عَلَيْها

---

۱. ميزان الحكمة، ج ۱۰ / ص ۱۵۱.

وَ ٱلنِّعَمُ مَسْئولٌ عَنْها.[١]

٢. الإمام عليٌّ عليه السلام: اَلمُؤْمِنُ بِشْرُهُ في وَجْهِهِ وَ حُزْنُهُ في قَلْبِهِ.[٢]

---

١. ميزان الحكمة، ج ١٠/ص ٧٠٥.

٢. بحار الأنوار، ج ٦٩ / ص ٤١١.

- ٧ -

النواسخ: الأفعال الناقصة و أفعال المقاربة

٣٣٨. ما هي النواسخ؟

٣٣٩. ما هو حكم النواسخ إذا كانت أفعالاً؟

٣٤٠. ما هي الأفعال الناقصة؟

٣٤١. كم هي الأفعال الناقصة؟

٣٤٢. هل تأتي هذه الأفعال ناقصة دائماً؟

٣٤٣. كيف يكون خبر الأفعال الناقصة؟

٣٤٤. متى يقدم خبر الأفعال الناقصة على اسمها؟

٣٤٥. هل يجوز زيادة «الباء» على خبر الأفعال الناقصة؟

٣٤٦. بماذا تمتاز «كان» عن سائر أخواتها؟

٣٤٧. ما هي أفعال المقاربة؟

٣٤٨. كم هي أفعال المقاربة؟

٣٤٩. هل تكون هذه الأفعال دائماً بمعنى المقاربة؟

٣٥٠. كيف يكون خبر أفعال المقاربة؟

٣٣٨. **النواسخ** ألفاظ تدخل على المبتدأ و الخبر فتغير حكمهما، و هي إما أفعال (الأفعال الناقصة و أفعال المقاربة) و إما حروف (الحروف المشبهة بالفعل و «لا» النافية للجنس).

٣٣٩. إنّ النواسخ إذا كانت أفعالاً تدخل على المبتدأ و الخبر.

* فترفع المبتدأ على أنّه اسم لها
* وتَنصب الخبر على أنّه خبر لها

الجوُّ	صافٍ	كانَ ٱلجوُّ	صافياً
↓	↓	↓	↓
مبتدأ	خبر	اسم كان	خبر كان

٣٤٠. الأفعال الناقصة أفعال تدلّ على حالة شخص أو شيء فلا تكتفي بمرفوعها (اسمها) لكنها تبقى ناقصة المعنى إلى أن تذكر منصوبها (خبرها) فيتم معناها؛ نحو: كان الرجلُ مريضاً.

٣٤١. **الأفعال الناقصة هي:**

* **كان، أصبح، أضحىٰ، ظَلَّ، صار، أمسىٰ، بات و مادام.**

تتصرف في الماضي و المضارع و الأمر.

* **ما زال، ما فتئ، ما بَرِح و ما انفكَّ.**

تتصرف ماضياً و مضارعاً.

* **ليسَ، لا تتصرف فتبقى أبداً في صيغة الماضي.**

٣٤٢. كلّا، قد تأتي هذه الأفعال تامّة، إذا دلّت على حدث **محض** لا على حالة، فتكتفي حينئذٍ بفاعلها، نحو:

و كانَ (أي حدث)	ليلٌ	بات (أي نام ليلته)	ٱلولدُ
↓	↓	↓	↓
فعل تام	فاعل	فعل تام	فاعل

٣٤٣. يكون خبر الأفعال الناقصة كخبر المبتدأ: **مفرداً، جملة و شبه جملة.**

* **مفرد**
  - جامد، نحو: **كان عليٌّ أسداً.**
  - مشتق، نحو: **كان ٱلبردُ قارساً.**

* **جمله**
  - اسمية، نحو: **كان ٱلثوبُ أطرافُهُ ممزّقة.**
  - فعلية، نحو: **ما تَزال ٱلرياحُ تعصفُ بشدّةٍ.**

* **شبه جمله**
  - ظرف، نحو: **كان ٱلصديقُ عندنا.**
  - جار ومجرور، نحو: **أصبَحْتُمْ في حزنٍ شديدٍ.**

٣٤٤. يُقدّم خبر الأفعال الناقصة على اسمها في الأحوال التى مرّ ذكرها في تقديم الخبر على المبتدأ.[١]

٣٤٥. **نعم،** يجوز «زيادة الباء» على خبر الأفعال الناقصة الآتية:

* **كان،** إذا تقدّمها نفيٌ، نحو: **ما كان الله «بـ» ظالمٍ.**

* **ليس،** نحو: **لَيس الله «بـ» ظلّام للعبيد.**

و يُعْرَب الخبر هكذا:

بِظالمٍ: الباء حرف جز زائد، **ظالمٍ:** مجرور لفظاً و منصوب محلاً على أنّه خبر كان أو ليس.

---

١. انظر عدد/٣٣٥.

٣٤٦. تمتاز كان عن سائر أخواتها بأنّها:

* تزاد بعد «ما» التعجبية فلا محلاً لها من الإعراب، نحو:

ما (كان) أجملَهُ.　　ما (يكون) أطولَهُ.

* تحذف مع اسمها بعد «إن» و «لو» الشرطيتين؛ نحو:

ستُجازى إن (كان عملُك) خيراً و إن (كان عملُكَ) شرّاً.

الظالم هالكٌ و لو (كان ٱلظالم) مَلِكاً.

٣٤٧. أفعال المقاربة أفعال تدلّ على قرب وقوع حدث ما أو رجاء وقوعه أو الشروع في العمل، و هي تحتاج مثل الأفعال الناقصة إلى منصوب (خبرها) يتم به معنى مرفوعها (اسمها)، نحو:

كاد الولدُ يغرق ← أي قَرُبَ غرَقُه.

جَعَلَ ٱلولدُ يدرسُ ← أي ابتدأ يَدْرسُ.

٣٤٨. أفعال المقاربة هي:

* كادَ، كَرَبَ و أوشكَ، تدل على قُرب وقوع الخبر.
* **اخلَولَقَ، حَرىٰ و عَسى**، تدل على رجاء وقوع الخبر.
* **أخَذَ، جَعَلَ، شَرِعَ، طَفِقَ، عَلقَ وَ هبَّ**، تدل على الشروع في الخبر.

٣٤٩. كلّا، قد تأتي هذه الأفعال لازمةً أو متعديةً، فيكون حكمها كحكم سائر الأفعال، نحو: **أخذتُ ٱلكتابَ عنِ ٱلطاولةِ.　　جَعَلَهُ مُحامياً عنّي.**

٣٥٠. يكون خبر أفعال المقاربة دائماً فعلاً مضارعاً، نحو:

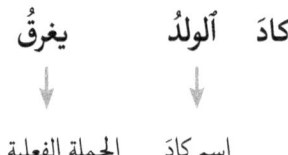

كادَ　ٱلولدُ　يغرقُ

↓ ٱلولدُ: اسم كادَ

↓ يغرقُ: الجملة الفعلية خبر كادَ

تمرين ٢٩. ميّز بين الاسم و الخبر في الجمل التابعة:

١. القرآن الكريم: كَانَ ٱللَّهُ عَلِيماً حَلِيماً.[١]

٢. القرآن الكريم: وَ مَا كَانَ أَكْثَرُهُمْ مُؤْمِنِينَ.[٢]

٣. القرآن الكريم: بَقِيَّةُ ٱللَّهِ خَيْرٌ لَكُمْ إِنْ كُنْتُمْ مُؤْمِنِينَ.[٣]

٤. القرآن الكريم: كُنْتُمْ خَيْرَ أُمَّةٍ أُخْرِجَتْ لِلنَّاسِ.[٤]

٥. المسيح عليه السلام: كُونُوا نُقَّادَ ٱلْكَلَامِ.[٥]

٦. «في الزبور»: لَيْسَتِ ٱلرِّئَاسَةُ رِئَاسَةَ ٱلْمُلْكِ، إِنَّمَا ٱلرِّئَاسَةُ رِئَاسَةُ ٱلْآخِرَةِ.[٦]

٧. الإمام عليّ عليه السلام: أَيُّهَا ٱلنَّاسُ! ٱلْآنَ ٱلْآنَ! مَادَامَ ٱلْوَثَاقُ مُطْلَقاً وَ ٱلسِّرَاجُ مُنِيراً وَ بَابُ ٱلتَّوْبَةِ مَفْتُوحاً مِنْ قَبْلِ أَنْ يَجِفَّ ٱلْقَلَمُ وَتُطْوَى ٱلصُّحُفُ.[٧]

تمرين ٣٠. ميّز بين الاسم و الخبر في الجمل التالية:

١. القرآن الكريم: يَكَادُ ٱلْبَرْقُ يَخْطَفُ أَبْصَارَهُمْ.[٨]

٢. القرآن الكريم: تَكَادُ ٱلسَّمٰوَاتُ يَتَفَطَّرْنَ مِنْهُ.[٩]

٣. القرآن الكريم: طَفِقَا يَخْصِفَانِ عَلَيْهِمَا مِنْ وَرَقِ ٱلْجَنَّةِ.[١٠]

---

١. سورة الأحزاب / الآية ٥١.
٢. سورة الشعراء / الآية ١٠٣.
٣. سورة هود / الآية ٨٦.
٤. سورة آل عمران / الآية ١١٠.
٥. ميزان الحكمة، ج ٦ / ص ٤٨٥.
٦. ميزان الحكمة، ج ٤ / ص ٦.
٧. ميزان الحكمة، ج ٦ / ص ٥٤٠.
٨. سورة البقرة / الآية ٢٠.
٩. سورة مريم / الآية ٩٠.
١٠. سورة الأعراف / الآية ٢٢.

٤. القرآن الكريم: فأولئِكَ عَسَى ٱللهُ أَنْ يَعْفُوَ عَنْهُمْ وَ كانَ ٱللهُ عَفُوّاً غَفُوراً.[١]

٥. الرَّسول الأعظم صلى الله عليه وآله: كادَتِ النَّميمةُ أنْ تَكونَ سحراً.[٢]

٦. الإمام عليٌّ عليه السلام: مَا ٱلمُجاهِدُ ٱلشَّهيدُ في سَبيلِ ٱللهِ بِأعظَمَ أجْراً مِمَّنْ قَدَرَ فَعَفَّ، لَكادَ ٱلعَفيفُ أنْ يكونَ مَلَكاً مِنَ ٱلملائِكَةِ.[٣]

٧. هَبَّ ٱلوالدُ يُقَبِّلُ وَلَدَهُ أمامَ ٱلضُّيوفِ.

٨. اِخْلَوْلَقَتِ ٱلسَّماءُ أنْ تمطرَ.

تمرين٣١. ميّز الخبر المفرد من الجملة و شبه الجملة:

١. القرآن الكريم: قالَ عَسَىٰ رَبُّكُمْ أنْ يُهْلِكَ عَدُوَّكُمْ وَ يَسْتَخلِفَكُمْ في ٱلأرْضِ.[٤]

٢. القرآن الكريم: أَلَيْسَ ٱللهُ بِأحْكَمِ ٱلحاكِمينَ.[٥]

٣. الرَّسولُ الأعظم صلى الله عليه وآله: مَنْ كانَ في طَلَبِ ٱلعِلْمِ كانَتِ ٱلجَنَّةُ في طَلَبِه.[٦]

٤. الرَّسولُ الأعظم صلى الله عليه وآله: ما زالَ جبرئيلَ يُوصيني بقيامِ ٱللَّيلِ حَتّى ظَنَنْتُ أنَّ خيارَ أُمَّتي لَنْ يَناموا مِنَ ٱللَّيلِ إلّا قَليلاً.[٧]

٥. الإمام الباقر عليه السلام: كانَ عليُّ بن ٱلحسين عليه السلام يَخْرُجُ في ٱللَّيْلةِ ٱلظَّلْماء، فَيَحمل ٱلجِرابَ على ظَهْرِهِ حتّى يأتيَ باباً باباً، فَيقرعهُ ثُمَّ يُناول مَن كانَ يَخْرُجُ إليه و

---

١. سورة النساء / الآية ٩٩.

٢. ميزان الحكمة، ج ١٠ / ص ٢٠١.

٣. نهج البلاغة / الحكمة ٤٧٤.

٤. سورة الأعراف / الآية ١٢٩.

٥. سورة التين / الآية ٨.

٦. ميزان الحكمة، ج ٦ / ص ٤٦٨.

٧. ميزان الحكمة، ج ٥ / ص ٤١٧.

كانَ يُغَطّي وَجْهَهُ لِئلاً يَعْرِفَهُ.[1]

٦. لا يَنْفَكُّ ٱلغنيُّ يَطْلُبُ ٱلاسْتِزادَةَ مِنَ ٱلثَّروَةِ.

تمرين٣٢. حوّل كلًّا من الاسم و الخبر إلى المثنّى:

قَدْ يَصيرُ ٱلصّديقُ عَدوّاً ، لَيْسَ ٱلعالِمُ باقياً ، أَصْبَحْتُمْ بَعْدَ ٱلفقرِ أغنياء ، اَلتّلميذُ يَدْرُسُ.

تمرين٣٣. اذكر السبب الذي مِن أجله يجب تقديم الخبر:

١. القرآن الكريم: قَدْ كانَ لَكُمْ آيَةٌ في فِئَتَيْنِ ٱلْتَقَتا.[2]

٢. لَيْسَ في ٱلدَّارِ أَهْلُها.

٣. مَا يَبِيتُ مُطْمَئِنّاً إلَّا ٱلتَّقِيُّ.

٤. كيفَ أَصْبَحَتْ أَحْوالُكُمْ؟

تمرين٣٤. أصْلح ما تراه مغلوطاً.

كانَ ٱلتّلميذُ مُجتهدٌ ، أَصْبَحَ ٱلجوُّ مُطِرٌ ، عَسَى ٱلجاهِلينَ يَرْجِعُوا عَنْ ضَلالِهِمْ ، يَظَلُّ ٱلمُقصّرينَ يَلُومُوا ٱلأقدار ، ما يكونُ ٱلعلماء إلّا نافِعُونَ ٱلنّاس ، طَفِقَتِ ٱلسَّيّداتُ يَلبِسُونَ ٱلأثوابَ ٱلفاخِرَةَ.

---

١. ميزان الحكمة، ج ٥ / ص ٣٣١.

٢. سورة آل عمران / الآية ١٣.

إعراب القرآن و الحديث

القرآن الكريم:

و كانَ اللهُ علَيماً حكيماً[١]

و كانَ : **الواو**: حرفُ عطفٍ مبنيٌّ على الفتح؛**كانَ**: فعلٌ ماضٍ (من الأفعال الناقصة) مبنيٌّ على الفتح.

اللهُ : لفظ الجلالة اسمُ (كانَ) مرفوعٌ و علامةُ رفعِه الضمةُ الظاهرةُ.

عليماً : خبرُ (كانَ) منصوبٌ و علامة نصبِه الفتحة الظاهرةُ.

حكيماً : **خبرُ ثانٍ لـ(كانَ) منصوبٌ و علامة نصبِه الفتحة الظاهرةُ.**

القرآن الكريم:

لا يَكادُونَ يَفْقَهُونَ حَدِيثاً[٢]

لا : **نافيةٌ لا عملَ لَهَا.**

يَكادونَ : فعلٌ مضارعٌ (من أفعال المقاربة) مرفوعٌ و علامته ثبوت النون لأنّه من الأفعال الخمسة، **الواو**: ضميرٌ متصلٌ مبنيٌّ على السكون في محل رفعٍ اسمُ (يَكادُ).

---

١. سورة النساء / الآية ٩٢.

٢. سورة النساء / الآية ٧٨.

يَفْقَهُونَ : فعلٌ مضارعٌ مرفوعٌ و علامتهُ ثبوتُ النونِ، **الواو:** ضميرٌ متصلٌ مبنيٌ على السكون في محلّ رفعٍ فاعلٌ.

حَديثاً : مفعولٌ به منصوبٌ و علامةُ نصبِه فتحةُ آخِرِه.

○ جُملةُ «**يَفْقَهُونَ**»: في محل نصبِ خبرُ (يَكادُ).

القرآن الكريم:

قالُوا لَنْ نَبْرَحَ عَلَيْهِ عاكِفِينَ حَتّى يَرْجِعَ إلَيْنا مُوسَى[1]

قالُوا : **قال:** فعلٌ ماضٍ مبنيٌّ على الضّمّ، **الواو:** ضميرٌ متصلٌ مبنيٌّ على السّكون في محلّ رفعٍ فاعلٌ.

لَنْ نَبْرَحَ : **لَنْ:** حرفُ نَصبٍ؛ **نَبْرَحَ:** فعلٌ مضارعٌ منصوبٌ و علامته الفتحةُ(و هو من الأفعال الناقصة) و اسمُهُ ضميرٌ مستترٌ فيه وجوباً، تقديرُهُ: نَحنُ.

عَلَيْهِ : **عَلى:** حَرفُ جرٍ؛ **الهاءُ:** ضميرٌ متصلٌ مبنيٌّ على الضمِ و إنَّما كُسِرَتْ من أجْل مُناسبةِ الياء، و الجار و المجرور متعلّقانِ بـ (عَاكِفِينَ).

عاكِفِينَ : خبرُ (لَنْ نَبْرَحَ) منصوبٌ و علامةُ نصبِه (الياءُ) لأنّه جمعُ مذكر سالم.

حَتّى : حرفُ جرٍّ مبنيٌّ على السكون.

يَرْجِعَ : فعلٌ مضارعٌ منصوبٌ بـ (أنْ) مُضْمَرةً بعدَ (حَتّى).

والمصدرُ المؤوّلُ مِن (أنْ) المُضْمَرةِ و فعلِ (يَرْجِعَ) في محل جرٍ بـ (حتّى) و

---

١. سورة طه / الآية ٩١.

الجار و المجرور متعلّقان بـ (عاكِفينَ) والتقديرُ: **لَنْ نَبْرَحَ عَلَيْهِ عاكِفِينَ حَتّى رُجُوعِ مُوسى إلَيْنا.**

إلَيْنا : **إلى**: حرفُ جرٍ؛ **نا**: ضميرٌ متصلٌ مبنيٌّ على السكونِ في محل جرٍ، و الجار والمجرور متعلِّقان بـ (يَرْجع).

مُوسى : فاعلٌ مرفوعٌ و علامتُه الضمةُ المقدَّرةُ على الألفِ.

○ و جملةُ «**لَنْ نَبْرَحَ عَلَيْهِ عاكِفِينَ**»: في محلِّ نصبٍ مفعولٌ لِفعل (قالوا).

الإمام الصادق عليه السلام:

لا يَزالُ إبليسُ فَرِحاً ما ٱهْتَجَرَ ٱلْمُسْلِمانِ[1]

لا يَزال : **لا**:حرف نفيٍ، **يَزالُ**: فعلٌ مضارعٌ مرفوعٌ بالضمة الظاهرة (و هو من الأفعال الناقصة).

إبليسُ : اسمُ (يزالُ) مرفوعٌ و علامةُ رفعِه الضمة الظاهرة.

فَرِحاً : خبرُ (يزالُ)منصوبٌ و علامةُ نصبِه الفتحة الظاهرة.

مَا ٱهْتَجَرَ : **ما**: وقتيّةٌ ظرفيّةٌ؛ **ٱهتَجَرَ**: فعلٌ ماضٍ مبنيٌّ على الفتحِ.

اَلمسلِمانِ: فاعل مرفوعٌ و علامةُ رفعِه الألف لأنّه مثنى.

○ و جملة «**مَا اهْتَجَرَ المُسْلمانِ**» منصوبٌ محلا على الظرفية؛ و هي مؤوّلةٌ بالمصدر، تقديرها: لا يَزال إبليسُ فَرحاً مُدَّةَ ٱهْتِجار المُسْلِمَيْنِ.

---

١. ميزان الحكمة، ج ١٠ / ص ٣١٣.

تمرين٣٥. أعرب الآيات الكريمة:

١. القرآن الكريم: أَلَيْسَ الصُّبْحُ بِقَرِيبٍ.[١]

٢. القرآن الكريم: كانا يَأْكُلانِ الطَّعامَ.[٢]

٣. القرآن الكريم: وَ يَقُولُونَ مَتى هُوَ قُلْ عَسى أنْ يكونَ قريباً.[٣]

---

١. سورة هود / الآية ٨١.

٢. سورة المائدة / الآية ٧٥.

٣. سورة الإسراء / الآية ٥١.

- ٨ -

النواسخ: الأحرف المشبهة بالفعل

٣٥١. ما هي الأحرف المشبهة بالفعل؟

٣٥٢. كم هي الأحرف المشبهة بالفعل؟

٣٥٣. لماذا سميت هذه الأحرف مشبهة بالفعل؟

٣٥٤. ما هو حكم هذه الأحرف إذا لحقتها «ما» الزائدة؟

٣٥٥. كيف يكون خبر الأحرف المشبهة بالفعل؟

٣٥٦. متى يجب تقديم خبر هذه الأحرف على اسمها؟

٣٥٧. متى يجوز تقديم خبر هذه الأحرف على اسمها؟

٣٥٨. متى تكسر همزة «إنّ»؟

٣٥٩. متى تفتح همزة «أنّ»؟

٣٦٠. هل تدخل «لام» الابتداء على اسم «إن» و خبرها؟

٣٦١. متى يلحق شيء بالأحرف المشبهة بالفعل؟

٣٦٢. ما هو حكم اسم «لا» النافية للجنس؟

٣٥١. الأحرف المشبهة بالفعل نواسخ تدخل على المبتدأ والخبر.

- فتنصب المبتدأ على أنّه اسم لها.
- و ترفع الخبر على أنّه خبر لها؛ نحو:

البردُ	**قارسٌ**	←	**إنّ**	**ٱلبردَ**	**قارسٌ.**
↓	↓		↓	↓	↓
مبتدأ	خبر		ناسخ	اسم إنّ	خبر إنّ

٣٥٢. الأحرف المشبهة بالفعل ستّةٌ و هي: إنّ، أنّ، كَأنَّ، لَكنّ، ليتَ و لَعَلَّ.

٣٥٣. سُميت هذه الأحرف مشبّهة بالفعل لوجود معنى الفعل فيها:

إنّ و أنّ ← التوكيد

كأنَّ ← التشبيه

لكنَّ ← الاستدراك

ليت ← التمني

لعلّ ← الترجّي

٣٥٤. إذا لحقت «ما» الزائدة هذه الأحرف:

* كفّتها عن العمل.
* و جاز دخولها على الأسماء و الأفعال، نحو:

إنّ ٱلصَّبرَ مفيدٌ ← إنَّما ٱلصَّبرُ مفيدٌ.

اسم إنّ	خبر إنّ		ما زائدة	مبتدأ	خبر
ٱلصَّبرَ	مفيدٌ		إنَّما	ٱلصَّبرُ	مفيدٌ

إنّما يَخْشي ٱللهَ من عبادِهِ ٱلعُلماءُ.

٣٥٥. يكون خبر الأحرف المشبهة بالفعل:

* مفرداً
  - جامداً، نحو: **كَأنَّ علياً أسدٌ.**
  - مشتقاً، نحو: **إنّ ٱللهَ رحيمٌ.**

* **جملة**	اسمية، نحو:	**إِنّ ٱلظُّلْمَ مَرْتَعُهُ وخيمٌ.**
	فعلية، نحو:	**لعلَّ ٱلتِّلميذَ يَنْجَحُ.**

* **شبه جملة**	ظرفاً، نحو:	**إنَّ ٱلصديقَ عندنا.**
	جار ومجروراً، نحو:	**إنّ أخي في ٱلمدرسةِ.**

٣٥٦. يجب تقديم خبر هذه الأحرف على اسمها إذا كان الخبر ظرفاً أو مجروراً؛

* والاسم نكرة، نحو:

إنَّ مَعَ العُسرِ (خبر إنّ) **يُسراً.** (اسم إنّ)

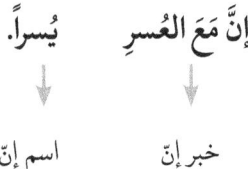

* والاسم مضاف إليه ضمير يعود إلى الخبر، نحو:

إنَّ في الدار (خبر إنّ) صاحبها. (اسم إنّ)

٣٥٧. يجوز تقديم خبر هذه الأحرف على اسمها إذا كان الخبر ظرفاً أو مجروراً والاسم معرفة، نحو:

إنَّ في ٱلصَّومِ (خبر إنّ) **صَحَّةَ ٱلبَدنِ** (اسم إنّ) أو **إنّ صحَّةَ ٱلبدنِ** (اسم إنّ) **في ٱلصَّومِ.** (خبر إنّ)

٣٥٨. تكسر همزة «إنّ» في مواضع:

- في ابتداء الكلام، نحو: **إنَّ اللهَ غفُورٌ.**
- بعد فعل قال، نحو: **قلتُ إنّكَ وَدودٌ.**
- بعد الطلب، نحو: **أفِقْ إنّ الفجرَ قَدْ طَلَع. لا تخطأْ إنّ اللهَ مستقيمٌ.**
- بعد النداءِ، نحو: **يا بطرسُ إنَّكَ تكفرُ بي.**
- بعد ثمّ، نحو: **ثمّ إنّه نَهَضَ فتكلَّمَ.**
- بعد حيثُ، نحو: **من حيثُ إنّه عالمٌ خَطَبَ بفصاحةٍ.**
- بعد إذ، نحو: **تُبْ إذْ إنّ اللهُ راحمٌ.**
- بعد ألا الاستفتاحية، نحو: **ألا إنّ الدنيا كأحلامِ نائمٍ.**

٣٥٩. تفتح همزة «أنَّ» إذا تأوّلت مع خبرها بمصدر:

- **في محل رفع، نحو:** بَلَغني أنّكَ راحلٌ ← بلغني رحيلُك.

  (أنّكَ راحلٌ ← فاعل)

سُمِعَ أنّ ٱلعسكرَ منصورٌ ← سُمِعَ نصرُ العسكر.

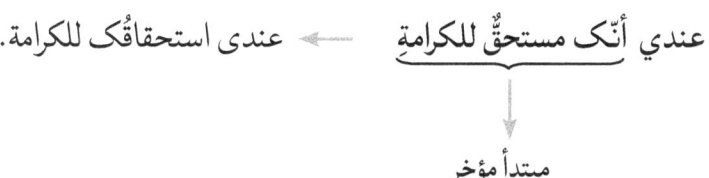

(أنّ ٱلعسكرَ منصورٌ ← نائب فاعل)

عندي أنّك مستحقٌّ للكرامةِ ← عندي استحقاقُك للكرامة.

(أنّك مستحقٌّ للكرامةِ ← مبتدأ مؤخر)

رأيي أنّكَ تَنْسحبُ من هذا ٱلأمر ← رأيي انسحابُك من هذا ٱلأمر.

↓

خبر

* في محل نصب، نحو: عرفتُ أنّك قادمٌ ← عرفتُ قدومَك.

↓

مفعول به

* في محل جر، نحو: تعلَّمْ في صغرِك لأنّ ٱلوقتَ قصيرٌ ← لقصرِ ٱلوقتِ.

↓

مجرور باللام

٣٦٠. إنّ «لام» الابتداء (للتأكيد) تدخل على اسم «إنّ» و خبرها إذا تأخر، نحو:

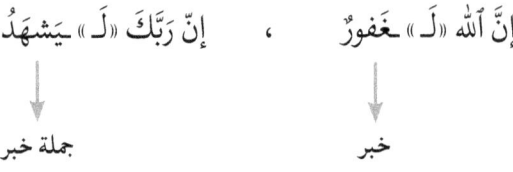

إنَّ ٱللهَ «لَـ» ـغفورٌ ، إنّ رَبَّكَ «لَـ» ـيَشهَدُ

↓ ↓

خبر جملة خبر

إنَّ في الدارِ «لَـ» ـزَيْداً.

↓

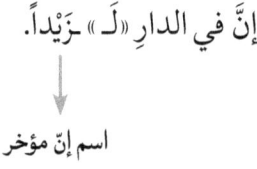

اسم إنّ مؤخر

٣٦١. نعـم، تُلحـق «لا» بالأحرف المشـبهة بالفعـل فتعمل عملها، و تُسـمى النافية للجنس لأنّها تنفي كل أفراد الجنس، نحو:

لا رجلَ حاضرٌ (أي و لا واحد) فلا يجور أن يُقال: بل رجلَيْنِ.

٣٦٢. إليك حكم اسم «لا» النافية للجنس:

* ينصب كإسم إنّ، إذا كان مضافاً؛ نحو: لا كتابَ سفاهةٍ ممدوحٌ.

و اعرابه: كتابَ: اسم «لا» النافية للجنس منصوب بفتحة آخره.

* يبنى على ما ينصب به إن لم يكن مضافاً؛ نحو: لا زائرين عندكم.

و إعرابه: زائرين: اسم «لا» النافية للجنس مبنيّ على الياء لأنّه جمع مذكر سالم في محل نصب.

تمرين ٣٦. ميّز الاسم من خبر إنَّ و أخواتها في الجمل التابعة:

١. القرآن الكريم: إِنَّ ٱلْمُنَافِقِينَ لَكَاذِبُونَ.[١]

٢. الإمام عليٌّ عليه السلام: مَنْ كَتَمَ عِلْماً فَكَأَنَّهُ جَاهِلٌ بِهِ.[٢]

٣. الإمام عليٌّ عليه السلام: إنَّ عُمرَكَ عددُ أنفاسِكَ و عَلَيها رَقيبٌ يُحصيها.[٣]

٤. الإمام الهادي عليه السلام: إنَّ ٱلْعَالِمَ و ٱلْمُتَعَلِّمَ شَرِيكَانِ في ٱلرُّشدِ.[٤]

تمرين ٣٧. ميّز خبر النواسخ المفرد من الخبر الجملة أو شبه الجملة:

١. القرآن الكريم: إِنَّا أَنزَلْنَاهُ قُرْآناً عَرَبِيّاً لَعَلَّكُمْ تَعْقِلُونَ.[٥]

٢. القرآن الكريم: إِنَّ ٱللَّهَ لَذُو فَضْلٍ عَلَى ٱلنَّاسِ وَ لَٰكِنَّ أَكْثَرَهُمْ لَا يَشْكُرُونَ.[٦]

٣. القرآن الكريم: إِنَّ رَبَّكَ لَبِٱلْمِرْصَادِ.[٧]

٤. القرآن الكريم: يَقُولُ يَا لَيْتَنِي قَدَّمْتُ لِحَيَاتِي.[٨]

٥. الإمام عليٌّ عليه السلام: إنَّ ٱلْإنسانَ إذا كانَ في ٱلصَّلاةِ فإنَّ جَسَدَهُ وثيابَهُ و كلَّ شيءٍ حَولَهُ يُسَبِّحُ.[٩]

٦. الإمام الصادق عليه السلام: إنَّ ٱللَّهَ وَسَّعَ أرزاقَ ٱلْحَمْقَى لِيَعْتَبِرَ ٱلْعُقلاءُ و يَعْلَمُوا أنَّ ٱلدُّنيا لَيْسَ يُنَالُ ما فيها بِعَمَلٍ و لا حِيلَةٍ.[١٠]

---

[١]. سورة المنافقين / الآية ١.

[٢]. بحار الأنوار، ج٢/ ص ٦٧.

[٣]. ميزان الحكمة، ج ٦ / ص ٥٣٨.

[٤]. روضة بحار الأنوار، ج ٢ / ص ٣٧٨.

[٥]. سورة يوسف / الآية ٢.

[٦]. سوره يونس / الآية ٦٠.

[٧]. سورة الفجر / الآية ١٤.

[٨]. سورة الفجر / الآية ٢٤.

[٩]. ميزان الحكمة، ج ٥ / ص ٣٧٧.

[١٠]. ميزان الحكمة، ج ٤ / ص ١٠٨.

تمرين۳۸. عيّن المواضع التي تقدّم فيها الخبر على الاسم جوازاً و التي تقدّم فيها وجوباً:

۱. القرآن الكريم: إنَّ في ذلِكَ لآياتٍ.[۱]

۲. القرآن الكريم: إنَّ ٱللهَ اشْتَرىٰ مِنَ ٱلمُؤْمِنينَ أنْفُسَهُمْ وَ أَمْوالَهُمْ بِأنَّ لَهُمُ ٱلْجَنَّةَ.[۲]

۳. القرآن الكريم: إنّ مَعَ ٱلعُسْرِ يُسْراً.[۳]

٤. الإمام الصادق عليه‌السلام: إذا أوَيْتَ إلى فراشِكَ فأنْظُرْ ما كَسَبْتَ في يَوْمِكَ و ٱذْكُرْ أنّكَ مَيّتٌ وَ أنّ لَكَ معاداً.[٤]

٥. لَعَلَّ في ٱلمطبعة مُديرَها.

٦. لَيْسَ في ٱلدارِ ٱمْرأةٌ لِكنَّ فيها مالِكَها.

تمرين۳۹. ميّز «إنّ» المكسورة الهمزة من «أنّ» المفتوحة و اذكر الموجب لفتح همزة «انَّ» و كسرها:

۱. القرآن الكريم: ألا إنَّ حِزْبَ الله هُمُ المُفْلِحُونَ.[٥]

۲. القرآن الكريم: يا زكريّا إنّا نُبَشّرُكَ بِغُلامٍ ٱسْمُهُ يَحْيىٰ.[٦]

۳. القرآن الكريم: أَلَم تَرَ انّا أرسَلْنا ٱلشّياطينَ عَلى ٱلكافِرينَ.[۷]

٤. القرآن الكريم: قُل تَمَتَّعُوا فَانَّ مَصيرَكُمْ إلى ٱلنّارِ.[۸]

---

۱. سورة طه/ الآية ۱۲۸.

۲. سورة التوبة / الآية ۱۱۱.

۳. سورة الانشراح / الآية ٦.

٤. بحار الأنوار، ج ۷٦ / ص ۱۹۰.

٥. سورة المجادلة / الآية ۲۲.

٦. سورة مريم / الآية ۷.

۷. سورة مريم / الآية ۸۳.

۸. سورة ابراهيم / الآية ۳۰.

٥. الإمام الصادق عليه السلام: انَّ شَفاعَتَنا لا تَنالُ مُسْتَخِفّاً بِٱلصَّلاةِ.[١]

٦. اِصْبِرْ لانَّ ٱللهَ رَاحِمٌ.

تمرين٤٠. ميّز اسم «لا» النافية للجنس من خبرها و اذكر إعرابها:

١. الإمام عليٌّ عليه السلام: لا مَعْقِلَ أَحْصَنُ مِنَ ٱلْوَرَعِ وَ لا شَفيعَ أَنْجَحُ مِنَ ٱلتَّوبةِ.[٢]

٢. الإمام عليٌّ عليه السلام: لا شَرَفَ أَعْلىٰ مِنَ ٱلإسلامِ وَ لا عِزَّ أَعَزُّ مِنَ ٱلتَّقْوىٰ.[٣]

٣. الإمام عليٌّ عليه السلام: لا وَرَعَ كَٱلْوُقُوفِ عِنْدَ ٱلشُّبْهَةِ.[٤]

٤. الإمام الباقر عليه السلام: لا مُصيبَةَ كَعدمِ ٱلعَقْلِ، و لا عَدَمَ عَقْلٍ كَقِلَّةِ ٱليَقينِ، و لا قِلَّةَ يَقينٍ كَفَقْدِ ٱلخَوْفِ، وَ لا فَقْدَ خَوْفٍ كَقِلَّةِ ٱلحُزْنِ على فَقْدِ ٱلخَوفِ، و لا مُصيبَةَ كَٱسْتِهانَتِكَ بِٱلذَّنْبِ وَ رِضاكَ بِٱلحالةِ ٱلَّتي أَنْتَ عَلَيْها.[٥]

١. بحار الأنوار، ج ٨٣ / ص ١٣٦.

٢. نهج البلاغة / الحكمة ٣٧١.

٣. نهج البلاغة / الحكمة ٣٧١.

٤. ميزان الحكمة، ج ٥ / ص ١٤.

٥. بحار الأنوار، ج ٧٨ / ص ١٦٥.

الأسئلة العامّة

تمرين٤١. أجب على الأسئلة التالية:

١. ما الفرق بين الكلمات المعربة و الكلمات المبنيّة من حيث معرفة حالة آخرها؟

٢. متى يرفع الفعل المضارع؟

٣. ما الفرق بين «إذَن» و سائر الحروف الناصبة؟

٤. كم هي الأدوات الجازمة، و هل كلّ هذه الأدوات مبنية أم معربة؟

٥. متى تكون «إنْ» الشرطية مقدَّرةً؟

٦. متى تدخل الفاء على جواب الشرط وجوباً؟

٧. ما هي حالة جواب الشرط إذا دخلت عليه الفاءُ؟

٨. كم نوعاً الفاعل؟ اذكر له أمثلة.

٩. متى يتغيّر الفعل و متى لم يتغيّر؟

١٠. اذكر وجوه الاشتراك و الافتراق بين الفاعل و نائب الفاعل.

١١. ماذا تسمّى الجملة المركبة من الفعل و الفاعل أو نائب الفاعل؟

١٢. ما هو العامل اللفظي؟ مثّل له.

١٣. ما هو الأصل في المبتدأ و هل يجوز أن يكون نكرة مؤخرة؟

١٤. متى يقدّم الخبر على المبتدأ؟

١٥. ما هي النواسخ و ما هو حكمها إذا كانت أفعالاً؟

١٦. ما الفرق بين خبر الأفعال الناقصة و خبر المبتدأ؟

١٧. ما الفرق بين خبر الأفعال الناقصة و خبر أفعال المقاربة؟

١٨. بماذا تمتاز «كان» عن سائر أخواتها؟

١٩. لماذا سمّيت الأفعال الناقصة ناقصةً؟

٢٠. متى يجب تقديم خبر الأحرف المشبهة بالفعل على اسمها؟

التّمارين العامّة

تمرين٤٢. عرّف كلّاً من المصطلحات النحوية التالية و اذكر لها مثالاً:

الحروف الناصبة بـ«أنْ» المقدّرة - فاء السبب - العرض - الفاعل المؤوّل - الجملة الاسميّة - ما له الصّدارة - شبه الجملة - لام الابتداء - المبنيّ على ما ينصب به.

تمرين٤٣. وضّح كلّاً من الجمل الآتية توضيحاً وافياً:

أ. يقدّم الخبر على المبتدأ إذا كان في المبتدأ ضميرٌ يرجع إلى الخبر.

ب. قد تأتي الأفعال الناقصة تامة إذا دلّت على حدثٍ محضٍ لا على حالةٍ، فتكتفي حينئذٍ بفاعلها.

ج. سمّيت الأحرفُ المشبهة بالفعل مشبهةً بالفعل لوجود معنى الفعل فيها.

د. اسم «لا» النافية للجنس يُبنى على ما ينصب به إن لم يكن مضافاً.

تمرين٤٤. ميّز الجمل الاسمية من الجمل الفعلية فى الرواية الآتية:

قالَ مَولانَا الحسينُ عليه السلام لَمّا أتاه خبر شهادة مسلم:

فإنْ تَكُنِ الدُّنيا تُعَدُّ نفيسةً
فَدارُ ثوابِ اللهِ أعْلىٰ و أنْبَلُ
وَ إن تكُنِ الأرْزاقُ قِسماً مُقدَّراً
فَقِلّةُ حِرص المَرءِ في الرِّزقِ أجْمَلُ[1]

---

١. ميزان الحكمة، ج ٤ / ص ١٠٨.

تمرین ٤٥. میّز أنواع المرفوعات في العبارات التابعة مع تعیین الأفعال المبنیة و الأفعال المعربة:

١. سُئِلَ الرسول الأکرم ﷺ: مَنْ أشدُّ ٱلنَاسِ بَلاءً في ٱلدُّنیا؟

فَقَال ﷺ: النَّبیُّونَ ثُمَّ ٱلأماثِلُ فَٱلأماثِلُ، وَ یُبْتَلَی ٱلمُؤمنُ عَلیٰ قَدْرِ إیمانِهِ وَ حُسْنِ عَمَلِهِ، فَمَنْ صَحَّ إیمانُهُ و حَسُنَ عَمَلُهُ ٱشْتَدَّ بَلاؤُهُ، وَ مَنْ سَخُفَ إیمانُهُ وَ ضَعُفَ عَمَلُه قَلَّ بَلاؤُهُ.[1]

٢. الإمام عليٌّ علیه السلام: مَنِ ٱقتَصَدَ في أکْلِهِ کَثُرَتْ صِحَّتُهُ وَ صَلُحَتْ فِکْرَتُهُ.[2]

٣. الإمام الصادق علیه السلام: کُلُّ شيءٍ نَظیفٌ حَتّی تَعْلَمَ أَنَّهُ قَذِرٌ فإذا عَلِمْتَ فَقَدْ قَذِرَ، وَ مَا لَمْ تَعْلَمْ فَلَیْسَ عَلَیْكَ.[3]

---

١. تحف العقول / ص ٣٩.

٢. میزان الحکمه، ج ١ / ص ١١٩.

٣. میزان الحکمة، ج ١ / ص ١٠٥.

إعراب القرآن و الحديث

القرآن الكريم:

إِنَّ ٱللَّهَ عَلِيمٌ حكيمٌ[١]

إنَّ : حرفٌ مشبَّهٌ بالفعل مبنيٌّ على الفتح.

اللهَ : اسمُ (إنَّ) منصوبٌ و علامةُ نصبه الفتحةُ الظاهرةُ.

عليمٌ : خبرُ (إنَّ) مرفوعٌ و علامةُ رفعِهِ الضمةُ الظاهرةُ.

حكيمٌ : خبر ثانٍ لـ (إنَّ) مرفوعٌ و علامةُ رفعِه الضمةُ الظاهرة.

الإمام الصادق عليه السلام:

لَيْتَ ٱلسِّيَاطَ عَلى رُؤُوسِ أصْحابي حَتّىٰ يَتَفَقَّهُوا في ٱلْحَلالِ وَٱلْحَرامِ[٢]

لَيْتَ : حرف مُشَبَّهُ بالفعل.

السّياطَ : اسمُ (لَيتَ) منصوبٌ وَ علامةُ نصبِه الفتحةُ الظاهرةُ.

عَلى : حرفُ جرٍّ مبنيٌّ على السكون.

رُؤوسِ : اسمٌ مجرورٌ بـ (على) و علامتُه الكسرةُ، و الجار و المجرور متعلّقان بالخبر المحذوف، تقديره: ليتَ السياط (كائنةٌ) على رؤوسِ... .

١. سورة التوبة / الآية ٢٨.

٢. ميزان الحكمة، ج ٦ / ص ٥٣١.

أصحابي : **أصحـاب**: مضـافٌ إليه مجرورٌ و علامةُ جرّهِ الكسـرةُ المقدَّرةُ على الباءِ لِاتصالها بياء الضمير، **الياء**: ضميرٌ متصلٌ مبنيٌّ على السكون في محلّ جرٍّ مضافٌ إليه.

حَتّى : حرفُ جرٍّ(تنصب المضارع بـ «أنْ» مقدرة).

يَتَفَقَّهُوا : فعلٌ مضـارعٌ منصـوبٌ و علامـةُ نصبِه حذفُ النـون لأنّه من الأفعال الخمسة؛ **الواو**: ضميرٌ متصلٌ مبنيٌّ على السكون في محلّ رفع فاعلٌ.

في الحلالِ: **في**:حرفُ جرٍ؛ **الحلالِ**: اسمٌ مجرورٌ و علامتُهُ الكسرةُ، والجار و المجرور متعلّقان بـ (يَتَفَقَّهُوا).

وَالحرامِ : **الواو**: حرفُ عطفٍ؛ **الحرام**: معطوف على (الحلالِ) و مجرورٌ مثلُه و علامةُ جرّه الكسرةُ.

القرآن الكريم:

إِنَّ ٱلسَّاعةَ لَآتِيَةٌ لا رَيْبَ فيهَا وَ لٰكنَّ أَكْثَرَ ٱلنَّاسِ لا يُؤمِنُونَ[1]

إنَّ : حرفٌ مشبَّهٌ بالفعل مبنيٌّ على الفتح.

اَلسَّاعةَ : اسمُ (إنَّ) منصوبٌ و علامةُ نصبه الفتحةُ الظاهرةُ.

لَآتيةٌ : **اللام**: للتأكيد، **آتيةٌ**: خبرُ(إنَّ) مرفوعٌ و علامةُ رفعِه الضَّمةُ.

لا رَيْبَ : **لا**: نافيةٌ للجنسِ، **رَيْبَ**: اسمُ (لا) مبنيٌّ على الفتح في محلِّ نصبٍ.

١.سورة غافر / الآية ٥٩.

فِيهَا : في: حرفُ جرٍ؛ هَا: ضميرٌ متصلٌ مبنيٌ على السكون في محلّ جرٍّ، و الجار و و المجرور متعلّقان بالخبر المحذوف، تقديره: كائنٌ.

وَ لكِنَّ : الواو:حرف عطف؛ لكِنَّ: حرف مشبَّهٌ بالفعل.

أكثَرَ : اسمُ (لكِنَّ) منصوبٌ و علامة نصبه الفتحة، و هو مضافٌ.

النّاسِ : مضافٌ إليه مجرورٌ و علامته الكسرةُ.

لا يؤْمِنُونَ : لا: حـرفُ نـفي؛ يؤمنـونَ: فعلٌ مضارعٌ مرفوعٌ و علامةُ رفعِه ثبوتُ النونِ، الواو: ضميرٌ متصلٌ مبنيٌّ على السكون في محلّ رفعٍ فاعلٌ.

○ و جملةُ «لا يؤمنون»: جملةٌ فعليةٌ في محلّ رفعٍ خبر (لكِنَّ).

تمرين٤٦. أعرب الآيتين الكريمتين التاليتين:

١. القرآن الكريم: لَعَلَّكُمْ تَتَّقُونَ.[1]

٢. القرآن الكريم: إنَّ جَهَنَّمَ كانَتْ مِرْصاداً.[2]

---

١. سوره البقرة / الآية ١٧٩.

٢. سورة النبأ / الآية ٢١.

ينصب الاسم في اثني عشر موضعاً:

إذا كان مفعولاً به، إذا كان مفعولاً مطلقاً، إذا كان مفعولاً لأجله، إذا كان مفعولاً فيه، إذا كان مفعولاً معه، إذا كان مستثنى، إذا كان حالاً، إذا كان تمييزاً، إذا كان منادى، إذا كان خبراً لكان و أخواتها، إذا كان خبراً لكاد و أخواتها، إذا كان اسماً لإنّ و أخواتها.

- ٩ -

مواضع نصب الاسم: المفعول به

٣٦٣. ما هو المفعول به؟

٣٦٤. ما هي مرتبة المفعول به؟

٣٦٥. متى يجب تقديم الفاعل على المفعول به؟

٣٦٦. متى يجب تقديم المفعول على الفاعل؟

٣٦٧. متى يجب تقديم المفعول على الفعل و الفاعل معاً؟

٣٦٨. هل يتعدى الفعل إلى أكثر من مفعول به واحد؟

٣٦٣. المفعول به هو اسم دلّ على ما وقع عليه فعلُ الفاعل و لم تُغيّر لأجله صورة الفعل، نحو: **يرى ٱلتلميذُ قلماً.**

٣٦٤. يجوز في المفعول به أن يتقدّم على الفاعل أو يتأخّرعنه، نحو:

بَنىٰ إبراهيمُ ٱلبَيتَ أو **بَنىٰ ٱلبَيتَ إبراهيمُ.**

* إلّا أنّه يجب في بعض الأحيان تقديم الفاعل و في غيرها تقديم المفعول به.

٣٦٥. يجب تقديم **الفاعل** على المفعول به:

- عند الالتباس، نحو: **ضَرَبَ فتاكَ أخي.**
- متى كان الفاعل ضميراً متصلاً، نحو: **أكرمتَ ٱلرَّسولَ.**
- متى كان المفعول به محصورا، نحو: **لا ينالُ ٱلمجتهدُ إلّا نجاحاً.**

٣٦٦. يجب تقديم **المفعول** به على الفاعل:

- متى عاد إلى المفعول به ضمير في الفاعل، نحو: **كَرَّمَ ٱلسَّيِّدَ عَبْدُهُ.**
- متى كان المفعول به ضميراً متصلاً و الفاعل اسماً ظاهراً، نحو: **عَذَّبَني ٱلْمَرَضُ.**
- متى كان الفاعل محصوراً، نحو: **ما عالجَ ٱلمَريضَ إلَّا ٱلطَّبيبُ.**

٣٦٧. يجب تقديم **المفعول** به على الفعل و الفاعل معاً:

- إذا كان المفعول به من الألفاظ التى لها الصدارة، و هي:
  - أسماء الشرط، نحو: **ما تَفْعَلْ مِنَ ٱلخَيْرِ تُكْرَمْ عَلَيْهِ.**
    مَنْ تُكْرِمْ أُكْرِمْ.
    أيّاً تُساعدْ أُساعِدْ.
  - أسماء الاستفهام، نحو: **مَنْ رَأيتَ؟**
    ما تُريدُ؟
- إذا كان المفعول به ضميراً منفصلاً؛ نحو: **إيّاكَ نَعْبُدُ.**

٣٦٨. نَعَمْ، قد يتعدّى الفعل الواحد إلى مفعولين أو أكثر، و ذلك خاصة بعد أفعال يغلب عليها معنى العطاء منها:

مَنَحَ ، وَهَبَ ، أعْطى ، رَزَقَ ، سَألَ ، صَنَعَ ، كَسَا ، ألْبَسَ ، أطْعَمَ ، سَقى ، عَلَّمَ ، صَيَّرَ ، حَوَّلَ ، جَعَلَ.

نحو: **أعْطَى ٱلغَنيُّ ٱلفَقيرَ رَغيفاً.**

رَزَقَ ٱللهُ ٱلخَيِّرَ مالاً.

تمرين٤٧. افرق الفاعل من المفعول به:

١. القرآن الكريم: وَ يَمْحُ ٱللهُ ٱلباطِلَ وَ يُحِقُّ ٱلحَقَّ بِكَلماتِهِ.[١]

٢. القرآن الكريم: يَمْحَقُ ٱللهُ ٱلرِّبا و يُربِي ٱلصَّدَقاتِ.[٢]

٣. القرآن الكريم: بسم ٱللهِ ٱلرحمن ٱلرحيم ❁ أَلَمْ نَشْرَحْ لَكَ صَدْرَكَ ❁ وَوَضَعْنا عَنْكَ وِزْرَكَ ❁ ٱلَّذي أَنْقَضَ ظَهْرَكَ ❁ وَرَفَعْنا لَكَ ذِكْرَك ❁ فَإِنَّ مَعَ ٱلعُسْرِ يُسْراً ❁ إِنَّ مَعَ ٱلعُسْرِ يُسْراً ❁ فَإِذا فَرَغْتَ فَٱنْصَبْ ❁ وَ إِلىٰ رَبِّكَ فَٱرْغَبْ.[٣]

تمرين٤٨. اذكر السبب الذي أوجب تقديم الفاعل أو المفعول:

١. القرآن الكريم: أَلْهٰكُمُ ٱلتَّكاثُرُ * حَتّىٰ زُرْتُمُ ٱلمَقابِرَ * كَلّا سَوْفَ تَعْلَمُونَ.[٤]

٢. الرسولُ الأعظم ﷺ : مَنْ قَبَّلَ وَلَدَهُ كَتَبَ ٱللهُ له حَسَنَةً، و مَنْ فَرَّحَهُ فَرَّحَهُ ٱللهُ يَوْمَ ٱلقيامَةِ، وَ مَنْ عَلَّمَهُ ٱلقرآن دُعِيَ بالأَبوَيْنِ فَيُكسَيانِ حُلَّتَيْنِ يُضِيءُ مِنْ نُورِهِما وُجُوهُ أهلِ ٱلجَنَّةِ.[٥]

٣. الرسولُ الأعظم ﷺ : مَا مِنْ شابٍّ يَدَعُ للهِ ٱلدُّنيا وَ لَهْوَها وَ أَهْرَمَ شَبابَهُ في طاعةِ ٱللهِ إِلّا أَعْطاهُ ٱللهُ أَجْرَ اثْنَيْنِ و سَبْعينَ صِدِّيقاً.[٦]

تمرين٤٩. دُلّ على المفعول به المقدّم وجوباً على الفعل و الفاعل واذكر السبب:

١. القرآن الكريم: فَإِيّايَ فَٱرْهَبُونِ.[٧]

---

١. سورة الشورى / الآية ٢٤.

٢. سورة البقرة / الآية ٢٧٦.

٣. سوره الشرح / الآيات ١-٨.

٤. سورة التكاثر / الآيات ١-٣.

٥. ميزان الحكمة، ج ١٠ / ص ٦٩٩.

٦. بحار الأنوار، ج ٧٧ / ص ٨٤.

٧. سورة النحل / الآية ٥١.

٢. القرآن الكريم: بَلْ إيّاهُ تَدْعُونَ فَيَكْشِفُ ما تَدْعُونَ إلَيْه إن شاءَ.[١]

٣. القرآن الكريم: و يُريكُمْ آياتِهِ فَأيَّ آياتِ ٱللهِ تُنْكِرونَ.[٢]

٤. القرآن الكريم: ما تَفْعَلُوا مِنْ خَيْرٍ يَعْلَمْهُ ٱللهُ.[٣]

٥. الإمام السَّجاد عليه السلام: اللَّهُمَّ إنَّكَ مَنْ وَالَيْتَ لَمْ يَضْرُرْهُ خِذْلانُ ٱلْخاذِلينَ.[٤]

تمرين٥٠. دُلّ على المفعول به الأوّل بخطّ و على المفعول به الثاني بخطّين:

١. القرآن الكريم: وَ لَقَدْ ءَاتَيْنا مُوسَى ٱلْكِتابَ.[٥]

٢. القرآن الكريم: إنّا هَدَيْناهُ ٱلسَّبيلَ إمّا شاكِراً وَ إمّا كَفُوراً.[٦]

٣. القرآن الكريم: وَ لا تَكُونُوا كَٱلَّذينَ نَسُوا ٱللهَ فَأنْسَاهُمْ أنْفُسَهُمْ أولئِكَ هُمُ ٱلْفاسِقُونَ.[٧]

٤. القرآن الكريم: إنَّ ٱلشَّيْطانَ لَكُمْ عَدُوٌّ فَاتَّخِذُوهُ عَدُوّاً.[٨]

٥. الإمام عليٌّ عليه السلام: مَنْ نَصَبَ نَفْسَهُ لِلنّاسِ إماماً فَلْيَبْدأْ بِتَعليمِ نَفْسِه قَبْلَ تَعْليمِ غَيْرِهِ.[٩]

---

١. سورة الأنعام / الآية ٤١.

٢. سورة غافر / الآية ٨١.

٣. سورة البقرة / الآية ١٩٧.

٤. الصحيفة السجادية / الدعاء الخامس.

٥. سورة البقرة / الآية ٨٧.

٦. سوره الإنسان / الآية ٣.

٧. سورة الحشر / الآية ١٩.

٨. سورة الفاطر / الآية ٦.

٩. نهج البلاغة / الحكمة ٧٣.

إعراب القرآن و الحديث

القرآن الكريم:

إيّاكَ نَعْبُدُ و إيّاكَ نَسْتَعِينُ[١]

إيّاكَ : إيّا: ضميرٌ منفصلٌ في محل نصبٍ مفعولٌ به مقدَّمٌ على عامِله لإفادةِ الحَصْر، الكاف: حرفُ خطابٍ.

نَعْبُدُ : فعلٌ مضارعٌ مرفوعٌ بالضمة الظاهرة و الفاعل ضمير مستتر فيه وجوباً، تقديرُهُ: نحنُ.

وَ إيَّاكَ : الواو: حرف عطف، إيّا: ضمير منفصل في محل نصبٍ مفعولٌ به مقدَّمٌ، و الكاف: حرفُ خطابٍ.

نَسْتَعينُ : فعلٌ مضارعٌ مرفوعٌ بالضَّمة الظاهرة و الفاعل ضمير مستتر فيه وجوباً، تقديرُه: نحنُ.

القرآن الكريم:

إنَّا أعْطَيْنَاكَ ٱلكوْثَرَ[٢]

إنَّا : (أصله: إنَّنا) إنَّ: حرف مشبهة بالفعل، مبنيٌّ على الفتح؛ نا: ضمير متصل

١. سورة الفاتحة / الآية ٥.

٢. سورة الكوثر / الآية ١.

مبني على السكون في محل نصب اسم (إنَّ).

أعْطَيْنَاكَ : **أعْطَيْنَا**: فعلٌ ماضٍ مبني على السكون، نا:ضمير متصل مبني على السكون في محل رفعٍ فاعلٌ، الكاف: ضمير متصل مبني على الفتح في محل نصب مفعولٌ به.

الكوثَرَ : مفعولٌ به ثانٍ منصوبٌ و علامتُهُ الفتحةُ.

○ و جملة «**أعطيناك...**»: في محل رفع لأنّها خبر (إنّ).

الرسُول الأعظم صلى الله عليه وآله:

مَنْ سَأَلَ ٱللهَ ٱلشَّهادَةَ بِصِدْقٍ بَلَّغَهُ ٱللهُ مَنازِلَ ٱلشُّهداءِ[1]

مَنْ : اسمُ شرطٍ مبنيٌّ على السكون في محل رفعٍ مبتدأٌ.

سَألَ : فعلُ شرطٍ و هو فعل ماض مبنى على الفتح في محل جزمٍ بـ (مَنْ) و الفاعلُ ضميرٌ مستترٌ فيه تقديرُهُ: هُوَ.

ٱللهَ : لفظ الجلالة مفعولٌ به منصوبٌ و علامته الفتحة الظاهرة.

ٱلشَّهادةَ : مفعولٌ به ثانٍ منصوبٌ و علامته الفتحة الظاهرة.

بِصِدْق : **الباء**:حرفُ جر؛ **صِدقٍ**: اسمٌ مجرورٌ بـ (الباء) و علامةُ جرّه الكسرةُ، و الجارّ والمجرور متعلّقان بفعلِ (سَأَلَ).

بَلَّغَهُ : فعلٌ ماضٍ مبني على الفتح في محل جزمٍ لأنّه جوابُ الشرط؛ الهاءُ: ضميرٌ

١. ميزان الحكمة، ج ٥ / ص ١٩٥.

متصـلٌ مبـنيٌّ على الضم في محلّ نصبٍ مفعولٌ به، و إنّما قُدّمَ عَلى الفاعل لأنّه ضمير متصل و الفاعل اسم ظاهر.

ٱللهُ : لفظ الجلالة فاعلٌ مرفوعٌ و علامتهُ الضمةُ.

منازِلَ : مفعولٌ به ثانٍ منصوبٌ و علامتُهُ الفتحةُ، و هو مضافٌ.

ٱلشّهدَاءِ : مضافٌ إليه مجرورٌ و علامتهُ الكسرةُ.

تمرين٥١. أعرب الجمل التالية:

١. القرآن الكريم: وَ آتَيْنَا دَاوُودَ زَبُوراً.[١]

٢. الإمام عليٌّ عليه السلام: مَنْ عَظَّمَ صِغَارَ ٱلْمَصائِبِ ابْتَلاهُ ٱللهُ بِكبارِها.[٢]

٣. الإمام الصادق عليه السلام: لا تَعِدَنَّ أخَاكَ وَعْداً لَيْسَ في يَدِكَ وَفَاؤُهُ.[٣]

---

١. سورة النساء / الآية ١٦٣.

٢. نهج البلاغة / الحكمة ٤٤٨.

٣. بحار الأنوار، ج ٧٨ / ص ٣٥.

- ١٠ -

ملحق المفعول به: التعجب

٣٦٩. كم صيغة للتعجب؟

٣٧٠. من أي شيء يبنى فعلاً التعجب؟

٣٧١. ما هو حكم أفعَل؟

٣٧٢. ما هو حكم أفعِل؟

٣٧٣. كيف تتعجب من الماضي والمستقبل؟

٣٦٩. للتعجب صيغتان: **أفْعَل** و **أفْعِلْ بِـ**.

٣٧٠. يُبنى فعلاً التعجبُ مما يبنى منه أفعل التفضيل.[١]

٣٧١. حُكم أفعَل أن يقع بعد «ما» التعجبية يتبعه المتعجب منه منصوباً على كونه مفعولاً به، نحو: **ما أجْمَلَ مَنظَرَ الرِّياضِ!**

٣٧٢. حُكم أفعِل أن يتبعه المتعجب منه مجروراً بياء زائدة، نحو:

أجمِلْ بِمَنْظَرِ الرِّياضِ!

٣٧٣. ❊ يكون التعجب من الماضي بإدخال «كان» زائدة بين ما و أفعَل، نحو:

ما كان أحْسَنَ مَنْظَرَ الرِّياضِ!

❊ و يكون التعجُّب من المستقبل بإدخال «يكون» زائدة بين ما و أفعَل، نحو:

ما يكونُ أحْسَنَ مَنْظَرَ الرِّياضِ!

---

١. اطلب العدد ١٣١ـ ١١٩.

تمرين٥٢. عيّن صيغة التعجب و مفعوله في الجمل التابعة:

١. **الإمام عليٌّ** عليه السلام: سُبْحانَكَ ما أعْظَمَ مَا نَرَىٰ مِنْ خَلْقِكَ! وَ مَا أصْغَرَ كُلَّ عَظيمَةٍ في جَنْبِ قُدْرَتِكَ![1]

٢. **الإمام الصادق** عليه السلام: يُجاءُ بِعَبْدٍ يَومَ ٱلقيامَةِ قَد صَلّىٰ، فَيَقُولُ: يا رَبِّ صَلَّيْتُ ٱبْتِغاءَ وَجْهِكَ، فَيُقالُ لَه: بَلْ صَلَّيْتَ لِيُقال: «مَا أَحْسَنَ صَلاةَ فُلانٍ!» إذْهَبُوا به إلى ٱلنّارِ.[2]

٣. أحْسِنْ بِخُلقِ عليٍّ!

٤. ما يَكُونُ أعْذَبَ مياهَ لُبْنانَ في ٱلصَّيْفِ!

تمرين٥٣. أبْدل الأفعال الواردة في الجمل التابعة بصيغة أفْعَلَ أو أفْعِلْ:

(هكذا: ما أذَلَّ أو أذْلِلْ).

ذَلَّ أهْلُ ٱلجَبانـة ، كَرُمَت طِباعُ ٱلفُضَلاء ، عَمِلَ كَلامُ ٱلخَطيبِ في قَلْبِ ٱلمُخاطَبينَ ، نَفَعَ عِلاجُ ٱلطَّبيبِ.

---

١. نهج البلاغة / الخطبة ١٠٩.

٢. ميزان الحكمة، ج ٤ / ص ٣٩.

- ١١ -

ملحق المفعول به: الاشتغال

٣٧٤. ما هو الاشتغال؟

٣٧٥. ماذا يسمى الاسم المتقدم؟

٣٧٦. متى يجب نصب المشغول عنه؟

٣٧٧. ما هو محل المشغول عنه من الإعراب إذا كان منصوباً؟

٣٧٨. متى يجب رفع المشغول عنه؟

٣٧٩. ما هو محل المشغول عنه من الإعراب إذا كان مرفوعاً؟

٣٨٠. متى يجوز رفع المشغول عنه و نصبه؟

٣٧٤. الاشتغال تقديم اسم على فعل يعمل في ضمير عائد إلى ذلك الاسم فشُغل عنه الفعل بالضمير؛ نحو: **الكتاب قرأْتُهُ.**

٣٧٥. يُسمَّى الاسم المتقدَّم المشغول عنه.

٣٧٦. يجب نصب المشغول عنه إذا وقع بعد:

- **أدوات الشرط،** نحو: **إنِ ٱلعِلمَ خَدَمْتَهُ نَفَعَكَ.**
  حيثما ٱلفقيرَ وَجَدْتَهُ فأحْسِنْ إليهِ.
- **و العرض،** نحو: **ألا ٱلتلميذَ ٱلمجتهد تكافِئُونَهُ.**
- **و التحضيض،** نحو: **هلَّا خَيْرَ نَفسِكَ تريدُهُ.**
- **و هل،** نحو: **هَلْ سليماً أهَنْتَهُ.**

٣٧٧. إذا كان المشغول عنه منصوباً يكون مفعولاً به لفعل محذوف يفسّره الفعل الظاهر، نحو:

هَلِ الثَّمرَ أكَلْتَهُ؟ = هَلْ (أكَلْتَ) الثَّمَرَ أكَلْتَهُ؟

٣٧٨. يجب رفع المشغول عنه إذا وقع:

- بعد «إذا» الفجائية، نحو: **دَخَلْتُ ٱلبيتَ فَإذا ٱلولدُ يُوَبِّخُهُ أبوه.**
- بعد «واو» الحال، نحو: **سافَرْتُ و ٱلشعبُ ينهاه ٱلخطيبُ عنِ ٱلحربِ.**
- قبل أدوات الشرط و الاستفهام والعرض و التحضيض و لام الابتداء و ما النافية و كم الخبرية و الحروف الناسخة و الموصول.

٣٧٩. إذا كان المشغول عنه مرفوعاً يكون مبتدأ و الجملة الفعلية بعده في محل رفع خبره.

٣٨٠. يجوز رفع المشغول عنه و نصبه في غير الشروط التي تقدم ذكرها، نحو:

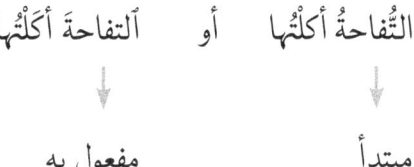

التُّفاحةُ أكلتُها أو ٱلتفاحةَ أكَلْتُها

↓ ↓

مبتدأ مفعول به

تمرين٥٤. ميّز الأمثلة التي فيها اشتغال من التي ليس فيها اشتغال:

١. القرآن الكريم: بَلِ ٱللهَ فَٱعْبُدْ وَ كُنْ مِنَ ٱلشّاكِرينَ.[١]

٢. القرآن الكريم: وَ ٱلجانَّ خَلَقْناهُ مِنْ قَبْلُ مِنْ نارِ ٱلسَّمُومِ.[٢]

٣. إذا أخذتَ ٱلدَّواءَ أبْرأكَ مِنَ ٱلمَرَضِ.

٤. حَيْثُما ٱلفقيرَ وَجَدْتَهُ فَأكرِمْهُ.

٥. مَتَى ٱلرَّيْبَ أدْخَلْتَهُ مِنَ ٱلبابِ خَرَجَتِ ٱلصَّداقَةُ مِنَ ٱلنّافِذَةِ.

تمرين٥٥. اذكر السبب الذي من أجله يجب نصب المشغول عنه:

١. أيْنما ٱلمعلّمَ نَظَرْتَهُ فَٱشكُرْ جَميلَه.

٢. هَلْ عملاً صالحاً تأْباهُ؟

٣. هَلّا ٱلمُتمرّدين تَكْبَحُهُمْ!

٤. ألا ٱلتّلميذَ ٱلمُجتهدَ تُكافِئُونَهُ.

تمرين٥٦. أين يجب نصب المشغول عنه و أين يجب رفعه و أين يجوز الأمران؟

١. القرآن الكريم: وَ ٱلأرْضَ مَدَدْناها وَألْقَيْنا فيها رَواسِيَ وَ أنْبَتْنا فيها مِنْ كُلِّ شَيءٍ مَوْزُونٍ.[٣]

٢. القرآن الكريم: وَ ٱلشُّعراءُ يَتَّبِعُهُمُ ٱلغاوُونَ * ألَمْ تَرَ أنَّهُمْ في كُلِّ وادٍ يَهيمُونَ * و أنَّهُم يَقُولُونَ ما لا يَفْعَلُونَ.[٤]

٣. حَيْثُما ٱلمُحْسِنَ وَجَدْتُمُوهُ فَعَظِّمُوهُ لأنَّهُ يَسْتَحِقُّ كلَّ إكرامٍ.

---

١. سورة الزمر / الآية ٦٦.

٢. سورة الحجر / الآية ٢٧.

٣. سورة الحجر / الآية ١٩.

٤. سورة الشعراء / الآيات ٢٢٤-٢٢٦.

٤. اَلنِّساء اللَّواتي رأيْتَهُنَّ يُؤلِّفْنَ جمعيّةً خيريّةً لإعانَةِ البناتِ الفقيراتِ.

٥. أبُوكَ - لَيرحَمُهُ الله - فَقَدْ كانَ مُمتَلِئاً غَيْرةً وَ مُروَّةً.

إعراب القرآن و الحديث

القرآن الكريم:

قُتِلَ الإنْسانُ مَا أكْفَرَهُ [1]

قُتِلَ : فِعلٌ ماضٍ مبنيٌّ على الفتح.

الإنسانُ : نائبُ فاعلٍ مرفوعٌ و علامةُ رفعِه الضمةُ.

مَا : اسم تعجب مبنيٌ على السكون في محلّ رفعٍ مبتدأ.

أكْفَرَهُ : أكْفَرَ: فعلٌ ماضٍ للتعجب مبنيٌ على فتح آخره، و فاعلهُ ضميرٌ مستترٌ فيه وجوباً على خلاف الأصل تقديرهُ: هُوَ، الهاءُ: ضميرٌ متصلٌ مبنيٌ على الضم في محل نصبٍ مفعولٌ به.

○ و جملةُ «أكفَرَهُ»: خبرٌ لـ «ما» في محل رفعٍ.

---

١. سورة عبس / الآية ١٧.

القرآن الكريم:

وَ ٱلْأَرْضَ وَضَعَهَا لِلْأَنَامِ [١]

وَالأَرْضَ : **الواو**: حسب ما قبلها؛ **الأَرْضَ**: مفعولٌ به (لفعل محذوف يفسره الفعل الظاهر) منصوبٌ على الاشتغالِ و علامةُ نصبِه فتحةُ آخِرِه.

وَضَعَهَا : **وَضَعَ**: فعلٌ ماضٍ مبنيٌ على الفتح و الفاعلُ ضميرٌ مستترٌ جوازاً تقديرُه: **هُوَ**، **هَا**: ضميرٌ متصلٌ مبنيٌّ على السكونِ في محلِّ نصبٍ مفعولٌ به.

لِلأَنَامِ : **اللامُ**: حرف جرٍ، **الأَنَامِ**: اسمٌ مجرورٌ و علامةُ جرِّه كسرةُ آخِرِه والجارُّ و المجرور متعلّقان بفعلِ (وَضَعَ).

الإمام عليٌّ عليه السلام:

مَا أَكْثَرَ ٱلْعِبَرَ وَ أَقَلَّ ٱلاعْتِبارَ [٢]

مَا : اسم تعجب مبنيٌّ على السكون في محل رفعٍ مبتدأٌ.

أكثَرَ : فعلٌ ماضٍ للتعجب مبنيٌ على فتح آخرِه، والفاعلُ ضميرٌ مستترٌ فيه وجوباً على خلاف الأصل، تقديره: هُوَ.

الْعِبَرَ : مفعولٌ به منصوبٌ و علامتُه فتحةُ آخره.

وَ أَقَلَّ : **الواو**: حرفُ عطفٍ، **أقَلَّ**: فعلٌ ماضٍ للتعجب مبنيٌّ على الفتح، و الفاعل

---

١. سورة الرحمن / الآية ١٠.

٢. نهج البلاغة / الحكمة ٢٩٧.

ضميرٌ مستترٌ فيه وجوباً على خلاف الأصل تقديرهُ؛ هُوَ.

ٱلاعتبار : مفعولٌ به منصوبٌ و علامةُ نصبِه فتحة آخره.

- جملةُ «أَكْثَرَ ٱلعبَرَ»: جملةٌ فعليةٌ في محل رفع خبر (ما).
- و جملةُ «أقلَّ ٱلاعتبار»: جملةٌ فعليةٌ في محل رفعٍ لأنّها معطوفةٌ على جملة «أَكْثَرَ ٱلعِبَرَ».

تمرين ۵۷. أعرب الجمل الآتية:

۱. القرآن الكريم: وَٱلسَّماءَ رَفَعَهَا وَ وَضَعَ ٱلْميزانَ.[۱]

۲. القرآن الكريم: فَسَوْفَ تَعْلَمُونَ مَنْ تَكُونُ لَهُ عاقِبَةُ ٱلدّارِ إِنَّهُ لا يُفْلِحُ ٱلظالِمُونَ.[۲]

۳. الإمام عليٌّ عليه‌السلام: مَا أَقْبَحَ ٱلْقَطِيعَةَ بَعْدَ ٱلصِّلَةِ.[۳]

۱. سورة الرحمن / الآية ۷.

۲. سورة الأنعام / الآية ۱۳۵

۳. ميزان الحكمة، ج ۱ / ص ۵۰.

- ١٢ -

مواضع نصب الاسم: المفعول المطلق

٣٨١. ما هو المفعول المطلق؟

٣٨٢. أي شيء ينوب عن المفعول المطلق إذا كان مؤكِّداً؟

٣٨٣. أي شيء ينوب عن المفعول المطلق إذا كان مبيِّناً؟

٣٨١. المفعول المطلق هو مصدَر يُذكَر بعد فعلٍ من لفظِه:

❊ **لتأكيده،** نحو: قَتَلَ ٱلحارسُ ٱللّصَّ قتلاً و يسمّى مفعولاً مطلقاً مؤكداً.

❊ **لبيان نوعه،** نحو: **اصبر صبراً جميلاً**
قُلتُ لَهُ قولَ ٱلنَصيحِ و يسمّى مفعولاً مبيّناً للنوع.

❊ **لبيان عدده،** نحو: **دَقَّتِ ٱلساعَةُ دقَّتينِ** و يسمّى مفعولاً مطلقاً مبيّناً للعدد.

٣٨٢. إذا كان المفعول المطلق مؤكِّداً ينوب عنه مرادفه؛ نحو: قُمْتُ وُقُوفاً.

٣٨٣. إذا كان المفعول المطلق مبيّناً تنوب عنه:

❊ **الصفة،** نحو: **أُذكُروا ٱللّهَ كثيراً.**

❊ **لفظ كل أو بعض،** نحو: **مالَ كلَّ ٱلميلِ و تأثّرَ بَعْضَ ٱلتأثّرِ.**

❊ **اسم الإشارة،** نحو: **قالَ ذلكَ ٱلقولَ.**

❊ **اسم العدد،** نحو: **جُلِد ٱلسارِقُ عَشْرَ جَلَداتٍ.**

❊ **اسم الآلة،** نحو: **ضَرَبْتُهُ سَوْطاً.**

تمرين٥٨. ميّز المفعول به من المفعول المطلق المؤكّد أو المبيّن للنوع أو العدد:

١. القرآن الكريم: وَ كَلَّمَ ٱللهُ مُوسى تَكْليماً.[١]

٢. القرآن الكريم: لا تَقْصُصْ رُؤْياكَ علىٰ إخوَتِكَ فَيَكِيدُوا لَكَ كَيْداً.[٢]

٣. الرسولُ الأعظم ﷺ: إنَّ في جَهَنَّمَ رَحىً تَطْحَنُ عُلماءَ ٱلسُّوءِ طَحْناً.[٣]

٤. الإمام عليٌّ عليه السلام: اِعْقِلُوا ٱلْخَبَرَ إذا سَمِعْتُمُوهُ عَقْلَ رِعايَةٍ لا عَقْلَ رِوايَةٍ، فَإنَّ رُواةَ ٱلْعِلْمِ كَثيرٌ وَرُعاتَهُ قَليلٌ.[٤]

٥. الإمام الكاظم عليه السلام: لَوْ وَجَدْتُ شابّاً مِنْ شُبّانِ ٱلشّيعةِ لا يَتَفَقَّهُ لَضَرَبْتُه ضَرْبَةً بِٱلسَّيْفِ.[٥]

٦. الإمام الصادق عليه السلام: «في قوله تعالى: وَ قُلْ لَهُما قولاً كريماً»: إنْ ضَرَباكَ فَقُلْ لَهُما: غَفَرَ ٱللهُ لَكُما.[٦]

٧. الإمام الصادق عليه السلام: مَنْ نَظَرَ إلى أبَوَيْه نَظَرَ ماقِتٍ وَ هُما ظالِمانِ لَهُ لَمْ يَقْبَلِ ٱللهُ لَهُ صَلاةً.[٧]

٨. الإمام عليٌّ عليه السلام: إنْ صَبَرْتَ صَبْرَ ٱلأكارِمِ وَ إلّا سَلَوْتَ سُلُوَّ ٱلْبهائِمِ.[٨]

٩. متىٰ وَصَلَ ٱلعَقربُ إلى ٱلساعةِ الأُولى دَقَّت دَقَّةً واحِدَةً وَ إلى الثانية دَقَّتين وَ إلى الثالثةِ ثلاثاً.

---

١. سورة النساء / الآية ١٦٤.

٢. سورة يوسف / الآية ٥.

٣. ميزان الحكمة، ج ٦ / ص ٥١٦.

٤. نهج البلاغة / الحكمة ٩٧.

٥. بحار الأنوار، ج ٧٨ / ص ٣٤٦.

٦. بحار الأنوار، ج ٧٤ / ص ٣٩.

٧. بحار الأنوار، ج ٧٤ / ص ٦١.

٨. نهج البلاغة / الحكمة ٤١٤.

تمرين٥٩. عيّن الذي ينوب عن المفعول المطلق في الجمل التابعة:

١. القرآن الكريم: وَ ٱلَّذينَ يَرْمُونَ ٱلمُحْصَناتِ ثُمَّ لَمْ يَأْتُوا بِأربَعَةِ شُهَداءَ فَٱجْلِدُوهُمْ ثَمانينَ جَلْدَةً وَ لا تَقْبَلُوا لَهُمْ شَهادةً أبداً.[1]

٢. القرآن الكريم: وَ لا تَجْعَلْ يَدَكَ مَغْلُولَةً إلىٰ عُنُقِكَ وَ لا تَبْسُطْها كُلَّ ٱلبَسْطِ.[2]

٣. الرسولُ الأعظم صلى الله عليه وآله: لَوْ تَعْلَمُونَ ما أعْلَمُ لَضَحِكْتُمْ قليلاً وَ لَبَكَيْتُمْ كَثيراً.[3]

٤. الإمام عليٌّ عليه السلام: عِبادَ ٱلله، أيْنَ ٱلَّذينَ عُمِّروا فَنَعِمُوا وَ عُلِّمُوا فَفَهِمُوا، وَ أُنْظِرُوا فَلَهُوا، و سَلِمُوا فَنَسُوا؟! أُمْهِلُوا طَويلاً، وَ مُنِحُوا جَميلاً، وَ حُذِّرُوا أليماً، وَ وُعِدُوا جَسيماً![4]

٥. هَلْ يُمْكِنُكَ أنْ تَرْمِيَ ٱلطّائِرَ سَهْماً فَيُصيبَه؟

---

١. سورة النور / الآية ٤.

٢. سورة الإسراء / الآية ٢٩.

٣. ميزان الحكمة، ج ٥ / ص ٤٨٢.

٤. نهج البلاغة / الخطبة ٨٣.

- ١٣ -

مواضع نصب الاسم: المفعول لأجله

٣٨٤. ما هو المفعول لأجله؟

٣٨٥. هل المفعول لأجله دائماً منصوب؟

٣٨٤. المفعول لأجله هو مصدر يُذكر بعد الفعل لبيان علته، نحو:

وَقَفَ ٱلجُنْدُ إجْلالاً للأميرِ.

فكلمة «**إجْلالاً**» توضح السبب الذي من أجله وقف الجند و لذلك سُمِّيت مفعولاً لأجله.

٣٨٥. إنّ المفعول لأجله يكون:

* منصوباً لفظاً و محلاً؛ نحو: **هربتُ خوفاً.**

و ذلك غالباً متى كان المفعول لأجله مجرداً من «أل» و الإضافة.

* أو مجروراً لفظاً بالحرف، منصوباً محلاً، نحو: **ضربْتُ وَلدي لتأديبِهِ.**

و ذلك غالباً متى كان المفعول لأجله مضافاً أو مقروناً بـ «أل».

تمرين٦٠. ميّز المفعول له من المفعول به و عيّن علامة النصب:

١. **الإمام عليٌّ عليه السلام**: سَلْ تفقُّهاً و لا تَسْأَلْ تعَنُّتاً.[١]

٢. **الرسولُ الأعظم صلى الله عليه وآله**: مَنْ طَلَبَ ٱلْعِلْمَ رياءً وَسُمْعَةً يُريد بِهِ ٱلدُّنيا، نَزَعَ ٱللهُ بَرَكَتَهُ وَ ضَيَّقَ عَلَيهِ مَعيشَتَه وَ وَكَلَهُ ٱللهُ إلى نَفْسِه وَ مَنْ وَكَلَهُ إلى نَفْسِه هَلَكَ.[٢]

٣. **الإمام الباقر عليه السلام**: مَنْ طَلَبَ ٱلدُّنيا اسْتِعفافاً عَنِ ٱلنّاسِ وَ سَعْياً على أهْلِه وَ تَعطُّفاً على جارِهِ لَقِيَ الله -عَزَّوَجَلَّ- يَوْمَ ٱلقيامَةِ وَ وَجْهُهُ مِثْلُ ٱلقَمرِ لَيْلَةَ ٱلبَدْرِ.[٣]

٤. **الرسولُ الأعظم صلى الله عليه وآله**: مَنْ تَرَكَ لُبْسَ ٱلجَمالِ وَ هُوَ يَقْدِرُ عَلَيهِ تواضُعاً كَساهُ ٱللهُ حُلَّةَ ٱلكرامَةِ.[٤]

٥. **الرسولُ الأعظم صلى الله عليه وآله**: ألا إنَّ شِرارَ أُمَّتي ٱلَّذينَ يُكرَمُونَ مَخافَةَ شَرِّهِم، ألا وَ مَنْ أكرَمَهُ ٱلنَّاسُ ٱتِّقاءَ شَرِّهِ فَلَيْسَ مِنّي.[٥]

٦. **الإمام عليٌّ عليه السلام**: شَرُّ ٱلنَّاسِ مَن لا يَثِقُ بِأحدٍ لِسُوءِ ظَنِّـهِ وَ لا يَثِقُ بِهِ أحدٌ لِسوءِ فِعْلِهِ.[٦]

٧. **الرسولُ الأعظم صلى الله عليه وآله**: اَلنَّظَرُ سَهمٌ مَسْمومٌ مِنْ سِهامِ إبليسَ مَنْ تَرَكَها خَوْفاً مِن ٱللهِ أعْطاهُ ٱللهُ إيماناً يَجِدُ حَلاوَتَهُ في قَلْبِهِ.[٧]

٨. **الرسولُ الأعظم صلى الله عليه وآله**: اَلنَّظرُ إلى وَجْهِ ٱلعَالِمِ حُبّاً لَهُ عِبادَةٌ.[٨]

---

١. نهج البلاغة / الحكمة ٣٢٠.

٢. بحار الأنوار، ج ٧٧ / ص ١٠٠.

٣. ميزان الحكمة، ج ٤ / ص ١١٩.

٤. بحار الأنوار، ج ٧١ / ص ٤٣٥.

٥. كتاب الخصال / ص ١٤.

٦. ميزان الحكمة، ج ٥ / ص ٣٨.

٧. بحار الأنوار، ج ١٤ / ص ٣٨.

٨. بحار الأنوار، ج ١ / ص ١٠٥.

إعراب القرآن و الحديث

القرآن الكريم:

وَرَتِّلِ ٱلقرآنَ تَرْتيلاً [١]

وَرَتِّلِ : **الواو**: حسب ما قبلها؛ **رَتِّل**: فعلُ أمرٍ مبنيٌّ على السكون و إنّما كُسِرَ لدفع التقاء الساكنين و فاعلُه ضمير مستترٌ فيه وجوباً، تقديرُهُ: أنت.

القرآنَ : مفعولٌ به منصوب و علامة نصبِه الفتحةُ الظاهرةُ.

تَرْتيلاً : مفعول مطلق تأكيديّ منصوبٌ و علامةُ نصبِه الفتحةُ الظاهرةُ.

القرآن الكريم:

وَ لا تَقْتُلُوا أوْلادَكُمْ خَشْيَةَ إمْلاقٍ [٢]

وَ لا تَقْتُلُوا : **الواو**: حسب ما قبلها؛ **لا**: ناهية؛ **تَقْتُلُوا**: فعلٌ مضارعٌ مجزومٌ بـ (لا) و علامتهُ حذفُ النونِ لأنّه من الأفعال الخمسةِ؛ و **الواو**: ضميرٌ متصلٌ مبنيٌّ على السكون في محلِّ رفعٍ فاعلٌ.

أوْلادَكُمْ : **أوْلادَ**: مفعولٌ به منصوبٌ و علامتُهُ الفتحةُ، **كُم**: ضميرٌ متصلٌ مبنيٌّ على السكون في محلِّ جر مضافٌ إليه.

---

١. سورة المزمل / الآية ٤.

٢. سورة الإسراء / الآية ٣١.

خَشْيَةَ : مفعولٌ لأجلِه منصوبٌ و علامتُه الفتحةُ الظاهرةُ.

إمْلاقٍ : مضافٌ إليه مجرورٌ و علامتُه الكسرةُ الظاهرةُ.

الإمام الصادق عليه السلام :

مَنْ ماتَ بِغَيْرِ وَصيّةٍ مَاتَ مِيتةَ الجاهِلِيّةِ [١]

مَنْ : اسمُ شرطٍ مبنيٌّ على السكون في محل رفعٍ مبتدأٌ.

مَاتَ : فعلٌ ماضٍ مبنيٌّ على الفتح في محل جزمِ فعلُ الشرط، و الفاعل ضميرٌ ضميرٌ مستترٌ فيه تقديرُهُ: هُوَ.

بِغَيْرِ : الباء:حرفُ جر؛ غَيْرِ: اسمٌ مجرورٌ بـ (الباء) و علامتهُ الكسرة، و الجارّ و المجرور متعلّقان بفعلِ (مَاتَ).

وَصِيّةٍ : مضافٌ إليه مجرورٌ بالكسرة.

مَاتَ : فعلٌ ماضٍ مبنيٌّ على الفتح في محل جزمِ جوابُ الشرط، و الفاعل ضميرٌ ضميرٌ مستترٌ فيه جوازاً تقديرُهُ: هُوَ.

مِيتةَ : مفعولٌ مطلقٌ منصوبٌ و علامةُ نصبِه الفتحةُ، و قد أُضِيفَ إلى لفظَةِ (الجاهليَّةِ) للدلالةِ على النوع.

الجاهِلِيّةِ : مضافٌ إلية مجرورٌ و علامةُ جرِّه الكسرةُ.

○ خبرُ «مَنْ» جملة الشرط أو الجزاء أو هُما.

---

١. وسائل الشيعة، ج ١٣ / ص ٣٥٢.

تمرين٦١. أعرب الآية و الرواية التاليتين:

١. القرآن الكريم: اَلزَّانِيَةُ وَٱلزَّاني فَاجْلِدُوا كُلَّ واحِدٍ مِنْهُما مِأةَ جَلْدَةٍ.[١]

٢.الرسولُ الأعظمﷺ: مَنْ تَرَكَ ٱلتَّزويجَ مَخافَةَ ٱلْعَيْلَةِ فَلَيسَ مِنَّا.[٢]

---

١. سورة النور / الآية ٢.

٢. ميزان الحكمة، ج ٤ / ص ٢٧٤.

- ١٤ -

مواضع نصب الاسم: المفعول فيه

٣٨٦. ما هو المفعول فيه؟

٣٨٧. كم نوعاً المفعول فيه؟

٣٨٨. هل كل أسماء الزمان مبنية على الظرفية؟

٣٨٩. هل يحتاج الظرف إلى متعلق؟

٣٩٠. ما هي أسماء الزمان المتصرفة الصالحة للنصب على الظرفية؟

٣٩١. ما هي أسماء المكان المتصرفة الصالحة للنصب على الظرفية؟

٣٩٢. اذكر بعض أسماء المكان الصالحة للنصب على الظرفية.

٣٩٣. أيّ شيء ينوب عن الظرف؟

٣٨٦. المفعول فيه هو اسم يذكر لبيان زمان الفعل أو مكانه، نحو:

حَضَرْتُ صَباحاً أمامَ المعلّمِ.

٣٨٧. المفعول فيه نوعان: ظرف زمان و ظرف مكان.

٣٨٨. كلّا، إنّ من أسماء الزمان والمكان:

* ما يمكن استعماله ظرفاً و غير ظرف فيسمّى ظرفاً متصرفاً، نحو:

يوم و مكان.

فإنّ كلّ واحد منهما يستعمل ظرفاً، نحو: **سِرْتُ يوماً** ، **جَلَسْتُ مكاناً.**

و يستعمل غير ظرف، نحو: **يومُ ٱلجمعة مباركٌ** ، **مكانُكَ عالٍ.**

❊ و منها ما يلازم الظرفية أو الجر بالحرف فيسمّى ظرفاً غير متصرف.

نحو: عندَ، قَبْلَ، بَعْدَ و لَدُنْ: **جَلَسْتُ عندَ زيدٍ ، جئتُ مِن عندهِ.**

٣٨٩. إنّ الظرف يحتاج دائماً إلى ما يتعلق به من الفعل أو شبهه،[١] نحو:

جِئتُ صباحاً

صباحاً: ظرف زمان منصوب بفتح آخره و هو متعلّق بفعل «جئتُ».

٣٩٠. إنّ أسماء الزمان المتصرفة تكون صالحة للنصب على الظرفية فقط:

❊ إذا تعلّقت بفعل أو شبهه؛

❊ و تضمّنت معنى «في»،[٢] نحو:

سافرتُ **شهراً** و **يوماً** و **ساعةً**، أي: سافرتُ في مدّة شهرٍ و يومٍ و ساعةٍ.

٣٩١. إنَّ أسماء المكان المتصرّفة تكون صالحة للنصب على الظرفية فقط:

❊ إذا تعلقت بفعل أو شبهه؛

❊ تضمنت مني «في»،[٣] نحو: **قف يمينك**، أي قِفْ في جهةِ يمينك.

٣٩٢. إليك بعض أسماء المكان الصالحة للنصب على الظرفية:

❊ أسماء الجهات الستّ، و هي: أمام، وراء، يمين، يسار، فوق و تحت.

❊ و أسماء المساحة و الوزن و الكيل، نحو: ميل، فرْسَخ و...

---

١. شبه الفعل: المصدر، اسم الفاعل، اسم المفعول، الصفة المشبهة و أفعل التفضيل.

٢. كانت جواباً لِمَنْ يسأل: «متى» أو «أيّ مدّة».

٣. كانت جواباً لمن يسأل: «أين» أو «كم».

٣٩٣. ينوب عن الظرف:

* المصدر، نحو: **جئتُ طلوعَ ٱلشَّمسِ.**

* الوصف، نحو: **نُمتُ طويلاً.**

* اسم العدد، نحو: **سرتُ خمسةَ أيّام.**

* اسم الإشارة، نحو: **وَقَفتُ تلك ٱلنّاحيةَ.**

* ما دلّ على كميّة أو جزئية (و هي: كلّ، بعض، بِضَع، نِصْف، ثُلث، رُبع و ...)، نحو: **مَشَيْتُ كلَّ ٱلنَّهار وَ رُبْعَ ٱلليلِ.**

تمرين٦٢. اجمع ظروف الزمان على حدة و افعل مثل ذلك: بظروف المكان:

دَهْراً ، حيناً ، فوقَ ، تَحْتَ ، نَهاراً ، أبداً ، أمداً ، سَرْمداً ، زَمَناً ، قَرْناً ، يَميناً ، شمالاً ، يَساراً ، أمامَ ، قُدّامَ ، خَلْفَ ، ثَمَّ ، وَراءَ ، بَيْنا ، مُدَّة ، عَصْراً ، أسْبوعاً ، ميلاً ، فَرْسخاً.

تمرين٦٣. اِجمَع الظروف المتصرفة على حدة:

الآنَ ، شَهْراً ، لَمّا ، قَطُّ ، لَدُنْ ، مَساء ، مُنْذُ ، أيّانَ ، عشيَّة ، مَتى ، حَيْثُ ، مَكاناً ، ساعةً ، يَوْماً ، إذْ.

تمرين٦٤. أين تحسب أسماء المكان و الزمان الواردة في الجمل التالية ظروفاً و أين لا تحسب ظروفاً و عيّن متعلّق الظروف من الفعل أو شبهه:

١. القرآن الكريم: يَوْمَ يَجْمَعُكُمْ لِيَوْمِ ٱلجَمْعِ ذلِكَ يَوْمُ ٱلتَّغابُنِ.[1]

٢. القرآن الكريم: وَ ٱذْكُرِ ٱسْمَ رَبِّكَ بُكْرَةً وَ أصيلاً ۞ وَ مِنَ ٱللَيلِ فَٱسْجُدْ لَهُ وَ سَبِّحْهُ لَيْلاً طَويلاً.[2]

٣. القرآن الكريم: وَ بَدا بَيْنَنا وَ بَيْنَكُمُ ٱلْعَداوَةُ وَ ٱلبَغْضاءُ أبداً.[3]

٤. القرآن الكريم: فَلَيْسَ لَهُ ٱلْيَومَ هٰهُنا حَمِيمٌ.[4]

٥. الرسولُ الأعظمﷺ: مَنْ لَمْ يَصْبِرْ عَلى ذُلِّ ٱلتَّعَلُّمِ ساعَةً بَقِيَ في ذُلِّ ٱلجَهْلِ أبداً.[5]

---

١. سورة التغابن / الآية ٩.

٢. سورة الإنسان / الآيتان ٢٥ و ٢٦.

٣. سورة الممتحنة / الآية ٤.

٤. سورة الحاقة / الآية ٣٥.

٥. بحار الأنوار، ج ٧٧ / ص ١٦٤.

٦. الرسولُ الأعظم ﷺ: بَيْنَ ٱلجَنَّةِ و ٱلعَبْدِ سَبْعُ عقابٍ أهْوَنُها ٱلمَوْتُ، «قال أنسُ: قُلْتُ يا رَسُولَ ٱللهِ فَما أصْعَبُها؟» قال ﷺ: ٱلوُقُوفُ بَينَ يَدَيِ ٱللهِ - عَزَّوَجَلَّ - إذَا تَعلَّقَ ٱلمَظْلُومُونَ بِٱلظّالِمينَ.[1]

٧. يَعْلَمُ ٱلإنسانُ ما في يَوْمِهِ وَ ما قَبلَ يَوْمِهِ لٰكِنَّه لا يَعْلَمُ ما في ٱلغَدِ.

تمرين٦٥. أيّ شيء ينوب عن الظرف في الجمل التابعة:

١. القرآن الكريم: وَ وَاعَدْنا مُوسىٰ ثَلاثينَ لَيْلَةً وَ أَتْمَمْناهَا بِعَشْرٍ فَتَمَّ مِيقاتُ رَبِّهِ أَرْبَعينَ لَيْلَةً.[2]

٢. قُرْبَ ٱلحَيَّةِ ٱفْرُشْ وَنَمْ وَ قُرْبَ ٱلعَقْرَبِ لا تَقْرَبْ.

٣. عَادَ ٱلرَّسولُ ذلكَ ٱلنَّهارَ بَعدَ أنْ سَارَ خَمْسينَ ميلاً.

٤. يَشْتَغِلُ ٱلعَمَلَةُ طُولَ ٱلنَّهارِ وَ يَعُودُونَ إلىٰ مَساكِنِهِمْ غيابَ ٱلشَّمسِ وَ يَنْهَضُونَ طُلوعَ ٱلفَجرِ فَيذهَبُونَ ثانيةً إلىٰ أعمالِهِم.

٥. نِمْتُ كُلَّ ٱللَيْلِ وَ ٱسْتَيْقَظْتُ شُرُوقَ ٱلشَّمسِ.

---

١. ميزان الحكمة، ج ٥ / ص ٥٩٦.

٢. سورة الأعراف / الآية ١٤٢.

- ١٥ -

مواضع نصب الاسم: المفعول معه

٣٩٤. ما هو المفعول معه؟

٣٩٥. ما هو شرط المفعول معه؟

٣٩٤. المفعول معه هو اسم منصوب بعد «واو» بمعنى «مع» تُسمّى «واو المعيَّة»، **نحو:**

ماتَ ٱلمريضُ و طلوعَ ٱلشمس = مع طلوعَ ٱلشمسِ.

٣٩٥. شرط المفعول معه أن تتقدّمه:

- جملة فيها فعل، نحو: **سِرْ و ٱلشَّارعَ.**
- أو «ما» الاستفهامية، نحو: **ما شأنك و أخاهُ؟**
- أو «كيف» الاستفهامية، نحو: **كيف أنتَ وَ ٱلعِلْمَ؟**

تمرين٦٦. ميّز بين المفعول معه و المفعول به:

١. **الإمام عليٌّ** عليه السلام: إذا أَرْذَلَ ٱللهُ عَبْداً حَظَرَ عَلَيْهِ ٱلْعِلْمَ.[1]

٢. **الإمام عليٌّ** عليه السلام: مَنْ قَضىٰ حَقَّ مَنْ لا يَقْضي حَقَّهُ فَقَدْ عَبَدَهُ.[2]

٣. ما أَنَا و ٱلدُّنْيا فَإِنَّ مُحَمّداً رَهِينٌ بِقَفْرٍ بينَ تِلكَ ٱلجَنادِلِ.

٤. كيفَ أَنْتَ وَ دَرْسَ ٱلنَّحو؟

٥. سِرْتُ و شاطِئَ ٱلْبَحْرِ.

٦. نُمْتُ وَٱلكتابَ.

٧. ما حيلَتُكَ وَ غريباً؟

٨. كن وجارَكَ مُتوافقَينِ.

---

١. نهج البلاغة / الحكمة ٢٨٨.

٢. نهج البلاغة / الحكمة ١٦٤.

الأسئلة العامّة

تمرين ٦٧. أجب على الأسئلة التالية:

١. في كم موضعاً ينصب الاسم؟

٢. ما هي رتبة المفعول به؟

٣. متى يجب تقديم المفعول به على الفاعل؟

٤. كيف تتعجب من الماضي والمستقبل؟

٥. متى يجب نصب المشغول عنه و متى يجوز؟

٦. أيّ شيءٍ ينوب عن المفعول المطلق إذا كان مُبيِّناً؟

٧. أيّ شيءٍ ينوب عن المفعول فيه؟

٨. هل يحتاج الظرف إلى متعلَّق؟ وضّحه بأمثلةٍ.

٩. متى يكون المفعول لأجله مجروراً لفظاً بالحرف؟

١٠. اذكر وجوه الاشتراك و الافتراق بين المفاعيل.

تمرين٦٨. شكّل الكلمات التي تحتها خطّ و اذكر دليل إعرابها:

رُويَ أنّ الحسين بن عليّ عليه السلام جاءَهُ رَجل وَ قالَ: أنا رَجل عاصٍ وَ لا أصبر عنِ المعْصيةِ فَعِظْني بِموعِظَةٍ، فَقالَ عليه السلام:

اِفْعَلْ خَمْسَة أشياء وَ أَذْنِبْ ما شِئْتَ!

- فَأَوّل ذلكَ : لا تأكلْ رِزْقَ ٱللهِ وَ أَذْنِبْ ما شِئْتَ!
- و الثاني : أُخْرُج مِنْ وَلايَةِ ٱللهِ وَأَذْنِبْ ما شِئْتَ!
- و الثالثُ : أُطْلَبْ مَوْضعاً لا يَراكَ ٱللهِ وَ أَذْنِبْ ما شِئتَ!
- و الرابعُ : إذَا جَاءَ ملك ٱلمَوْتِ لِيَقبض رُوحك فَٱدْفَعْهُ عَن نَفْسِكَ وَ أَذْنِبْ ما شِئتَ!
- و الخامسُ : إذَا أَدْخَلَكَ مالِكٌ في ٱلنّارِ فلا تَدخل في ٱلنّارِ وَ أَذْنِبْ ما شِئْتَ![1]

إعراب القرآن و الحديث

القرآن الكريم:

الآنَ حَصْحَصَ ٱلحَقُّ[2]

الآنَ : ظرفُ زمانٍ مبنيٌّ على الفتحِ في محلِّ نصبٍ متعلِّقٌ بفعلِ (حَصْحَصَ). الكاف: الساكنين و فاعلُه ضمير مستترٌ فيه وجوباً، تقديرُهُ: أنت.

حَصْحَصَ : فعلٌ ماضٍ مبنيٌّ على الفتحِ.

الْحَقُّ : فاعلٌ مرفوعٌ و علامةُ رفعِه الضمةُ الظاهرةُ.

---

١. بحار الأنوار، ج ٧٨ / ص ١٣٦.

٢. سورة يوسف / الآية ٥١.

القرآن الكريم:

وَ نُذِيقُهُ يَوْمَ ٱلقيامَةِ عَذابَ ٱلحَريقِ[١]

وَ نُذِيقُهُ : الواو: حسب ما قبلها؛ نُذِيقُهُ: فعلٌ مضارعٌ مرفوعٌ و علامتهُ الضمةُ و فاعلُهُ ضميرٌ مستترٌ فيه وجوباً تقديره: نحن؛ الهاء: ضميرٌ متصلٌ مبنيٌّ على الضم في محلّ نصبٍ مفعولٌ به.

يَوْمَ : مفعولٌ فيه (ظرف زمان) منصوبٌ و علامتُه الفتحة، و هو مضافٌ.

القيامَةِ : مضافٌ إليه مجروراً بالكسرةِ.

عَذَابَ : مفعولٌ به ثانٍ منصوبٌ بالفتحة، و هو مضافٌ.

الحريقِ : مضافٌ إليه مجرورٌ بالكسرة.

القرآن الكريم:

فَأجْمِعُوا أمْرَكُمْ وَ شُرَكائَكُمْ[٢]

فَأجْمِعُوا : الفاء: حسب ما قبلها، أجْمِعُوا: فعلُ أمرٍ مبنيٌّ على حذفِ النون نيابةً عن السكون، والواو: ضميرٌ متصلٌ مبنيٌّ على السكون في محلِّ رفعٍ فاعلٌ.

أمْرَكُمْ : أمْرَ: مفعولٌ به منصوبٌ و علامته الفتحةُ الظاهرةُ، كُمْ: ضميرٌ متصلٌ مبنيٌّ على السكون في محلِ جرّ مضافٌ إليه.

---

١. سورة الحج / الآية ٩.

٢. سورة يونس / الآية ٧١.

وَ : واوُ المَعيَّة.

شُرَكَائَكُمْ : شُرَكاءَ: مفعولٌ مَعَهُ منصوبٌ و علامةُ نصبِه فتحةُ آخرِه، كُمْ: ضميرٌ متصلٌ مبنيٌّ على السكون في محلَّ جرّ مضافٌ إليه.

القرآن الكريم:

وَ لا تَحْسَبَنَّ الَّذِينَ قُتِلُوا في سَبيلِ الله أمْواتاً[1]

وَلا تَحْسَبَنَّ: **الواو:** حسب ما قبلها؛ **لا:** ناهيةٌ جازمةٌ؛ **تَحْسَبَنَّ:** فعلٌ مضارعٌ مبنيٌّ على الفتح لا تصاله بنون التوكيد الثقيلة في محل جزم بـ «لا» الناهية، و نون التوكيد: حرفٌ لا محل له من الإعراب و الفاعل ضمير مستتر فيه وجوباً، تقديره: أنْتَ.

الَّذِينَ : اسمٌ موصولٌ مبنيٌّ على الفتح في محل نصب مفعول به.

قُتِلُوا : فعلٌ ماضٍ مبنيٌّ على الضمِ، و **الواو:** ضميرٌ متصلٌ في محلِّ رفعٍ نائبُ فاعلٍ.

في سَبيلِ : **في:** حرفُ جرٍ مبنيٌّ على السكونِ؛ **سَبِيلِ:** اسمٌ مجرورٌ بـ (في) و علامتُه الكسرةُ، و الجارُّ و المجرورُ متعلِّقانِ بـ (قُتِلُوا).

الله : لفظ الجلالة مضافٌ إليه مجرورٌ و علامتُهُ الكسرةُ الظاهرةُ.

أمْواتاً : **مفعولٌ به ثانٍ منصوبٌ و علامتُهُ الفتحةُ الظاهرة.**

○ وَ جملةُ «قُتِلُوا...»: صلةٌ لا محلَّ لها من الإعراب.

---

١. سورة آل عمران / الآية ١٦٩.

تمرين٦٩. أعرب الروايات الشريفة التالية:

١. الإمام الحسين عليه السلام: إِنَّ أَوْصَلَ ٱلنَّاسِ مَنْ وَصَلَ مَنْ قَطَعَهُ.[١]

٢. الإمام الصادق عليه السلام: اِتَّقِ ٱللهَ بَعْضَ ٱلتُّقَىٰ وَ إِنْ قَلَّ، وَدَعْ بَيْنَكَ وَ بَيْنَهُ سِتْراً وَ إِنْ رَقَّ.[٢]

٣. الإمام عليٌّ عليه السلام: إِنَّ لِلّهِ مَلَكاً يُنادي في كُلِّ يَوْمٍ: لِدُوا لِلْمَوْتِ، وَٱجْمَعُوا لِلْفَناءِ، وَ ٱبْنُوا لِلْخَرابِ.[٣]

---

١. ميزان الحكمة، ج ٤ / ص ٨٧.

٢. تحف العقول / ص ٢٦٨.

٣. نهج البلاغة / الحكمة ١٣٢.

- ١٦ -

مواضع نصب الاسم: المستثنى

٣٩٦. المستثنى هو اسم يذكر بعد «إلّا» و أخواتها مخالفاً لما قبلها في الحكم، نحو:

خَرَجَ ٱلتلامذةُ من ٱلمدرسةِ إلّا خالداً.

«**فخالداً**» مستثنى لأنّه واقع بعد «إلّا» و غير داخل في حكم الخروج المنسوب إلى التلامذة.

٣٩٧. أخوات «إلّا» خمس، و هي: غَير ، سوى ، عَدا ، خَلا و حاشا.

٣٩٨. يجب نصب المستثنى بـ «إلّا» متى كانت الجملة قبل «إلّا» تامّة المعنى وَ

مثبتة (و الجملة المثبتة هي جملة غير منفية)، نحو:

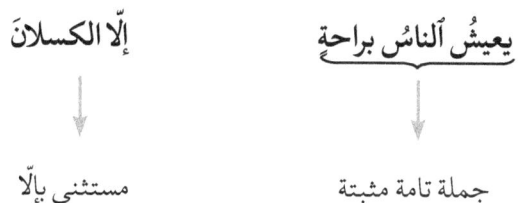

يعيشُ ٱلناسُ براحةٍ ← جملة تامة مثبتة

إلّا الكسلانَ ← مستثنى بإلّا

٣٩٩. يجوز النصب و الإتباع[1] في المستثنى بـ «إلّا» متى كانت الجملة قبل «إلّا» تامة المعنى و منفية، نحو:

❊ **النصب**

ما نَجَحَ الطلّابُ ← جملة تامة منفية

إلّا إبراهيمَ ← مستثنى بإلّا

❊ **الإتباع**

ما نَجَحَ الطلّابُ ← جملة تامة منفية

إلّا إبراهيمُ ← بدل من «الطلّاب» تابعٌ له.

٤٠٠. يجب إعراب المستثنى بـ «إلّا» حسب العوامل التي تتقدّمه، كما لو كانت «إلّا» غير موجودة، إذا كانت الجملة قبل «إلّا» ناقصة المعنى؛ نحو:

ما جاء إلّا (أداة حصر) **سليمٌ** (فاعل).

ما رأيتُ إلّا (أداة حصر) **سليماً** (مفعول به).

لا أُسلِّمُ إلّا (أداة حصر) **على سليمٍ** (مجرور بالحرف).

---

١. الإتباع: هو إعراب ما بعد إلّا مثل ما قبلها على أنّه بدل.

٤٠١. حكم المستثنى بـ «غير و سوى» أن يُجرّ دائماً بالإضافة.

أمّا كلمة «غير» و كلمة «سوى» فيجري عليهما إعراب المستثنى بـ «إلاّ»؛ نحو:

* **جملة تامة مثبتة**
  - **نَجَحَ ٱلطلّابُ إلّا ٱلكسلانَ.**
  - **نَجَحَ ٱلطلّابُ غيرَ ٱلكسلانِ. (مضاف إليه).**

* **جملة تامة منفية**
  - **ما نَجَحَ ٱلطلّابُ إلّا ٱلمجتهدُ.**
  - **ما نَجَحَ ٱلطلّابُ غَيرُ ٱلمجتهدِ. (مضاف إليه).**

* **جملة ناقصة**
  - **ما نَجَحَ إلّا ٱلمجتهدُ.**
  - **ما نَجَحَ غَيرُ ٱلمجتهدِ.(مضاف إليه).**

٤٠٢. عدا و حاشا تكون:

* إما **حروفاً** فيكون ما بعدها **مجروراً**؛ نحو: نَجَحَ الطلّابُ عدا الكسلانِ.
* وَ إما **أفعالاً** و يكون ما بعدها منصوباً على أنّه مفعول به، نحو:

نَجَحَ ٱلطلّابُ ما عدا ٱلكسلانَ.

و تعتبر خلا و عدا دائماً من الأفعال إذا سبقتهما «ما» المصدرية، نحو:

نَجَحَ ٱلطلّابُ ما عدا ٱلكسلانَ.

تمرين ٧٠. عيّن المستثنى الذي يجب نصبه و الذي يجوز فيه النصب و الإتباع:

١. القرآن الكريم: مَا فَعَلُوهُ إِلَّا قَلِيلٌ.¹

٢. القرآن الكريم: فَلَمَّا كُتِبَ عَلَيْهِمُ ٱلْقِتَالُ تَوَلَّوْا إِلَّا قَلِيلاً مِنْهُمْ.²

٣. القرآن الكريم: قَالُوا إِنَّا أُرْسِلْنَا إِلَى قَوْمٍ مُجْرِمِينَ ٭ إِلَّا آلَ لُوطٍ إِنَّا لَمُنَجُّوهُمْ أَجْمَعِينَ.³

٤. القرآن الكريم: ٱلْأَخِلَّاءُ يَوْمَئِذٍ بَعْضُهُمْ لِبَعْضٍ عَدُوٌّ إِلَّا ٱلْمُتَّقِينَ.⁴

٥. القرآن الكريم: مَا لَهُمْ بِهِ مِنْ عِلْمٍ إِلَّا ٱتِّبَاعَ ٱلظَّنِّ وَ مَا قَتَلُوهُ يَقِيناً.⁵

٦. الإمام عليّ عليه السلام: كُلُّ وِعَاءٍ يَضِيقُ بِمَا جُعِلَ فِيهِ إِلَّا وِعَاءَ ٱلْعِلْمِ فَإِنَّهُ يَتَّسِعُ بِهِ.⁶

٧. الإمام الرضا عليه السلام: وَسُئِلَ عَنْ حَدِّ ٱلتَّوَكُّلِ؟

فقال عليه السلام: أَنْ لَا تَخَافَ أَحَداً إِلَّا ٱللهَ.⁷

٨. الإمام الصادق عليه السلام: أَرْضُ ٱلْقِيَامَةِ نَارٌ مَا خَلَا ظِلَّ ٱلْمُؤْمِنِ، فَإِنَّ صَدَقَتَهُ تُظِلُّهُ.⁸

٩. الإمام عليّ عليه السلام: إِنَّهُ لَيْسَ شَيْءٌ بِشَرٍّ مِنَ ٱلشَّرِّ إِلَّا عِقَابُهُ، وَ لَيْسَ شَيْءٌ بِخَيْرٍ مِنَ ٱلْخَيْرِ إِلَّا ثَوَابُهُ.⁹

---

١. سورة النساء / الآية ٦٦.

٢. سورة البقرة / الآية ٢٤٦.

٣. سورة الحجر / الآيتان ٥٨ و ٥٩.

٤. سورة الزخرف / الآية ٦٧.

٥. سورة النساء / الآية ١٥٧.

٦. نهج البلاغة / الحكمة ٢٠٥.

٧. تحف العقول / ص ٤٦٩.

٨. ميزان الحكمة، ج ٥ / ص ٣١٨.

٩. نهج البلاغة / الخطبة ١١٤.

تمرين٧١. عيّن المستثنى الذي يجري إعرابه بحسب العوامل التي قبل «إلّا» و اذكر نوع إعرابه و دليله:

١. القرآن الكريم: هَلْ يَنْظُرونَ إلّا تَأوِيلَهُ.[1]

٢. القرآن الكريم: وَ مَا يَخْدَعُونَ إلّا أنْفُسَهُمْ وَ مَا يَشْعُرُونَ.[2]

٣. القرآن الكريم: وَ مَا يَتَّبِعُ أكْثَرُهُمْ إلّا ظَنّاً، إنَّ ٱلظَّنَّ لا يُغْني مِنَ ٱلحقّ شَيْئاً.[3]

٤. القرآن الكريم: وَ ما يُلَقَّاها إلَّا ٱلَّذِينَ صَبَرُوا وَ مَا يُلَقَّاهَا إلّا ذُو حَظٍّ عَظِيمٍ.[4]

٥. القرآن الكريم: وَ لا تَيْأسُوا مِنْ رَوْحِ ٱللهِ إنَّهُ لا يَيْأسُ مِنْ رَوْحِ ٱللهِ إلَّا ٱلقَومُ ٱلكافِرُونَ.[5]

٦. الرسول الأعظم صلى الله عليه وآله: إنَّ ٱلإسلامَ نَظيفٌ فتَنَظَّفُوا، فَإنَّهُ لا يَدْخُلُ ٱلجَنَّةَ إلّا نَظيفٌ.[6]

٧. الإمام عليٌّ عليه السلام: [على قبر رسول ٱلله صلى الله عليه وآله ساعة دفنه] إنَّ ٱلصَّبْرَ لَجميلٌ إلَّا عَنْكَ، وَ إنَّ ٱلجزَعَ لَقبيحٌ إلَّا عَلَيكَ.[7]

٨. الإمام عليٌّ عليه السلام:

طَلِّقِ ٱلدُّنيا ثَلاثاً

وَ ٱطْلُبَنْ زَوْجاً سِواهَا

---

١. سورة الأعراف / الآية ٥٣.

٢. سورة البقرة / الآية ٩.

٣. سورة يونس / الآية ٣٦.

٤. سورة فصلت / الآية ٣٥.

٥. سورة يوسف / الآية ٨٧.

٦. ميزان الحكمة، ج ١٠ / ص ٩٣.

٧. نهج البلاغة / الحكمة ٢٩٢.

اِنَّها زَوْجَـــــةُ سَـــوءٍ

لا تُبــالي مَــنْ أتَــاهَــا[١]

تمرين٧٢. أعط «غير» ما تستحقّ من الإعراب:

١. القرآن الكريم: و يَوْمَ تَقُومُ ٱلسَّاعَةُ يُقْسِمُ ٱلمُجرِمُونَ مَا لَبِثُوا غير سَاعَةٍ.[٢]

٢. الرسولُ الأعظم ﷺ: ما مِنْ أحدٍ يَدْخُل ٱلجنَّةَ يُحِبُّ أنْ يَرْجعَ إلى ٱلدُّنيا و أنَّ لَهُ مَا عَلَى ٱلأرْضِ مِنْ شَيءٍ غير ٱلشَّهيدِ، فَإنَّه يَتَمَنّىٰ أنْ يَرْجعَ فَيُقْتَلَ عَشرَ مَرّاتٍ لِما يَرىٰ من ٱلكَرامَةِ.[٣]

إعراب القرآن و الحديث

القرآن الكريم:

وَ لا يَخْشَوْنَ أحَداً إلَّا ٱللّهَ[٤]

وَلا يَخْشَوْنَ: الواو: حسب ما قبلها ؛ لا: حرفُ نفيٍ؛ **يَخْشَون:** فعلٌ مضارعٌ مرفوعٌ و علامتهُ ثبوتُ النونِ، والواو: ضميرٌ متصل مبني على السكون في محل رفعٍ فاعلٌ.

أحداً : مفعـولٌ بـه منصوبٌ بالفتحةِ الظاهرة.

١. الديوان المنسوب إلى الإمام علي عليه السلام.

٢. سورة الروم / الآية ٥٥.

٣. ميزان الحكمة، ج ٥ / ص ١٩٤.

٤. سورة الأحزاب / الآية ٣٩.

إلّا : أداة استثناء.

اللهَ : مستثنى بـ «إلّا» منصوب و علامتهُ فتحةُ آخرِه.

القرآن الكريم:

مَا فَعَلُوهُ إِلَّا قَلِيلٌ مِنْهُمْ[1]

مَا فَعَلُوهُ : **مَا**: حرفُ نفيٍ؛ **فَعَلُوهُ**: فعل ماضٍ مبني على الضم، **والواو**: ضمير متصل مبني على السكون في محل رفع فاعلٌ، **والهاء**: ضمير متصل مبني على الضم في محل نصب مفعولٌ به.

إلّا : أداة استثناء.

قَليلٌ : مستثنى مرفوع بالضمة الظاهرة بدلٌ من الواو في (فَعَلوهُ) لأنَّه وقع في الاستثناء التام المنفي.

مِنْهُمْ : **مِن**: حرف جرٍ؛ **هُمْ**: ضميرٌ متصلٌ في محل جر بـ (مِنْ) والجار والمجرور متعلقان بـ (قَلِيل).

١. سورة النساء / الآية ٦٦.

الرسول الأعظم عليه السلام:

وَ أمَّا شَفَاعَتي فَفي أصْحابِ ٱلْكَبائِرِ مَا خَلا أهْلَ ٱلشِّرْكِ وَ ٱلظُّلْمِ[١]

وَ أمَّا : الواو: حسب ما قبلها؛ **أمَّا**: حرفُ تفصيلٍ و تأكيدٍ و شرطٍ لا عمل لها.

شَفاعَتي : شَفاعَة: مُبتدأٌ مرفوعٌ و علامةٌ رفعهِ الضمةُ المقدّرَةُ على التاء. **والياء**: ضميرٌ متصلٌ مبنيٌّ على السكون في محل جرٍ مضافٌ إليه.

فَفي : الفاء: واقعةٌ في جواب (أمَّا)؛ في: حرف جر.

أصحاب : اسمٌ مجرور بـ (في) و علامتُه الكسرةُ و هو مضافٌ.

الكبائِرِ : مضافٌ إليه مجرورٌ و علامتُه الكسرةُ.

مَا خَلا : مَا: مصدريّةٌ؛ **خَلا**: فعلٌ ماضٍ جامدٌ مبني على الفتح المقدَّر على الألف و فاعلُه ضمير مستتر فيه وجوباً على خلاف الأصل تقديره: هُوَ.

أهْلَ : مفعولٌ به منصوبٌ و علامةُ نصبه فتحةٌ آخِره و هو مضافٌ.

الشِّركِ : مضافٌ إليه مجرورٌ و علامته الكسرة.

و الظُّلمِ : الواو: حرف عطف؛ **الظُّلمِ**: مجرورٌ بالكسرة لأنّه معطوف على (الشرك) و مجرور مثله.

و المصدرُ المؤوَّلُ من (مَا) و ما بعدها في محل نصب حالٌ من (أصحابِ الكبائـر) و التقديرُ: وَ أمَّا شَفاعَتي فَفي أصحابِ الكَبائِرِ خالينَ مِنْ أهْلِ

---

١. بحار الأنوار، ج ٨ / ص ٣٩.

الشركِ والظُّلم.

○ و الجملة الاسمية من المبتدأ و الخبر في محل جزم جواب الشرط.

تمرين٧٣. أعرب الجمل تالية:

١. القرآن الكريم: وَ مَا آمَنَ مَعَهُ إلاَّ قَليلٌ.[1]

٢. الإمام عليٌّ عليه السلام: إنَّهُ لَيْسَ لِأنفُسِكُمْ ثَمَنٌ إِلَّا الجَنَّةَ فَلَا تَبيعُوها إِلَّا بِها.[2]

١. سورة هود / الآية ٤٠.

٢. نهج البلاغة / الحكمة ٤٥٦.

- ١٧ -

مواضع نصب الاسم: الحال

٤٠٣. ما هو الحال؟

٤٠٤. كم نوعاً الحال؟

٤٠٥. ما هو شرط الحال المفرد و صاحبه؟

٤٠٦. متى يأتي الحال المفرد معرفة؟

٤٠٧. متى يأتي الحال المفرد جامداً؟

٤٠٨. كم قسماً الجملة الحالية؟

٤٠٩. ماذا يشترط في الحال الجملة؟

٤٠٣. الحال هو اسمٌ يُذكر بعد تمام الكلام لبيان هيئة الفاعل أو المفعول أو المجرور حين وقوع الفعل وصحّ إبداله بجملة اسمية؛ نحو:

جاء ٱلقائدُ ظافراً ← (صح إبداله بـ) و هو ظافرٌ.

ٱلقائدُ ← فاعل، ظافراً ← حال

شربْتُ ٱلماءَ صافياً ← (صح إبداله بـ) و هو صافٍ.

ٱلماءَ ← مفعول به، صافياً ← حال

مررتُ بٱلديارِ عامرةً ← (صح إبداله بـ) و هو عامرةٌ.

ٱلديارِ ← مجرور، عامرةً ← حال

غير أننا نقول:

وَجَدْتُ ٱلْعِلْمَ (مفعول به أوّل) ← كلام غير تام المعنى

نافعاً (مفعول به ثانٍ) ← لا يجوز إبداله بجملة اسمية

٤٠٤. الحال ثلاثة أنواع:

- مفرد، نحو: **جاءَ ٱلقائدُ ظافراً.**
- جملة، نحو: **أُطْلُبِ ٱلعلمَ وَ أنتَ فَتىً**[1] و **سَمِعْتُ ٱلشاعِرَ يُنْشِدُ.**[2]
- شبه جملة، نحو: رأيتُ **ٱلهلالَ بينَ ٱلسحاب** و **أبْصرتُ شعاعَه في ٱلماءِ.**

٤٠٥. شرط الحال المفرد أن يكون نكرة مشتقة و صاحبه معرفة، نحو:

زرتُ ٱلحَيَّ ← صاحب الحال (معرفة)

عامراً ← حال (نكرة مشتقة)

٤٠٦. يأتى الحال المفرد **معرفة** إذا كان فى تأويل النكرة، نحو:

جاء ٱلتلميذُ وَحْدَهُ (أيْ منفرداً).

← معرفة في تأويل نكرة

١. «أنْتَ»: مبتدأ و «فتى» خبره و هذه الجملة الاسمية في محل نصبٍ حالٌ.

٢. «يُنشدُ»: فعلٌ مضارعٌ و فاعله ضمير مستتر فيه و الجملة الفعلية في محل نصب حالٌ.

صَنَعَ ٱلطالبُ جَهْدَهُ (أيْ مجتهداً).

↓

معرفة في تأويل نكرة

٤٠٧. يأتي الحال المفرد جامداً إذا كان في تأويل المشتق، و يكون ذلك عادةً إذا دلّ الحال:

* على تشبيه، نحو: **كرَّ عليٌّ أسداً** (أي مشبَّهاً بالأسد).
* على ترتيب، نحو: **عَلَّمْتُهُ ٱلعربيَّةَ باباً باباً** (أي مرتبةً).
* على تسعير، نحو: **بيعَ ٱلقمحُ مُدّاً بدرهمٍ** (أي مُسعّراً).
* على مفاعلة، نحو: **بعته يداً بيدٍ** (أي مصافحاً إيّاه).

٤٠٨. الجملة الحالية قسمان: **فعليّة و اسمية**.

٤٠٩. يشترط في الحال الجملة أن تكون مرتبطة بصاحبها:

* **بالضمير**: إن كانت الجملة فعلية و ما قبلها معرفة، نحو:

جاء ٱلغلامُ	يَركُضُ	(هو)
↓	↓	↓
معرفة (ذو الحال)	جملة فعلية (حال)	ضمير مستتر (رابط)

* **بالواو الحالية**: إن كانت الجملة اسمية، نحو:

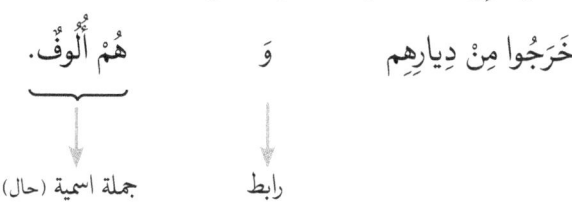

خَرَجُوا مِنْ دِيارِهِم	وَ	هُمْ أُلُوفٌ.
	↓	↓
	رابط	جملة اسمية (حال)

تمرين٧٤. أين تبين الحال هيئة الفاعل و أين تبين هيئة المفعول و أين تبينّ هيئة المجرور؟

١. **القرآن الكريم:** يا أَيَّتُها ٱلنَّفْسُ ٱلمُطْمَئِنَّةُ * ٱرْجِعي إلى رَبِّكِ راضِيَةً مَرْضِيَّةً.[١]

٢. **القرآن الكريم:** وَ مَا أُمِرُوا إلّا لِيَعْبُدُوا ٱللّهَ مُخْلِصينَ لَهُ ٱلدينَ حُنَفاءَ.[٢]

٣. **الإمام العسكري** عليه السلام: مَن وَعَظَ أخاهُ سِرّاً فَقَدْ زانَهُ و مَنْ وَعَظَهُ عَلانيةً فَقَدْ شَانَهُ.[٣]

٤. يجب تقليمُ ٱلأظافِرِ طَويلةً، و تَجَنُّبُ ٱلرّيحِ شماليّةً، وَ قَطْعُ ٱلأشجار يابِسَةً.

٥. تَفَرَّسْتُ في ٱلبَساتينِ نامِيةً ثُمَّ أكَلْتُ مِنْ ثِمارِهَا ناضِجَةً.

تمرين٧٥. دُلّ على الحال الذي أتى معرفة أو نكرة جامدة أو نكرة مشتقة:

١. **القرآن الكريم:** أيَحْسَبُ ٱلإنْسانُ أنْ يُتْرَكَ سُدىً.[٤]

٢. **القرآن الكريم:** إنّا أنْزَلْنَاهُ قُرآناً عَرَبيّاً لَعَلَّكُمْ تَعْقِلُونَ.[٥]

٣. **القرآن الكريم:** وَ بَدا بَيْنَنا وَ بَيْنَكُمْ ٱلعَداوَةُ وَ ٱلبَغْضاءُ أبداً حتّىٰ تُؤْمِنُوا بِٱللّه وَحْدَهُ.[٦]

٤. **الرسول الأعظم** صلى الله عليه وآله: مَنْ مَنَعَ مَالَهُ مِنَ ٱلأخيار ٱختياراً، صَرَفَ ٱللّه مَالَهُ إلى ٱلأشْرارِ ٱضْطِراراً.[٧]

٥. قَلَّبْنَا ٱلكتابَ صَفْحةً صَفْحَةً وَ قَرَأناهُ فَصْلاً فَصْلاً.

---

١. سورة الفجر / الآيتان ٢٧ و ٣٨.

٢. سورة البينة/ الآية ٥.

٣. تحف العقول / ص ٤٨٩.

٤. سورة القيامة / الآية ٣٦.

٥. سورة يوسف / الآية ٢.

٦. سورة الممتحنة / الآية ٤.

٧. بحار الأنوار، ج ٩٦ / ص ١٣١.

٦. اِصْطَفَّ التَّلامِذَةُ ثَلاثَةً ثَلاثَةً.

تمرين٧٦. ميّز الحال المفرد من الحال الجملة و شبة الجملة و دُلّ على الرابط:

١. **القرآن الكريم:** إذا جَاءَ نَصْرُ ٱللهِ وَٱلفتحُ * وَ رَأيْتَ ٱلنّاسَ يَدْخُلُونَ في دينِ ٱللهِ أفواجاً.[1]

٢. **القرآن الكريم:** أُدْخُلوهَا بِسَلامٍ ءَامِنِينَ.[2]

٣. **القرآن الكريم:** لِمَ تُؤْذُونَني وَقَدْ تَعْلَمُونَ أنِّي رَسُولُ ٱللهِ إليكُمْ.[3]

٤. **الإمام الحسن** عليه السلام: كَيْفَ يَكونُ ٱلمُؤمِنُ مُؤمناً و هُوَ يسخط قِسْمَهُ و يُحَقِّرُ مَنْزِلَتَهُ وَ ٱلحاكِمُ عَلَيهِ ٱللهُ.[4]

٥. **الإمام عليٌّ** عليه السلام: عَجِبْتُ لِمَنْ يَقْنَطُ وَ مَعَهُ ٱلاسْتِغْفارُ![5]

٦. **رَسُولُ الله** صلى الله عليه وآله: إذَا جاءَ ٱلموتُ لِطالِبِ ٱلعِلْمِ وَ هُوَ علىٰ هذِهِ ٱلحالَةِ مَاتَ وَ هُوَ شَهيدٌ.[6]

٧. **الإمام الصادق** عليه السلام: تَجِدُ ٱلرَّجُلَ لا يُخْطِئُ بِلامٍ و لا واوٍ خَطيباً مُصْقعاً و لَقَلْبُهُ أشَدُّ ظُلْمةً مِنَ ٱللَيلِ ٱلمُظْلِمِ، وَ تَجِدُ ٱلرَّجُلَ لا يَستَطيعُ يُعَبِّرُ عَمَّا في قَلْبِهِ بِلسانِهِ وَ قَلْبُهُ يُزْهِرُ كما يُزْهِرُ ٱلمِصْباحُ.[7]

---

١. سورة النصر / الآيتان ١ و ٢.

٢. سورة الحجر / الآية ٤٦.

٣. سورة الصف / الآية ٥.

٤. ميزان الحكمة، ج ٤ / ص ١٤٤.

٥. نهج البلاغة / الحكمة ٨٧.

٦. ميزان الحكمة، ج ٧ / ص ٤٦٥.

٧. أصول الكافي، ج ٢ / ص ٤٢٢.

- ١٨ -

مواضع نصب الاسم: التمييز

٤١٠. ما هو التمييز؟

٤١١. كم نوعاً التمييز؟

٤١٢. كم هي الألفاظ التي يقع بعدها الاسم منصوباً على التمييز؟

٤١٣. هل يجوز في تمييز الوزن و الكيل و المساحة وجه آخر غير النصب؟

٤١٠. التمييز اسم منصوب يبين المقصود من كلام سابق مبهم أي يصلح لأن يُراد به أشياء كثيرة، نحو: **إشتريتُ رَطلاً زيتاً.**

↓

تمييز لكلمة «رطلاً» المبهمة.

٤١١. التمييز نوعان:

* **تمييز ذات**: و هو الذي يُبين إبهام اسم، نحو: **اشتريتُ رطلاً عسلاً.**

↓ اسم ↓ تمييز

* **تمييز نسبة**: و هو الذي يُبين إبهام جملة، نحو: **طابَ التلميذُ نفساً.**

↓ جملة مبهمة ↓ تمييز

٤١٢. الألفاظ التي يقع بعدها الاسم منصوباً على التمييز، هي:

- أسماء الوزن، نحو: **اشتريتُ رطلاً سمناً** (تمييز وزن).
- أسماء الكيل، نحو: **اشتريتُ مُدّاً قَمحاً** (تمييز كيل).
- أسماء المساحة، نحو: **اشتريتُ ذراعاً أرضاً** (تمييز مساحة).
- أسماء العدد من ١١ إلى ٩٩، نحو: **اشتريتُ عشرين كتاباً** (تمييز عدد).

٤١٣. إنّ تمييز الوزن و الكيل و المساحة يجوز فيه:

- الجرّ بالإضافة، نحو: **اشتريتُ رطلَ سمنٍ**.
- الجرّ بِمِنْ، نحو: **اشتريتُ رطلاً مِنْ سمنٍ**.

تمرين٧٧. عيّن ما كان فيه التميز مبيّناً للذّات أو مبيّناً للنّسبة:

١. **القرآن الكريم:** إِنَّ الَّذِينَ كَفَرُوا وَ مَاتُوا وَ هُمْ كُفَّارٌ فَلَنْ يُقْبَلَ مِنْ أَحَدِهِمْ مِلْءُ الأَرضِ ذَهَباً و لَوِ افْتَدَىٰ بِهِ.[1]

٢. **الرسول الأعظم ﷺ:** مَنْ خَرَجَ مِنْ بَيْتِهِ يَطْلُبُ عِلْماً، شَيَّعَهُ أَلفُ مَلَكٍ يَسْتَغْفِرونَ لَهُ.[2]

٣. **الإمام الصادق عليه السلام:** يأتي صاحِبُ الْعِلْمِ قُدّامَ العَابِدِ بِرَبْوَةِ مَسيرةِ خَمسمائة عامٍ.[3]

٤. **الرسول الأعظم ﷺ:** مَنِ ازْدَادَ عِلْماً وَ لَمْ يَـزْدَدْ هُدًى، لَمْ يَـزْدَدْ مِنَ الله إلّا بُعْداً.[4]

٥. **الرسولُ الأعظم ﷺ:** مَنِ ازْدادَ في العِلْمِ رُشْداً فَلَمْ يَزْدَدْ في الدُّنيا زُهْداً، لَمْ يَزْدَدْ مِنَ الله إلّا بُعداً.[5]

٦. **الإمام الصادق عليه السلام:** أيّما مُؤمنٍ كانَ بَيْنَهُ وَ بَيْنَ مُؤمنٍ حجابٌ، ضَرَبَ الله بَيْنَهُ وَ بَيْنَ الجَنَّةِ سَبْعينَ أَلْف سُورٍ، ما بَيْنَ السُّور إلى السُّورِ مَسيرة أَلف عامٍ.[6]

٧. **الإمام الصادق عليه السلام:** دِرْهَمُ رباً أَعْظَمُ عِنْدَ الله مِنْ ثَلاثينَ زِنيةً كُلّها بذات مَحْرَمٍ مثلِ خالتِهِ وَ عمَّتِه.[7]

---

١. سورة آل عمران / الآية ٩١.
٢. بحار الأنوار، ج ١ / ص ١٧٠.
٣. بحار الأنوار، ج ٢ / ص ١٨.
٤. بحار الأنوار، ج ٢ / ص ٣٧.
٥. بحار الأنوار، ج ٢ / ص ٣٧.
٦. ميزان الحكمة، ج ١٠ / ص٧٤٣.
٧. ميزان الحكمة، ج ٤ / ص ٨٣.

تمريـن٧٨. اجمـع علـى حـدة تمييـز الموزونـات و افعـل مثـل ذلـك بتمييـز المكاييـل والمسوحات:

١. القرآن الكـريم: فَمَـنْ يَعْمَلْ مِثْقـالَ ذَرَّةٍ خَيْراً يَرَهُ * وَ مَنْ يَعْمَـلْ مِثْقَالَ ذَرَّةٍ شَرّاً يَرَهُ.[1]

٢. تَقْتَتِلُ الحكومَاتُ على شبرٍ أَرْضاً، فَمَا أعظَمَ الإنسانَ طَمَعاً!

٣. رَغيفٌ خُبْزاً كافٍ لِسَدِّ الجوُعِ.

٤. صَحَا الجَوُّ بَعدَ المطَرِ فَما ترىٰ قَدْرَ راحةٍ سَحاباً.

٥. جرّةٌ ماءً تكفي لشُرب عائلةٍ صغيرةٍ في اليومِ.

تمرين٧٩. عيّن المنصوبات واذكر دليل نصبها في الحديث التالي:

قَالَ رَسُولُ اللهِ صلى الله عليه وآله:

مَـنْ جُـرِحَ في سَـبيلِ الله جـاءَ يَـومَ القِيامَـةِ رِيحُهُ كَرِيح المِسْـكِ، وَ لَوْنُـهُ لَوْنُ الزَّعْفرانِ، عَلَيهِ طَابعُ الشُّهَداءِ، وَ مَنْ سَأَلَ اللهَ الشَّهادَةَ مُخلِصاً أعْطاهُ الله أجْرَ شَهيدٍ وَ إنْ ماتَ على فِراشِهِ.[2]

تمرين٨٠. ميّز ما هو منصوب على التمييز و بين ما هو منصوب على الحال أو المفعولية:

١. القرآن الكريم: وَ مَنْ أَحْسَنُ ديناً مِمَّنْ أَسْلَمَ وَجْهَهُ للهِ وَ هُوَ مُحْسِنٌ وَاتَّبَعَ مِلَّةَ إبراهيمَ حَنيفاً وَ اتَّخَذَ الله إبراهيم خَليلاً.[3]

٢. القرآن الكريم: لِنَبْلُوَهُمْ أَيُّهُمْ أَحْسَنُ عَمَلاً.[4]

---

١. سورة الزلزال / الآيتان ٧ و ٨.

٢. ميزان الحكمة، ج ٥ / ص ٣٠٠.

٣. سورة النساء / الآية ١٢٥.

٤. سورة الكهف / الآية ٧.

٣. **القرآن الكريم:** قُلْ نَارُ جَهَنَّمَ أَشَدُّ حَرّاً لَوْ كانُوا يَفْقَهُونَ.[١]

٤. **القرآن الكريم:** وَ قَطَّعْنَاهُمُ اثْنَتَيْ عَشْرَةَ أَسْبَاطاً أُمَماً.[٢]

٥. **الرسول الأعظم ﷺ:** كَفَىٰ بِالمَوْتِ وَ اعِظاً، وَ كَفَىٰ بِالتُّقَىٰ غِنىً، وَ كَفَىٰ بِالْعِبَادَةِ شُغْلاً، وَ كَفَىٰ بِالقيامَةِ موئلاً، وَ بِاللهِ مُجازياً.[٣]

٦. **الإمـام الصـادق عليه السلام:** كَمْ مِمَّن أَكْثَرَ ضِحْكَهُ لاَعِباً يَكْثُرُ يَوْمَ القِيامَةِ بُكاؤُهُ، وَ كَمْ مِمَّنْ أَكْثَرَ بُكاءَهُ على ذَنْبِه خائفاً يَكْثُرُ يومَ القيامَةِ في الجَنَّةِ سُرورُهُ وَ ضِحْكُهُ.[٤]

---

١. سورة التوبة / الآية ٨١.

٢. سورة الأعراف / الآية ١٦٠.

٣. تحف العقول / ص ٣٥.

٤. بحارالأنوار، ج ٧٦ / ص ٥٩.

إعراب القرآن و الحديث

القرآن الكريم:

إِنَّا أَرْسَلْنَاكَ شَاهِداً وَ مُبَشِّراً وَ نَذِيراً [١]

إنَّا : (الأصل إنَّنا) إنَّ: حرفٌ مشبهةٌ بالفعلِ، نَا: ضميرٌ متصلٌ مبنيٌّ على السكون في محلِّ نصبٍ اسمُ (إنَّ).

أرْسَلْناكَ : أرْسَلْنا: فعلٌ ماضٍ مبنيٌّ على السكون، نَا: ضميرٌ متصلٌ مبنيٌّ على السكون في محلّ رفعٍ فاعلٌ؛ **الكاف**: ضميرٌ متصلٌ مَبنيٌّ على الفتحِ في محلِّ نصبٍ مفعولٌ به.

شَاهِداً : حالٌ منصوبةٌ و علامةُ نصبِها الفتحةُ.

وَ مُبَشِّراً : **الواو**: حرفُ عطفٍ؛ **مُبَشِّراً**: معطوفٌ على (شاهداً) منصوبٌ مِثلُهُ و علامتُه الفتحةُ.

و نَذِيراً : **الواو**: حرفُ عطفٍ؛ **نَذيراً**: معطوفٌ على (شاهداً) منصوبٌ مِثلُهُ و علامتُه الفتحةُ.

○ و جملة «أرسلناكَ» فعليّةٌ في محلّ رَفعٍ خبر «إنَّ».

---

١. سورة الأحزاب / الآية ٤٥.

القرآن الكريم:

لا تَقْرَبُوا ٱلصَّلوةَ و أَنْتُمْ سُكاریٰ [١]

لا تَقْرَبوا : لا: ناهيةٌ جازمةٌ؛ تَقْرَبُوا: فعلٌ مضارعٌ مجزومٌ بـ(لا) و علامتهُ حذفُ النونِ لأنَّه من الأفعالِ الخمسةِ، **الواو:** ضميرٌ متصلٌ مبنيٌّ على السكون في محلِّ رفعٍ فاعلٌ.

اَلصَّلاةَ : مفعولٌ بهِ منصوبٌ و علامته فتحة آخِرِه.

وَأَنْتُم : **الواو:** واو الحال؛ **أَنتُمْ:** ضميرٌ منفصلٌ مبني على السكون في محلِّ رفعٍ مبتدأٌ.

سُكاریٰ : خبرٌ مرفوعٌ و علامتُه الضمةُ المقدَّرةُ على الألف.

٥ و جملةُ «أَنْتُمْ سُكاریٰ»: في محلِّ نصبٍ حالٌ.

القرآن الكريم:

وَوَاعَدْنَا مُوسى ثَلاثِينَ لَيْلَةً [٢]

وَوَاعَدْنا : **الواو:** حسب مَا قَبلها؛ **واعَدْنا:** فعلٌ ماضٍ مبنيٌّ على السكون، **نَا:** ضميرٌ متصلٌ مبنيٌّ على السكون في محلِّ رفعٍ فاعلٌ.

مُوسیٰ : مفعولٌ به منصوبٌ و علامةُ نصبِه الفتحة المقدَّرةُ على الألف.

ثَلاثِينَ : مفعولٌ ثانٍ منصوبٌ و علامةُ نصبِه الياء لأنَّه ملحَقٌ بالجمع المذكر السالم.

---

١. سورة النساء / الآية ٤٣.

٢. سورة الأعراف / الآية ١٤٢.

لَيْلَةً : تمييزٌ منصوبٌ و علامتُه فتحةُ آخره.

الإمام عليٌّ عليه السلام :

أعْظَمُ ٱلنَّاسِ عِلْماً أَشَدُّهُمْ خَوفاً مِنَ ٱللهِ [١]

أعْظَمُ : مبتدأ مرفوعٌ و علامةُ رفعِه الضمةُ و هو مضافٌ.

اَلنّاسِ : مضافٌ إليه مجرورٌ و علامةُ جرِّه الكسرةُ.

عِلْماً : تمييزٌ منصوبٌ و علامةُ نصبِه الفتحةُ.

أَشَدُّهُمْ : أشَدُّ: خبرٌ مرفوعٌ و علامةُ رفعِهِ الضمةُ، و هو مضافٌ، هُمْ: ضميرٌ متصلٌ مبنيٌّ على السكون في محل جرٍّ مضافٌ إليه.

خَوفاً : تمييزٌ منصوبٌ و علامةُ نصبِه الفتحة.

مِنَ الله : مِنْ: حرف جرّ؛ الله: (لفظ الجلالة) مجرورٌ و علامته الكسرةُ، و الجار و المجرور متعلّقان بـ (خوفاً).

تمرين٨١. أعرب الأمثلة الآتية:

١. القرآن الكريم: وَ اشْتَعَلَ ٱلرَأْسُ شَيباً.[٢]

٢. الإمام عليٌّ عليه السلام : كَفَى بِٱلمرءِ جَهْلاً أَلّا يَعْرِفَ قَدرَهُ.[٣]

٣. أوصيتُ ٱلصّائغَ أنْ يَصُوغَ لابنتي خاتماً ذهباً.

---

١. ميزان الحكمة، ج ٦ / ص ٥٠١.

٢. سورة مريم / الآية ٤.

٣. نهج البلاغة / الخطبة ١٠٣.

- ١٩ -

مواضع نصب الاسم: المنادى

٤١٤. ما هو المنادى؟

٤١٥. كم هي أحرف النداء؟

٤١٦. ماذا يكون المنادى؟

٤١٧. كم حالة للمنادى؟

٤١٨. متى يبنى المنادى على ما كان يرفع به؟

٤١٩. متى يكون المنادى منصوباً؟

٤٢٠. كيف ينادى الاسم المقترن بـ «أل»؟

٤٢١. كيف يعرب الاسم الواقع بعد أيّها و أيّتها؟

٤٢٢. كيف ينادى اسم الجلالة «الله»؟

٤١٤. المنادى اسم **يطلب إقباله** بأحد أحرف النداء النائبة مَنَاب فعل «أُنادي»، نحو: **يا رَجُلُ** = أُنادي رجلاً.

٤١٥. أحرف النداء أربعة و هي: يا، أيا، أيْ و الهمزة.

٤١٦. المنادى يكون:

* علماً، نحو: **يا يوسفُ، يا يوسفانِ، يا يوسفون.**
* نكرة مقصودة (تُطلق على معيّن)، نحو: **يا ثعلبُ، يا مُحتالُ.**
* نكرة غير مقصودة (تُطلق على غير معيّن)، نحو: **يا غافلاً، يا عابِراً.**
* مضافاً، نحو: **يا عَبدَ ٱللهِ، يا رَئيسَ ٱلفرقة.**
* شبيهاً بالمضاف (و هُوَ الاسم و معموله)، نحو: **يا ساعياً في الخير، يا قويّاً قَلْبُهُ، يا خادعاً ثعلباً، يا عاملاً للخيرِ.**

٤١٧. للمنادى حالتان:

* البناء على ما كان يُرفع به؛
* و النصب.

٤١٨. يُبنى المنادى على **ما كان يُرفع به** إذا كان:

* علماً مفرداً (أي غير مضاف)، نحو: **يا يوسف، يا يوسفانِ، يا يوسفُونَ.**
* نكرة مقصودة، نحو: **يا ثعلبُ، يا محتالُ.**

٤١٩. يكون المنادى منصوباً إذا كان:

* نكرة غير مقصودة، نحو: **يا غافلاً، يا عابراً.**
* مضافاً، نحو: **يا عَبدَ ٱللهِ، يا خادمَ ٱلأميرِ.**
* نكرة مقصودة يليها نعتٌ، نحو: **يا رجلاً شريفاً، يا ثعلباً محتالاً.**

٤٢٠. ينادى الاسم المقترن بـ «أل» بأن يؤتى به مرفوعاً مسبوقاً:

* بأيُّها أو أيَّتُها، نحو: **يا أيُّها ٱلمسافرُ، يا أيَّتُها ٱلدّجاجاتُ**.[1]

* باسم الإشارة المطابق له، نحو: **يا هذا ٱلثعلبُ، يا هاتانِ ٱلدَّجاجتانِ**.

٤٣١. الاسم الواقع بعد أيُّها و أيّتها يكون:

* بدلاً إن كان جامداً، نحو: **يا أيُّها الرَّجلُ**.

↓ منادى ↓ بدل

* نعتاً إن كان مشتقّاً، نحو: **يا أيُّها ٱلفاضلُ**.

↓ منادى ↓ نعت

٤٣٢. إنّ اسم الجلالة (الله) يُنادى بأحرف النّداء، نحو: **يا ٱللهُ**.

و يكثُر معه حذف النداء و تعويضهُ بميمٍ مشدّدة، فنقول: **اللّهُمَّ**.

---

١. و يجوز حذف «يا» أمام أيّها و أيّتها.

تمرين٨٢. اجمع على حدة الجمل التي وقع فيها المنادى مفرداً، و افعل مثل ذلك بالتي يقع فيها مضافاً أو مشبّهاً بالمضاف:

١. القرآن الكريم: قيلَ: يا أَرْضُ ابْلَعِي مَاءَكِ وَ يا سَماءُ أَقْلِعِي وَ غِيضَ الماءُ وَ قُضِيَ الأَمْرُ.[١]

٢. القرآن الكريم: يا بَنِي آدَمَ لا يَفْتِنَنَّكُمُ الشَّيْطانُ كَما أَخْرَجَ أَبَوَيْكُمْ مِنَ الجَنَّةِ.[٢]

٣. القرآن الكريم: يَا أَبانا إِنَّا ذَهَبْنَا نَسْتَبِقُ وَ تَرَكْنَا يُوسُفَ عِنْدَ مَتاعِنَا فَأَكَلَهُ الذِّئبُ.[٣]

٤. القرآن الكريم: يُوسُفُ أَيُّها الصِّدِّيقُ أَفْتِنَا في سَبْعِ بَقَراتٍ.[٤]

٥. الرسول الأعظم ﷺ: يا عائِشَةُ اغْسِلي هذينِ الثَّوبَيْنِ، أَمَا عَلِمْتِ أَنَّ الثَّوْبَ يُسَبِّحُ فَإِذَا اتَّسَخَ أَنْقَطَعَ تَسْبِيحُهُ.[٥]

٦. رَفَعَ رَجُلٌ إلى أمير المؤمنين عليه السلام كِتاباً فيه سعايةٌ، فَنَظَرَ إليهِ أميرُ المؤمنينَ، ثُمَّ قالَ: يا هَذا!

إن كُنْتَ صَادِقاً مَقَتْنَاكَ، وَ إِنْ كُنْتَ كاذِباً عاقَبْناكَ، وَ إِنْ أَحْسَنْتَ القيلَةَ أَقَلْنَاكَ.

قال: بَلْ تُقيلني يا أميرَ المؤمنين.[٦]

---

١. سورة هود / الآية ٤٤.

٢. سورة الأعراف / الآية ٢٧.

٣. سورة يوسف / الآية ١٧.

٤. سورة يوسف / الآية ٤٦.

٥. ميزان الحكمة، ج ١٠ / ص ٩٤.

٦. بحارالأنوار، ج ٧٥ / ص ٣٦٩.

٧. الإمام عليٌّ عليه السلام: عِبَادَ الله! أَيْنَ الَّذينَ عُمِّرُوا فَنَعِمُوا وَ عُلِّمُوا ففَهِمُوا.[١]

٨. الإمـام عليٌّ عليه السلام: مَعاشِـرَ النّاسِ! الفِقْهَ ثمَّ الْمَتجَـر، وَ الله للرِّبا في هٰذِهِ الأُمَّةِ أَخْفىٰ مِنْ دَبيبِ النَّمْلِ عَلى الصَّفَا.[٢]

تمرين٨٣. ضع أحرف النداء قبل الأسماء و أعطها ما تستحقّ من الإعراب:

بَاسِط اليَدْينِ بِالعَطيَّة - صاحبانِ

مُدَبّر اللَّيل وَ النَّهارِ - رَاحِلُونَ

عَليم بِضُرّي وَ مَسكَنَتي - رَجُل.

مُقيم في قم.

تمرين٨٤. أصلح ما تراه مغلوطاً في الجمل التالية:

يا يوسف كُن مُحبٌّ لإخوتك - يا طالبُ العلمِ - أيَا رَجلٌ مُؤمنٌ إنّكَ سَتَنْجَحُ - يا حَسُودَ إنّكَ لَنْ تَبلُغَ - أمْنيّكَ - يا سَاعيانِ في الخيرِ إنَّ لَكُما أجرٌ عظيمٌ.

---

١. نهج البلاغة / الخطبة ٨٣.

٢. ميزان الحكمة، ج ٤ / ص ٥٠.

الأسئلة العامّة

تمرين ۸۵. أجب على الأسئلة التالية:

١. ماذا يُعلّمنا النحو؟ وضّح ذلك مع ذكر مثال.

٢. هل الأفعال كلُّها ترفع و تنصب و تجزم؟

٣. ماهي المواضع التي يرفع فيها الاسم؟

٤. ما هي المواضع التي يُنصب فيها الاسم؟

٥. اذكر وجوه الاشتراك و الافتراق بين الفاعل و المبتدأ، و الفعل و الخبر؟

٦. هل يُقدّم الفاعل على فعله؟ و هل يقدم اسم الأفعال الناقصة عليها؟ و لماذا؟

٧. متى يقدّم خبر الأفعال الناقصة على اسمها؟ اذكر لكلّ مثالاً.

٨. متى تفتح همزة «انّ»؟ اذكر لها ثلاثة أمثلة.

٩. عدّد النواسخ و اذكر وجوه الاشتراك و الافتراق بينها.

١٠. ما هي الأسماء التي إذا كانت مبتدءاً أو خبراً أو مفعولاً به يجب تقديمها؟ اذكر ثلاثة أمثلة.

١١. كم قسماً المستثنى بحسب إعرابه؟

١٢. كم نوعاً الخبر و الحال؟

١٣. ما هو الأصل في الحال؟

١٤. متى يبنى المنادى على ما كان يرفع به؟

التمارين العامة

تمرين٨٦. اذكر دليل رفع و نصب الكلمات التي تحتها خط:

١. عنِ الشّعبيّ قال: تَكلَّمَ أميرُ المؤمنينَ عليه السلامُ بتسع كلمات ارْتَجَلَهُنّ ارْتجالاً فَقأنَ عُيُونَ البلاغةِ وَ أيْتَمْنَ جَواهِرَ الحِكمة وَ قَطَعْنَ جميعَ الأنامِ عَنِ اللّحاقِ بِواحِدةٍ مِنْهُنَّ ؛ ثَلاثٌ مِنْهَا في المُناجاةِ، وَ ثلاثٌ مِنْها في الحِكْمَةِ، وَ ثَلاثٌ مِنْها في الأَدَبِ:

- فَأمّا اللاتي في المُناجاةِ فقالَ: إلٰهي كَفَىٰ بي عِزّاً أنْ أكُونَ لَكَ عَبداً، وَ كَفَىٰ بي فَخْراً أنْ تَكُونَ لي رَبّاً، أنْتَ كَما أُحِبُّ فَاجْعَلْني كَما تُحِبُّ.
- وَ أمّا اللاتي في الحكمة، فَقالَ: قِيمةُ كُلِّ امْرِئٍ ما يُحْسِنُهُ، وَ مَا هَلَكَ امْرُؤٌ عَرَفَ قَدْرَهُ، وَ المَرْءُ مَخْبُوءٌ تَحْتَ لِسانِهِ.
- وَ اللاتي في الأدب فَقالَ: أُمنن عَلى مَنْ شِئتَ تَكُنْ أميرَهُ، وَ احْتَجْ إلى مَنْ شِئتَ تَكُنْ أسيرَهُ، وَ اسْتَغْنِ عَمَّنْ شِئْتَ تَكُنْ نَظيرَهُ.[1]

٢. الإمام الصادق عليه السلام: إنّا نأمُرُ صِبْيانَنا بِالصِّيامِ إذا كانُوا بَني سَبْعِ سنينَ بِما أطاقُوا مِنْ صِيامِ اليَوْمِ، فَإنْ كانَ إلى نِصْفِ النَّهارِ أو أكثر مِنْ ذلِكَ أوْ أقَلّ، فَإذا غَلَبَهُمُ العَطَشُ وَالغَرَثُ أفْطَرُوا حَتّى يَتَعَوَّدُوا الصَّومَ وَ يُطيقُوهُ،

---

١. بحار الأنوار، ج ٧٧ / ص ٤٠٠.

فَمُرُوا صِبْيَانَكُمْ إذا كانُوا أبْنَاءَ تِسْعِ سنينَ بِمَا أطاقُوا منْ صِيامٍ، فَإذا غَلَبَهُمْ الْعَطَشُ أفْطَرُوا.[١]

٣. الإمام الكاظم عليه السلام: لَنْ تَكُونُوا مؤمنينَ حَتّى تَعُدُّوا الْبَلاءَ نِعْمَةً وَالرَّخاءَ مُصيبةً، وَ ذلِكَ أنَّ الصَّبرَ عِنْدَ البلاءِ أعظَمُ مِنَ الغَفْلَةِ عِنْدَ الرَّخَاءِ.[٢]

٤. الإمام عليٌّ عليه السلام: لِلظّالِمِ غَداً يَكْفيهِ عَضُّهُ يَدَيْهِ.[٣]

إعراب القرآن و الحديث

القرآن الكريم:

قُلْ يَا أَيُّهَا الْكَافِرُونَ [٤]

قُلْ : فعلُ أمرٍ مبنيٌّ على السكون و فاعلهُ ضميرٌ مستترٌ فيه وجوباً تقديره: أنتَ.

يا : حرفُ نداء.

أيُّها : أيُّ: منادى نكرة مقصودة مبنيّ على الضمّ في محلّ نصبٍ مفعول به لِفعل النداء المحذوف المنوب عنه بـ «يا»، ها: للتنبيه.

الكافِرُونَ : نعتٌ من «أيّ» لأنّه مشتقٌ تبع المنعوتَ في الرفع و علامةُ رفعِه (الواو) لأنّه جمع مذكر سالم.

القرآن الكريم:

---

١. ميزان الحكمة، ج ١٠ / ص ٧٣٢.

٢. ميزان الحكمة، ج ١ / ص ٤٨٧.

٣. ميزان الحكمة، ج ٥ / ص ٦٠٨.

٤. سورة الكافرين / الآية ١.

يَا أَيُّها ٱلإنْسانُ[١]

يَا : حرف نداء.

أيُّها : أيُّ: منادى نكرة مقصودة مبنيّ على الضمّ في محلّ نصبٍ مفعول به لِفعل النداء المحذوف و يُسمّى بـ (أيّ الوصليّة) لأنّه وصله إلى نداء ما فيه (أل)، ها: حرف تنبيه لا محل له من الإعراب.

الإنسانُ : بدلٌ من «أيّ» لأنّه جامد تبعَ المبدَل منه.

الإمام عليٌّ عليه السلام:
يا عَلِيماً بِضُرّي[٢]

يَا : حرف نداء.

عَليماً : منادى شبيه بالمضاف منصوب و علامة نصبه فتحة آخره.

بِضُرّي : الباء: حرف جرّ؛ ضُرّ: اسمٌ مجرور و علامته الكسرة المقدَّرة و هو مضاف، و الجار و المجرور متعلّقان بـ (عليماً)؛ الياء: ضمير متصل مبني على السكون في محل جر مضاف إليه.

اَللّٰهُمَّ إنّي أسْأَلُكَ بِاسْمِكَ يَا ٱللهُ يَا رَحْمٰنُ[٣]

---

١. سورة الانشقاق / الآية ٦.

٢. مفاتيح الجنان / دعاء كميل.

٣. مفاتيح الجنان / دعاء الجوشن الكبير.

اللّهُمَّ : **اللهُ**: (لفظ الجلالة) مبنيٌّ على الضمّ في محل نصبٍ منادى بأداة نداء محذوفة و التقدير: يا اللهُ، **الميم المشدَّدة**: عوضٌ عن (يا) النداء المحذوفة.

إنّي : إنَّ: حرف مُشَبَّهٌ بالفعل، **الياء**: ضميرٌ متصلٌ مبنيٌ على السكون في محل نصبٍ اسم (إنَّ).

أسْألكَ : فعلٌ مضارعٌ مرفوعٌ بالضمة و فاعله ضميرٌ مستترٌ فيه وجوباً تقديره: أنا، **والكاف**: ضميرٌ متصلٌ مبنيٌ على الفتح في محل نصبٍ مفعولٌ به.

بِاسْمِكَ : **الباء**: حرف جر؛ اسم: مجرورٌ بـ (الباء) و علامته الكسرة، **الجار و المجرور** متعلّقان بـ (اَسْأَلُ)، **الكاف**: ضمير متصل في محل جر مضافٌ إليه.

يا الله : يا: أداة نداء، **الله**: منادى مفرد علم مبنيٌ على الضم فى محل نصب.

يا رحمنُ : يا: أداة نداء، **رَحْمنُ**: منادى مفرد علم مبنيٌ على الضمّ في محل نصبٍ.

تمرين٨٧. أعرب الأمثلة التالية:

١. **الرّسولُ الأكرم** ﷺ: أَوّلُ ما يُهراقُ مِنْ دَمِ ٱلشَّهيدِ يُغْفَرُ لَهُ ذَنْبُهُ كُلُّه إلاَّ ٱلدَّين.[١]

٢. **الإمام العسكري** عليه السلام: أَشَدُّ ٱلنّاسِ ٱجْتِهاداً مَنْ تَرَكَ ٱلذُّنُوب.[٢]

٣. اَللّهُمّ إنّي اَسْـأَلُكَ يا مُصَوِّرُ يا مُقَدِّرُ... يا كافي يا شـافي... يا فارجَ ٱلهَمِّ يا كاشِفَ ٱلغَمِّ... يا ذَا ٱلنّعْمَةِ ٱلسّابِغَةِ... يا حَيّاً لا يَمُوتُ يا مَلِكاً لا يَزُولُ.[٣]

---

١. ميزان الحكمة، ج ٥ / ص ١٩٣.

٢. بحار الأنوار، ج ٧٨ / ص ٢٧٣.

٣. مفاتيح الجنان / دعاء الجوشن الكبير.

يُجرّ الاسم في موضعين:

* إذا وقع بعد أحد حروف الجرّ.

* إذا كان مضافاً إليه.

- ٣٠ -

مواضع جرّ الاسم: الجرّ بالحرف

٤٢٣. كم هي حروف الجر؟

٤٢٤. هل تدخل هذه الحروف على الأسماء على حدّ سواء؟

٤٢٥. بمَ تختص «ربّ»؟

٤٢٦. بمَ تختص التاء؟

٤٢٧. هل تحتاج حروف الجر إلى متعلق؟

٤٢٣. حروف الجرّ أربعة عشر حرفاً و هي:

مِنْ ، إلى ، عَنْ ، عَلى ، في ، رُبَّ ، الباء ، الكاف، اللّام ، واو القَسَم ، تاء القَسَم ، حَتّى ، مُذ و مُنْذُ.

٤٢٤. كلّا، إنَّ حروف الجرّ:

* منها ما يشترك بين الظاهر و المضمر و هو: مِنْ، إلى، عَنْ، على، في، اللام، الباء، نحو: **اِلتَقَيْتُ بالرَّجُلِ فَسلَّمتُ عليه.**

* و منها ما يختص بالظاهر و هو: رُبّ، مُذْ، مُنْذَ، حتى، الكاف، واو القَسَم

و تاء القَسَم.

٤٣٥. تختص «رُبَّ» **بالنكرة الموصوفة**، نحو: **رُبَّ رَجُلٍ كريمٍ لقيتُهُ.**

فهي تجرّها لفظاً و ترفعها محلاً على الابتداء.

٤٣٦. تختص التاء باسم الجلالة، نحو: **تَاللهِ.**

٤٣٧. نعم، إنّ حروف الجرّ تحتاج دائماً إلى متعلَّق و متعلّقها:

* إمّا **فعل** مذكورأو شبهه (أي المصدر، اسم الفاعل، اسم المفعول، الصفة المشبهة و أفعل التفضيل)، نحو:

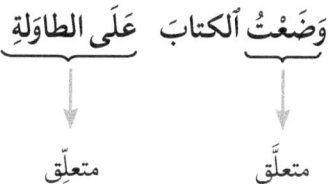

وَضَعْتُ ٱلكتابَ عَلَى الطاوَلةِ

وَضَعْتُ ← متعلَّق   عَلَى الطاوَلةِ ← متعلِّق

قَدْ أفْلَحَ المُؤمِنونَ الّذينَ هُمْ في صلاتِهم خاشِعونَ

في صلاتِهم ← متعلَّق   خاشِعونَ ← متعلِّق

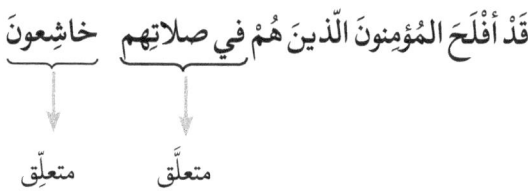

* إمّا فعل مقدّر، و ذلك إذا كان الفعل بمعنى كائنٍ أو موجودٍ؛ نحو:

الكتابُ (موجودٌ) عَلَى الطاولةِ.

تمرين٨٨. عيّن الجار و المجرور و متعلّقهما في الجمل التابعة:

١. القرآن الكريم: اِهْدِنَا الصِّراطَ الْمُسْتَقيمَ ﴾ صِراطَ الَّذينَ أَنْعَمْتَ علَيْهِمْ غَيرِ الْمَغْضُوبِ عَلَيْهِمْ وَ لاَ الضَّالِّينَ.[١]

٢. القرآن الكريم: بِسْمِ اللهِ الرَّحْمٰنِ الرَّحيمِ ﴾ إنّا أَنْزَلْنَاهُ في لَيْلَةِ الْقَدْرِ ﴾ وَ مَا أَدْرٰكَ مَا لَيْلَةُ القَدْرِ ﴾ لَيلَةُ خَيْرٌ مِنْ أَلْفِ شَهْرٍ ﴾ تَنَزَّلُ الملائِكَةُ وَالرُّوحُ فيها بِإِذْنِ رَبِّهِمْ مِنْ كُلِّ أَمْرٍ ﴾ سَلامٌ هِيَ حتّىٰ مَطْلَعِ الفَجْرِ.[٢]

٣. القرآن الكريم: سُبْحانَ الذي أَسْرىٰ بِعَبْدِه لَيْلاً مِنَ المَسْجِدِ الحَرامِ إلى المَسْجِدِ الأَقْصَى الَّذي بَارَكْنَا حَوْلَهُ.[٣]

٤. القرآن الكريم: إنَّ اللهَ علىٰ كُلِّ شَيْءٍ قَديرٌ.[٤]

٥. الرسول الأعظم صلى الله عليه وآله: الْمُتَعَبِّدُ بِغَيْرِ فِقْهٍ كَالْحِمارِ في الطّاحُونِ.[٥]

٦. الإمام عليٌّ عليه السلام: يا بُنَيَّ إِنّي أَخَافُ عَلَيْكَ الفَقْرَ، فَاسْتَعِذْ بِاللهِ مِنْهُ، فَإِنَّ الفَقْرَ مَنْقَصَةٌ لِلدِّينِ، مَدْهَشَةٌ لِلْعَقْلِ، داعِيَةٌ لِلْمَقْتِ.[٦]

٧. الإمام عليٌّ عليه السلام: اللّهمَّ إنّي أَعُوذُ بِكَ مِنْ أَنْ تُحَسِّنَ في لامِعَةِ الْعُيُونِ عَلانِيَتي، وَ تُقَبِّحَ فيها أُبْطِنُ لَكَ سَرِيرَتي، مُحافظاً على رِئاءِ النّاسِ مِنْ نَفْسي بِجَميعِ مَا أَنْتَ مُطَّلِعٌ عَلَيْهِ مِنّي.[٧]

---

١. سورة الحمد / الآيتان ٦ و ٧.

٢. سورة القدر / الآيات ١-٥.

٣. سورة الإسراء / الآية ١.

٤. سورة البقرة / الآية ٢٠.

٥. ميزان الحكمة، ج ٦ / ص ٥٠٤.

٦. نهج البلاغة / الحكمة ٣١٩.

٧. نهج البلاغة / الحكمة ٢٧٦.

إعراب القرآن و الحديث

القرآن الكريم:

إنّا للهِ وَ إنّا إلَيْهِ راجِعُونَ [١]

إنّا : (الأصل: إنّنا) إنَّ: حروف مشبّهٌ بالفعل، نَا: ضميرٌ متصل في محلّ نصبٍ اسمُ (إنَّ).

للهِ : اللام: حرف جر، الله: لفظ الجلالة مجرور بـ (اللام) و علامتُه الكسرة و الجار و المجرور متعلّقان بخبر (إنَّ) تقديرُهُ: إنّا كائنونَ للهِ.

وَ إنّا : الواو: حرف عطف، (الأصل: إنّنا) إنَّ: حروف مشبّهٌ بالفعل، نَا: ضميرٌ متصل في محلّ نصبٍ اسمُ (إنَّ).

إليهِ : إلى: حرف جر، الهاء، ضميرٌ متصلٌ في محلّ جرّ، الجار و المجرور متعلقان بـ (راجعون).

راجِعُونَ : خبرُ (إنَّ) مرفوعٌ و علامةُ رفعِه (الواو) لأنّه جمع مذكر سالم.

الإمامُ عليٌ عليه السلام:

عاتِبْ أخَاكَ بِالإحْسانِ إلَيْهِ وَ ارْدُدْ شَرَّهُ بِالإنْعَامِ عَلَيْهِ [٢]

---

١. سورة البقرة / الآية ١٥٦.

٢. نهج البلاغة / الحكمة ١٥٨.

عاتِبْ : فعلُ أمرٍ مبنيٌ على السكون و فاعلُهُ ضميرٌ مستترٌ فيه وجوباً تقديرة: أنت.

أخاكَ : **أخا**: مفعولٌ به منصوبٌ و علامةُ نصبِه (الألف) لأنّه من الأسماء الستّة، و هـو مضـافٌ، **الكاف**: ضميرٌ متصلٌ مبنيٌّ عـلى الفتح في محلّ جرّ مضافٌ إليه.

بِالإحْسانِ : **الباء**: حرفُ جر مبنيٌّ على الكسر، **الإحسانِ**: اسمٌ مجرورٌ بـ(الباء) و علامة جرّه الكسرة، الجار و المجرور متعلّقان بـ (عاتِبْ).

إليْهِ : **إلى**: حرف جرّ مبنيٌّ على السكون، **الهاء**: ضميرٌ متصلٌ مبنيٌ على الضم و إنما كُسرت للتجانس مع ما قبلها، في محلّ جرٍ و الجار و المجرور متعلّقان بـ (الإحسان).

وَارْدُدْ : **الواو**: حرف عطف مبنيٌ على الفتح، **أُرْدُدْ**: فعلُ أمرٍ مبنيٌ على السكون و فاعلُه ضميرٌ مستترٌ فيه وجوباً تقديره: أنت.

شَرَّهُ : **شَـرَّ**: مفعولٌ به منصوبٌ بالفتحة و هو مضافٌ، **الهاء**: ضميرٌ متصل مبنيٌ على الضم في محلّ جرٍّ مضاف إليه.

بالإنْعامِ : **الباء**: حرفُ جرّ، **الإنعام**: اسمٌ مجرورٌ بـ(الباء) و علامةُ جرّه الكسرةُ، و الجار و المجرور متعلقان بـ (ارْدُدْ).

عَلَيْهِ : **على**: حرفُ جرٍ، **الهاء**: ضميرٌ متصلٌ مبنيٌ على الضم و إنّما كُسرت للتجانس مع ما قبلها في محلّ جرٍ و الجار و المجرور متعلّقان بـ (الإنعام).

تمرين٨٩. أعرب الآية الكريمة و الروايتين الشريفتين:

١. القرآن الكريم: أَقِمِ ٱلصَّلوةَ لِدُلُوكِ ٱلشَّمْسِ إلى غَسَقِ ٱللَّيْلِ.[1]

٢. الإمام عليٌّ عليه السلام: رُبَّ مَفْتُونٍ بِحُسْنِ ٱلْقَوْلِ فيه.[2]

٣. الإمام العسكري عليه السلام: جُرْأَةُ ٱلْوَلَدِ على وَالِدِهِ في صِغَرِهِ تَدْعُو إلى ٱلعُقُوقِ في كِبَرِهِ.[3]

---

١. سورة الإسراء / الآية ٧٨.

٢. نهج البلاغة / الحكمة ٤٦٢.

٣. تحف العقول / ص ٤٨٩.

- ٢١ -

مواضع جر الاسم: المضاف إليه

٤٢٨. ما هو المضاف إليه؟

٤٢٩. ما هو حكم الاسم المضاف إذا كان معرفاً بـ «أل»؟

٤٣٠. ما هو حكم الاسم المضاف إذا كان مُنَوَّناً؟

٤٣١. ما هو حكم الاسم المضاف إذا كان مثنى أو جمع مذكر سالم؟

٤٣٢. متى يجوز دخول «أل» على المضاف؟

٤٢٨. المضاف إليه هو اسمٌ ينسب إليه اسمٌ سابق، نحو:

خادم ٱلأمير

↓ ↓

مضاف مضاف إليه

٤٢٩. إذا كان الاسم المضاف معرّفاً بـ «أل» **حذفت «أل»** من أوّله، نحو:

كتابُ ٱلمعلّم ، بدلاً من: الكتابُ ٱلمعلّمِ.

٤٣٠. إذا كان المضاف منوّناً حذف تنوينه؛ نحو:

سورُ المدينة ، بدلاً من: سورٌ ٱلمدينةِ.

٤٣١. إذا كان الاسم المضاف مثنى أو جمع مُذكر سالم **حذفت نونه**، **نحو:**
يَدا ٱلرَّجُل ، **قاصدُوا ٱلبَلَدِ** ، بَدلاً من: يَدانِ ٱلرَّجلِ و قاصِدونَ ٱلبلدِ.

٤٣٢. يجوز دخول «أل» على المضاف:

* إذا كان صفة (اسم فاعل، اسم مفعول، صفة مشبهة، أفعل تفضيل) في حالة المثنى أو جمع المذكر السالم، نحو:

الفاتحا دمشقَ خالدٌ و أبو عُبيدةَ - **الساكنوا بيروت آمِنونَ**

مضاف ← اسم فاعل مثنى

مضاف ← اسم فاعل جمع سالم

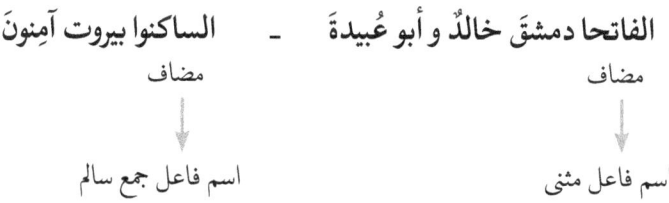

* إذا كان المضاف صفة و المضاف إليه معرفاً بـ «أل»، نحو:

المتَّبع ٱلحقِّ منصورٌ

المتَّبع: مضاف ← اسم فاعل

ٱلحقِّ: مضاف إليه ← معرَّف بـ «أل»

تمرين٩٠. ميّز المضاف من المضاف إليه و عيّن علامة الجرّ:

١. القرآن الكريم: كُلُّ نَفْسٍ ذَائِقَةُ الْمَوْتِ.[١]

٢. القرآن الكريم: تَبَّتْ يَدَا أَبِي لَهَبٍ وَتَبَّ.[٢]

٣. القرآن الكريم: وَفَوْقَ كُلِّ ذي عِلْمٍ عَليمٌ.[٣]

٤. القرآن الكريم: وَ يَقُولُونَ أَئِنَّا لَتارِكُوا آلِهَتِنَا لِشَاعِرٍ مَجْنُونٍ ۞ بَلْ جَاءَ بِالْحَقِّ وَ صَدَّقَ الْمُرْسَلِينَ ۞ إِنَّكُمْ لَذَائِقُوا الْعَذابِ الأَليمِ.[٤]

٥. الحديث القدسيّ: أوحَى الله إلى مُوسىٰ، يا مُوسىٰ! تَعَلَّمِ الخَيْرَ و عَلِّمْهُ النّاسَ، فَإني مُنَوِّرٌ لِمُعَلِّمي الخَيْرِ و مُتعَلِّميهِ قُبُورَهُمْ حَتّى لا يَسْتَوْحِشُوا بِمَكانِهِمْ.[٥]

٦. الرسولُ الأعظم صلى الله عليه وآله: آفَةُ الْعِلْمِ النِسْيانُ، وَ إضَاعَتُهُ أنْ تُحَدِّثَ به غَيْرَ أهْلِهِ.[٦]

٧. الإمام عليٌّ عليه السلام: خَفْضُ الصَّوْتِ وَغَضُّ الْبَصَرِ وَ مَشْيُ الْقَصْدِ مِنْ أَمارَةِ الإيمانِ وَ حُسْنِ التَّدَيُّنِ.[٧]

٨. الإمام عليٌّ عليه السلام: كُلُّ يَوْمٍ لا يُعْصَى الله فيهِ فَهُوَ عِيدٌ.[٨]

تمرين٩١. اجعل المضاف مثنى ثم مجموعاً و افعل مثل ذلك بالمضاف إليه:

لُعْبَةُ ٱلْوَلَدِ ← لُعْبَتَا ٱلوَلَدينِ ← لُعَبُ ٱلأولادِ.

---

١. سورة آل عمران / الآية ١٨٥.

٢. سورة المسد / الآية ١.

٣. سورة يوسف / الآية ٧٦.

٤. سورة الصافات / الآيات ٣٦-٣٨.

٥. ميزان الحكمة، ج ٧ / ص ٤٧٤.

٦. ميزان الحكمة، ج ٦ / ص ٥٣٥.

٧. ميزان الحكمة، ج ٥ / ص ٤٥٨.

٨. نهج البلاغة / الحكمة ٤٢٨.

مِفتَاحُ ٱلبابِ ، قَلَمُ ٱلكاتبِ ، سَيْفُ ٱلجُنديّ ، قَوْلُ ٱلصّادِق.

تمرين۹۲. عيّن أين يجوز دخول «أل» على المضاف:

مصراعا البابِ ، ضِفَّتا النَّهرِ.

قاتِلُوا الحَقِّ ، مُكْرِمِي الضّيفِ.

تمرين۹۳. ميّز المجرور بالحرف من المجرور بالإضافة و عيّن علامة الإعراب:

۱. القرآن الكريم: قُلْ أَعُوذُ بِرَبِّ الْفَلَقِ * مِنْ شَرِّ مَا خَلَقَ.[۱]

۲. القرآن الكريم: قَالُوا يا هُودُ مَا جِئْتَنَا بِبَيِّنَةٍ وَ مَا نَحْنُ بِتَارِكِي ءَالِهَتِنَا عَنْ قَوْلِكَ وَ مَا نَحْنُ لَكَ بِمُؤْمِنِينَ.[۲]

۳. القرآن الكريم: وَ اعْلَمُوا أَنَّكُمْ غَيْرُ مُعْجِزِي اللهِ وَ أَنَّ اللهَ مُخْزِي الْكافِرِينَ.[۳]

٤. الرسولُ الأعظم صلى الله عليه وآله: مَا مِنْ شابٍّ تَزَوَّجَ في حَداثَةِ سِنِّهِ إلّا عَجَّ شَيْطانُه: يا وَيْلَه يا وَيْلَه عَصَمَ مِنّي ثُلُثَيْ دينِه؛ فَلْيَتَّقِ اللهَ الْعَبْدُ في الثُّلُثِ الباقي.[٤]

٥. الإمام العسكريُّ عليه السلام: مِنَ ٱلتَّواضُعِ السَّلامُ على كُلِّ مَنْ تَمُرُّ بِهِ، وَ الْجُلُوسُ دُونَ شَرَفِ الْمَجْلِسِ.[٥]

٦. الإمامُ الكاظمُ عليه السلام: مَنِ ٱسْتَوىٰ يَوْمَاهُ فَهُوَ مَغْبُونٌ.[٦]

---

۱. سورة الفلق / الآيتان ۱ و ۲.

۲. سورة هود / الآية ٥۳.

۳. سورة التوبة / الآية ۲.

٤. ميزان الحكمة، ج ٤ / ص ۲۷۲.

٥. تحف العقول / ص ٤۸۷.

٦. ميزان الحكمة، ج ٤ / ص ۱٦۸.

إعراب القرآن و الحديث

القرآن الكريم:

رَبَّنَا لا تُزِغْ قُلُوبَنا بَعْدَ إِذْ هَدَيْتَنَا [١]

رَبَّنا : رَبَّ: مُنادى منصوب لأنّه مضاف و علامة نصبه الفتحة الظاهرة، نا: ضمير متصل في محل جر مضاف إليه.

لا تُزِغْ : لا: ناهيةٌ جازمةٌ، تُزِغْ: فعل مضارع مجزوم و علامته السكون و الفاعل ضمير مستتر في، تقديره: أنتَ.

قُلُوبَنا : قُلُوبَ: مفعول به منصوب و علامته الفتحة، نا: ضمير متصل في محل جر مضاف إليه.

بَعْدَ : مفعول فيه (ظرفُ زمان) منصوب متعلِّق بـ (لا تُزِغْ) و هو مضاف.

إِذْ : ظرفُ زمان مبني على السكون في محل جر مضاف إليه و هو مضاف أيضاً.

هَدَيْتَنَا : هَدَيْتَ: فعل ماض مبني على السكون، **التاء**: ضمير متصل في محل رفع فاعـل، نـا: ضمير متصل في محل نصب مفعول به.

o جملـةُ «هَدَيْتَنَـا»: في محل جرٍ مضاف إليه.

---

١. سورة آل عمران / الآية ٨.

القرآن الكريم:

فَلَوْلا نَفَرَ مِنْ كُلِّ فِرْقَةٍ مِنْهُمْ طَائِفَةٌ لِيَتَفَقَّهُوا في ٱلدِّينِ[١]

فَلَوْلا : **الفاء**: حسب ما قبلها، **لَوْلا**: حرف توبيخ و تحضيض.

نَفَرَ : فعل ماض مبني على الفتح.

مِنْ كُلِّ : **مِنْ**: حرف جر، **كُلِّ**: اسم مجرور و علامته الكسرة و الجار و المجرور متعلقان بـ (نَفَرَ) و مضاف أيضاً.

فِرْقَةٍ : مضاف إليه مجرور بالكسرة.

مِنْهُمْ : **مِنْ**: حرف جر، **هُمْ**: ضمير متّصل في محلّ جرّ و الجار و المجرور متعلّقان بـ (نَفَر).

طائِفَةٌ : فاعـلٌ (نَفـرَ) مرفوع و علامته الضّمة الظاهرة.

لِيَتَفَقَّهُوا : **اللام**: حرف للتعليل، **يَتَفَقَّهُوا**: فعل مضارع منصوب بـ (أنْ) مضمرةً بعد لام التعليل و علامة نصبِه حذف النون من آخره، **الواو**: ضميرٌ متّصل في محلّ رفعٍ فاعل.

والمصدر المؤوّل من (أن و الفعل) في محل جر باللام و التقدير:... **لِتَفَقُّهِهِمْ في الدِّين** و الجار و المجرور متعلّقان بـ (نَفَرَ)

فِي الدِّينِ : **في**: حرف جرٍ، **الدِّين**: مجرور بـ (في) و علامته الكسرة و الجار و المجرور متعلّقان بـ (لِيَتَفَقَّهُوا).

---

١. سورة التوبة / الآية ١٢٢.

الرسولُ الأكرم صلى الله عليه وآله:

كُلُّ مَوْلُودٍ يُولَدُ عَلى ٱلْفِطْرَةِ حَتَّى يَكُونَ أبَواهُ يُهَوِّدَانِهِ أوْ يُنَصِّرانِهِ[1]

كُلُّ : مبتدأٌ مرفوعٌ و علامته الضّمةُ و هو مضاف.

مَوْلُودٍ : مضافٌ إليه مجرور بالكسرة.

يُولَدُ : فعل مضارع مرفوع بالضّمة مجهول و نائب الفاعل ضمير مستتر فيه جوازاً، تقديره: هُو.

عَلَى ٱلفِطْرَةِ: عَلى: حرف جر، الفِطْرَةِ: اسم مجرور بالكسرة و الجار و المجرور متعلّقان بـ (يُولَدُ).

حَتّى يَكُونَ: حَتَّى: حرف جر، يَكُونَ: فعل مضارع ناقص منصوب بـ «أنْ» مضمرةً بعد (حتّى) و علامتة نصبه الفتحة الظاهرة.

أبَواهُ : اسمُ (كان) مرفوعٌ و علامته الالف لأنّه مثنى و إنّما حذفت نونه من أجلْ إضافته، الهاء: ضمير متصل في محل جر مضاف إليه.

يُهَوِّدَانِهِ : فعل مضارع مرفوعٌ بثبوت النّون في آخره، الألفُ: ضمير متّصل في محل رفع فاعل، الهاء: ضمير متّصل في محلّ نصب مفعول به.

أوْ يُنَصِّرانِهِ: أو: حرف عطف؛ يُنَصِّرانِهِ: فعل مضارع مرفوع بثبوت النون في آخره، الألفُ: ضمير متّصل في محل رفع فاعلٌ، الهاءُ: ضمير متّصل في محل نصبٍ مفعول به.

---

١. سفينة البحار (فطر)، ج ٢ / ص ٣٧٣.

□ إعراب الجمل:

○ جملة «يُولَدُ»: في محلّ رفع خبر.

○ و جملة «يُهَوّدانِهِ»: في محل نصبٍ خبر (كان).

○ و جملة «يُنَصّرانِهِ»: مَعطوفةٌ على (يُهَوّدانِهِ) و هي في محل نصب أيضاً.

تمرين٩٤. أعرب الروايات الشريفة التابعة:

١. الإمام الصادق عليه السلام: صَلاحُ حَالِ ٱلتَّعايُشِ وَ ٱلتَّعَاشُرِ مِلْءُ مِكْيَالٍ ثُلْثاهُ فِطْنَةٌ و ثُلْثُهُ تَغافلٌ.[١]

٢. الإمام عليٌّ عليه السلام: أَكْثَرُ مَصَارِعِ ٱلْعُقُولِ تَحْتَ بُرُوقِ ٱلمَطامِعِ.[٢]

٣. الإمام علي بن الحسين عليه السلام: ألا وَ إنَّ أَبْغَضَ ٱلنّاسِ إلى ٱللهِ مَنْ يَقْتَدي بِسُنَّةِ إمامٍ و لا يَقْتَدي بِأَعْمَالِهِ.[٣]

---

١. تحف العقول / ص ٣٦٧.

٢. نهج البلاغة / الحكمة ٢١٩.

٣. تحف العقول / ص ٢٠٢.

التوابع أسماء تتبع ما قبلها في إعرابها، و هي أربعة:
النعت ، العطف ، التوكيد ، البدل.

- ٢٢ -

التوابع: النعت

٤٣٣. ما هو النعت؟

٤٣٤. كم قسماً النعت؟

٤٣٥. ما هو النعت الحقيقي؟

٤٣٦. ما هو حكم النعت الحقيقي؟

٤٣٧. ما هو النعت السببي؟

٤٣٨. ما هو حكم النعت السببي؟

٤٣٩. كيف يعرب الاسم الواقع بعد النعت السببي؟

٤٤٠. متى تكون الجملة أو شبه الجملة نعتاً؟

٤٣٣. النعت تابع يبيّن صفة في اسم سابق يُسمّى منعوتاً، نحو:

جاءَ ٱلتلميذُ ٱلمجتهدُ

منعوت نعت

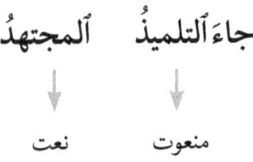

٤٣٤. النعت قسمان: **حقيقي** و **سببي**.

٤٣٥. النعت الحقيقي هو ما دلّ على صفة في المنعوت نفسه، نحو:

جاء ٱلرجلُ ٱلعاقلُ.

٤٣٦. إنّ النعت الحقيقي يتبع منعوته:

* في التعريف و التنكير، نحو: **الثوبُ ٱلممزّقُ - ثوبٌ ممزّقٌ.**
* في التذكير و التأنيث، نحو: **وَلَدٌ مُهَذَّبٌ - فتاةٌ مُهذَّبةٌ.**
* في الإفراد و التثنية و الجمع، نحو: **عامِلانِ ماهرانِ - عامِلُونَ ماهِرونَ.**
* في الإعراب، نحو: **عامِلَيْنِ ماهِرَيْنِ - عامِلاتٍ ماهراتٍ.**

٤٣٧. النعت السببي هو ما دلّ على صفة في اسم تابع للمنعوت، نحو:

جاءَ ٱلرجلُ ٱلكثيرُ مالُهُ

ٱلرجلُ ↓ منعوت — ٱلكثيرُ ↓ نعت سببي — مالُهُ ↓ تابعٌ للمنعوت

٤٣٨. إن النعت السببي:

* يكون دائماً مفرداً، نحو: **رأيتُ ٱلوَلَدَيْنِ ٱلممزَّقَ ثَوْبُهُما.**
* يتبع ما بعده في التذكير و التأنيث، نحو: **رَأيتُ ٱلغلامَ ٱلمُهَذَّبَةَ أُخْتُهُ.**
* يتبع ما قبله (منعوته) في التعريف و التنكير و الإعراب، نحو:

رَأيتُ غلاماً عالمةً أُمُّهُ

غلاماً ↓ منعوت — عالمةً ↓ نعت

كلمة «عالمة» نعت سبي، مفردةٌ تابعة لما بعدها (أُمّه) في التأنيث و تابعة لما قبلها في التنكير و النصب.

٤٣٩. إنّ الاسم الواقع بعد النعت السببي يكون:

* فاعلاً مرفوعاً إذا كان النعت السببي اسم فاعل أو صفة مشبهة، نحو:

رأيتُ غلاماً عالمةً أُمّهُ

عالمةً ← اسم فاعل
أُمّهُ ← فاعلُ عالمةٍ (مرفوعٌ).

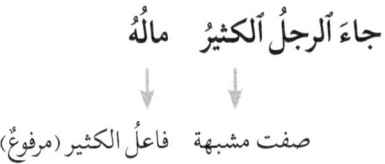

جاءَ ٱلرجلُ ٱلكثيرُ مالُهُ

ٱلكثيرُ ← صفت مشبهة
مالُهُ ← فاعلُ الكثير (مرفوعٌ).

* نائب فاعل مرفوعاً إذا كان النعت السببي اسم مفعول، نحو:

رأيتُ ٱلولدَيْنِ ٱلممزَّقَ ثوبُهما

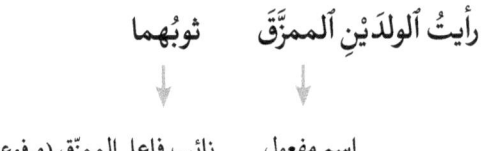

ٱلممزَّقَ ← **اسم مفعول**
ثوبُهما ← **نائب فاعل الممزّق (مرفوع)**

٤٤٠. تكون الجملة أو شبه الجملة نعتاً فقط بعد النكرات، نحو:

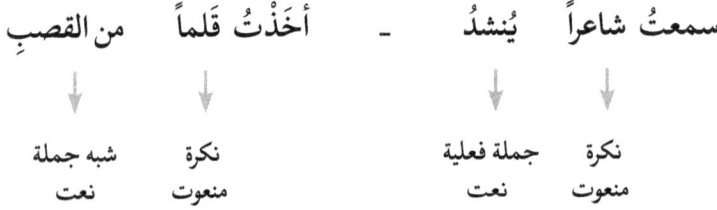

سمعتُ شاعراً يُنشدُ - أَخَذْتُ قَلماً من القصبِ

شاعراً ← **نكرة منعوت**
يُنشدُ ← **جملة فعلية نعت**
قَلماً ← **نكرة منعوت**
من القصبِ ← **شبه جملة نعت**

تمرين۹۵. ميّز النّعت الحقيقي من السببي و النعت المفرد من الجملة و شبه الجملة:

۱. القرآن الكريم: وَ لا تَكْتُمُوا ٱلشَّهَادَةَ وَ مَنْ يَكْتُمْهَا فَإِنَّه آثِمٌ قَلْبُهُ.[۱]

۲. القرآن الكريم: يا أَيُّها ٱلَّذين آمنُوا لا تَتَوَلَّوْا قَوْماً غَضِبَ ٱللّهُ عَلَيْهِمْ.[۲]

۳. القرآن الكريم: هُوَ ٱلَّذي بَعَثَ في ٱلأُمِّيِّينَ رَسُولاً مِنْهُمْ يَتْلُوا عَلَيْهِمْ آياتِهِ.[۳]

٤. الرسُولُ الأكرمُ ﷺ: اَلطَّاعِمُ ٱلشَّاكِرُ أَفْضَلُ مِنَ ٱلصَّائِمِ ٱلصَّامِتِ.[٤]

٥. الرّسولُ الأكرمُ ﷺ: يَا عَلِيُّ! طُوبىٰ لِصُورَةٍ نَظَرَ ٱللّهُ إِلَيْهَا تَبْكي على ذَنْبٍ لَمْ يَطَّلِعْ ذٰلِكَ ٱلذَّنْبِ أَحَدٌ غَيْرُ ٱللّهِ.[٥]

٦. الرَّسُولُ الأكرمُ ﷺ: مَوْتُ ٱلعالِمِ مُصيبَةٌ لا تُجْبَرُ، و ثُلْمَةٌ لا تُسَدُّ وَ هُوَ نَجْمٌ طَمَسَ، وَ مَوْتُ قَبيلَةٍ أَيْسَرُ مِنْ مَوْتِ عَالِمٍ.[٦]

۷. الرَّسُولُ الأعظمُ ﷺ: يَجيءُ ٱلرَّجُلُ يَوْمَ ٱلْقِيامَةِ وَ لَهُ مِنَ ٱلْحَسَناتِ كَٱلسَّحابِ ٱلرُّكامِ أَوْ كَٱلجِبالِ ٱلرَّواسي، فَيَقُولُ: يا رَبِّ أَنّىٰ لي هذا وَ لَمْ أَعْمَلْه؟ فَيقُولُ: هذا عِلمُكَ ٱلَّذي عَلَّمْتَهُ ٱلنّاسَ يَعْمَلُ بِه من بَعْدكَ.[۷]

۸. سَمِعْتُ حكمَةً مِنْ غُلامٍ مُهَذَّبٍ أَخَواهُ.

تمرين۹٦. ميّز النعت من الخبر و الحال في الجمل التابعة:

۱. القرآن الكريم: اَلَّذِينَ يَذْكُرُونَ ٱللّهَ قِياماً و قُعُوداً و عَلى جُنُوبِهِمْ و يَتَفكَّرونَ

---

۱. سورة البقرة / الآية ۲۸۳.

۲. سورة الممتحنة / الآية ۱۳.

۳. سورة الجمعة / الآية ۲.

٤. تحف العقول/ ص ٤۸.

٥. تحف العقول / ص ۸.

٦. ميزان الحكمة ج ۱۰ / ص ٤٦۳.

۷. بحار الأنوار ج ۲ / ص ۱۸.

فِي خَلْقِ ٱلسَّمٰواتِ وَ ٱلأرضِ رَبَّنَا مَا خَلَقْتَ هٰذا بَاطِلاً سُبْحانَكَ فَقِنا عَذابَ ٱلنّارِ.[١]

٢. القرآن الكريم: ذٰلِكَ ٱلْكِتابُ لا رَيْبَ فِيهِ هُدًى لِلْمُتَّقِينَ ﴿ ٱلَّذِينَ يُؤْمِنُونَ بِٱلْغَيْبِ.[٢]

٣. الرَّسولُ الأكرمُ ﷺ: يَا عَلِيُّ! كُلُّ عَينٍ باكِيَةٌ يَوْمَ ٱلْقِيامَةِ إلاّ ثلاث أعْيُنٍ: عَيْنٌ سَهِرَتْ فِي سَبيلِ ٱللهِ، وَ عَيْنٌ غَضَّت عَنْ مَحارِمِ ٱللهِ، وَ عَيْنٌ فَاضَتْ مِنْ خَشْيَةِ ٱللهِ.[٣]

٤. الرَّسُولُ الأكرمُ ﷺ: اَلمُتَزَوِّجَ ٱلنّائِمُ أفْضَلُ عِنْدَ ٱللهِ مِنَ ٱلصّائِمِ ٱلقائِمِ ٱلعَزَبِ.[٤]

٥. الإمامُ العسكريّ عليه السلام: إنكُمْ فِي آجالٍ مَنْقُوصَةٍ، و أيّامٍ مَعْدُودَةٍ وَ ٱلمَوْتُ يَأتي بَغْتَةً.[٥]

٦. إنَّ ٱلكتابَ نافِعٌ ـ قَرَأنَا ٱلكِتابَ نافعاً ـ قَرَأنا كِتاباً نافعاً.

تمرين٩٧. عيّن النعت المفرد و الجملة و شبه الجملة في الآية الشريفة التالية:

وَ سَارِعُوا إِلَى مَغْفِرَةٍ مِنْ رَبِّكُمْ وَجَنَّةٍ عَرْضُهَا ٱلسَّمٰواتُ وَ ٱلأرْضُ أُعِدَّتْ لِلْمُتَّقِينَ ﴿ ٱلَّذينَ يُنْفِقُونَ فِي ٱلسَّرّاءِ وَ ٱلضَّراءِ وَ ٱلْكاظِمينَ ٱلْغَيْظَ وَ ٱلْعافينَ عَنِ ٱلنّاسِ وَ ٱللهُ يُحِبُّ ٱلمُحْسِنِينَ.[٦]

---

١. سورة آل عمران / الآية ١٩١.

٢. سورة البقرة / الآيتان ٢ و ٣.

٣. تحف العقول / ص ٨.

٤. ميزان الحكمة ج ٤ / ص ٢٧٣.

٥. تحف العقول / ص ٤٨٩.

٦. سورة آل عمران / الآيتان ١٣٣ و ١٣٤.

إعراب القرآن و الحديث

القرآن الكريم:

قَوْلٌ مَعْروفٌ و مَغفِرَةٌ خَيْرٌ مِنْ صَدَقَةٍ يَتْبَعُهَا أذىً[1]

قَوْلٌ : مبتدأ مرفوع و علامة رفعه ضمّة آخره.

مَعْرُوفٌ : نعتٌ لـ (قول) مرفوع مثله و علامته الضمة.

و مَغْفِرَةٌ : الواو:حرف عطف، **مَغْفِرَةٌ**: معطوف على (قول) مرفوعٌ مثله و علامة رفعه الضمّة.

خَيْرٌ : خبر مرفوع و علامته الضمّة.

مِنْ صَدَقَةٍ: **مِنْ**: حرف جر، **صَدَقَةٍ**: اسم مجرور و علامة جر الكسرةُ، الجار و المجرور متعلّقان بـ (خَيْر).

يَتْبَعُها : **يَتْبَعُ**: فعل مضارع مرفوع و علامة رفعه ضمّة آخره، **ها**: ضمير متصل مبنيّ على السكون في محل نصب مفعول به.

أذىً : فاعل مرفوع و علامة رفعه الضمّة المقدّرة على الألف للتعذّر.

○ جملةُ «**يَتْبَعُها أذىً**»: في محلٍ جر نعت لـ (صدقة).

---

١. سورة البقرة / الآية ٢٦٣.

الإمام الهادي عليه السلام:

اَلْمِراءُ يُفسِدُ ٱلصَّداقَةَ ٱلْقَدِيمَةَ وَ يُحَلِّلُ ٱلعُقْدَةَ ٱلْوثيقةَ [١]

المراءُ : مبتدأٌ مرفوعٌ و علامته الضمّةُ.

يُفْسِدُ : فعلٌ مضارعٌ مرفوعٌ و علامته الضمّة و فاعله ضمير مستتر فيه، تقديره: هُوَ.

الصَّداقَةَ : مفعولٌ به منصوبٌ و علامة نصبه الفتحة.

القديمَةَ : نَعْتٌ مفردٌ لـ (الصّداقَة) منصوبٌ مثلها و علامةُ نصبه الفتحة.

و يُحَلِّلُ : **الواو**: حرف عطف، **يُحَلِّلُ**: فعل مضارع مرفوع و علامته الضمّة و فاعله ضمير مستتر فيه، تقديره: هُوَ.

اَلعُقْدَةَ : مفعولٌ به منصوب بالفتحة.

اَلوَثيقةَ : نَعتٌ مفردٌ لـ (العُقْدَة) منصوبٌ مثلها.

تمرين٩٨. أعرب الآية الكريمة:

اللهُ نُورُ ٱلسَّمواتِ وَ الأَرْضِ مَثَلُ نُورِهِ كَمِشْكوٰةٍ فيها مِصْباحٌ ٱلْمِصْباحُ في زُجاجَةٍ ٱلزُّجاجَةُ كأَنَّها كَوْكَبٌ دُرِّيٌّ يُوقَدُ مِنْ شَجرَةٍ مُبارَكَةٍ.[٢]

---

١. بحار الأنوار، ج ٧٨ / ص ٣٦٩.

٢. سورة النور / الآية ٣٥.

- ٢٣ -

التوابع: العطف

٤٤١. ما هو العطف؟

٤٤٢. كم هي حروف العطف؟

٤٤٣. هل يقع العطف بين كل أنواع الكلمات؟

٤٤٤. كيف يعطف على الضمائر؟

٤٤٥. كيف يعطف على الضمير المتصل المرفوع؟

٤٤٦. كيف يعطف على الضمير المتصل المجرور؟

٤٤١. العطف هو إتباع لفظ للفظ آخر بواسطة حرف عطف، فيسمى الثاني معطوفاً و الأوّل معطوفاً عليه، نحو:

كَسَرْتُ ٱلْقَلَمَ و الدَّواة

معطوف عليه حرف عطف معطوف

كلمة «الدواة» تعطف على «القلم» و تنصب مثله.

٤٤٣. **حروف العطف** تسعة و هي:

الواو، الفاء، ثُمَّ، أوْ، أمْ، لكنْ، لا، بَلْ و حَتّى.

٤٤٣. يَقَعُ العطفُ بين الأسماء و بين الأفعال:

* بين اسمين، نحو: **جاءَ ٱلكريمُ وَ ٱلبخيلُ.**

* بين فعلين (وَ يَحسنُ مراعاة اتحاد الزمان بين الفعلين)، **نحو:**

قام ٱلرجلُ و سَجَدَ.

يقومُ ٱلرجلُ وَ يسجُدُ.

قُمْ يا رَجلُ وَ ٱسْجُدْ.

٤٤٤. إذا كان الضمير مستتراً وجب تأكيده **بالضمير المنفصل** قبل العطف عليه، **نحو: جاءَ هُوَ و أبُوه** ، بدلاً من: جاءَ و أبوه.

٤٤٥. إذا كان الضمير متّصلاً مرفوعاً وجب تأكيده **بالضمير المنفصل** قبل العطف عليه، **نحو: جئتَ أنْتَ و أخوكَ** ، بدلاً من: جئتَ وَ أخوكَ.

٤٤٦. إذا كان الضمير متَّصلاً مجروراً **وجب تكرار الخافض** (حرف الجر أو المضاف) قبل العطف على الضمير، **نحو:**

سَلَّمْتُ عليه و على أخيه ، بدلاً من: سَلَّمْتُ عليه و أخيه.

كيفَ حالُكَ وَ حالُ أخيكَ ، بدلاً من: كيفَ حالك و أخيك.

تمرين٩٩. ميّز العاطف من المعطوف و المعطوف عليه و عيّن علامة الإعراب:

١. **القرآنُ الكريمُ:** إِنَّمَا يُرِيدُ ٱلشَّيْطَانُ أَنْ يُوقِعَ بَيْنَكُمُ ٱلْعَدَاوَةَ وَ ٱلْبَغْضَاءَ فِي ٱلْخَمْرِ وَ ٱلْمَيْسِرِ وَ يَصُدَّكُمْ عَنْ ذِكْرِ ٱللَّهِ وَ عَنِ ٱلصَّلوةِ فَهَلْ أَنْتُمْ مُنْتَهُونَ.[١]

٢. **القرآنُ الكريمُ:** فَكُبْكِبُوا فِيهَا هُمْ وَ ٱلْغَاوُونَ ❊ وَ جُنُودُ إِبْلِيسَ أَجْمَعُونَ.[٢]

٣. **الرّسولُ الأكرمُ** ﷺ: إِنَّ ٱلْجُبْنَ وَ ٱلْبُخْلَ وَ ٱلْحِرْصَ غَرِيزَةٌ وَاحِدَةٌ يَجْمَعُهَا سوءُ ٱلظَّنِّ.[٣]

٤. **الإمام عليٌّ** عليه السلام: لِكُلِّ امْرِىءٍ عاقِبَةٌ حُلْوَةٌ أَوْ مُرَّةٌ.[٤]

٥. **عيسى بن مريم** عليه السلام: يَا صَاحِبَ ٱلْعِلْمِ! عَظِّمِ ٱلْعُلَمَاءَ وَ دَعْ مُنازَعَتَهُمْ، وَ صَغِّرِ ٱلْجُهَّالَ لِجَهْلِهِمْ وَ لا تَطْرُدْهُمْ وَ لٰكِنْ قَرِّبْهُمْ وَ عَلِّمْهُمْ.[٥]

٦. **القرآنُ الكريمُ:** وَلَقَدْ خَلَقْنَا ٱلإِنْسانَ مِنْ سُلالَةٍ مِنْ طِينٍ ❊ ثُمَّ جَعَلْنَاهُ نُطْفَةً فِي قَرارٍ مَكِينٍ ❊ ثُمَّ خَلَقْنَا ٱلنُّطْفَةَ عَلَقَةً فَخَلَقْنَا ٱلْعَلَقَةَ مُضْغَةً فَخَلَقْنَا ٱلْمُضْغَةَ عِظاماً فَكَسَوْنَا ٱلْعِظَامَ لَحْماً ثُمَّ أَنْشَأْنَاهُ خَلْقاً آخَرَ فَتَبارَكَ ٱللَّهُ أَحْسَنُ ٱلْخالِقِينَ ❊ ثُمَّ إِنَّكُمْ بَعْدَ ذٰلِكَ لَمَيِّتُونَ ❊ ثُمَّ إِنَّكُمْ يَوْمَ ٱلْقِيمَةِ تُبْعَثُونَ.[٦]

تمرين١٠٠. ميّز الواو التي للعطف من الواو التي للحال أو المعيّة:

جِئْتُمْ أَنْتُمْ وَ ٱلْجَمْعَ - قُمْتُ وَ ٱلْفَجْرَ - اَقَمْتُ فِي لُبْنانَ عاماً وَ رَجَعْتُ وَ

---

١. سورة المائدة / الآية ٩١.

٢. سورة الشعراء / الآيتان ٩٤ و ٩٥.

٣. بحار الأنوار، ج ٧٣ /ص ٣٠٤.

٤. نهج البلاغة / الحكمة ١٥١.

٥. ميزان الحكمة، ج ١٠ / ص ٥٤٥.

٦. سورة المؤمنون / الآيات ١٢-١٦.

أنـا عَـارِفٌ بِأَحْوالِهـا - زَحَـفَ نَابليـونُ عَلى ٱلإنكليـز وَ مَعَهُ سَـبْعُونَ أَلْفاً وَ كَانَ يَرْجُـوا أنْ يُهـوِّلَ عَلَيْهِـمْ بِكَثْـرَةِ ٱلعَـدَدِ - كَيْـفَ حَالُـكَ وَ ٱلحَوادِثَ؟ - جِئْـتُ مِـنَ ٱلْبَيْـتِ وَ إيّـاهُ - جِئْـتُ مِنَ ٱلْبَيْتِ أنَـا وَ إيّاهُ - اِذْهَـبْ وَ أباكَ.

تمرين١٠١. شكّل الكلمات التي تحتها خطّ:

الإمـام عـليٌّ عليه السلام: إنَّ أوَّل مَـا تُغلبُـون عَلَيْـه مِـنَ ٱلجِهـاد، الجهـاد بأيْديكُمْ ثُمَّ بِألْسِـنَتِكُمْ ثُمَّ بِقُلُوبِكُـمْ، فَمَـنْ لَمْ يعـرف بقلبـه مَعْروفاً وَ لم يُنكِـر مُنكراً قُلِبَ، فَجُعِلَ أعْلاهُ أسفله، و أسفله أعْلاهُ.[1]

---

١. نهج البلاغة / الحكمة ٣٧٥.

- ٢٤ -

التوابع: التوكيد

٤٤٧. ما هو التوكيد؟

٤٤٨. كم نوعاً التوكيد؟

٤٤٩. كيف العمل إذا أردنا التوكيد اللفظي؟

٤٥٠. كيف العمل إذا أردنا التوكيد المعنوي؟

٤٥١. بماذا تختص «كلا» و «كلتا»؟

٤٤٧. التوكيد تابعٌ يُذكَر تقريراً لما قبله، نحو: **جاءَ يوسفُ نفسُهُ.**

٤٤٨. التوكيد نوعان: **لفظي** و **معنوي**.

٤٤٩. إذا أردنا التوكيد اللفظي علينا بتكرار اللفظ و يكون ذلك:

- بين الأسماء، نحو: **جاء ٱلصيفُ ٱلصيفُ.**
- بين الأفعال، نحو: **جاءَ جاءَ ٱلصيفُ.**
- بين الحروف، نحو: **نَعَمْ نَعَمْ.**
- بين الجمل، نحو: **طَلَعَ ٱلنهارُ طَلَعَ ٱلنهارُ.**

٤٥٠. إذا أردنا التوكيد المعنوي استعملنا أحد الألفاظ الثمانية الآتية:

نَفْس ، عَين ، كِلا ، كِلْتا ، كُل ، أجمع ، جميع و عامَّة.

و يجب أن تتصل هذه الألفاظ بضمير يطابق المؤكَّد، نحو:

جاء الأميرُ عَيْنُه ، رَأيْتُ ٱلفرقةَ كلَّها ، العقلاءُ أنْفُسُهم يُحِبّونَ العَدْل

مؤكَّد مؤكِّد مؤكَّد مؤكِّد مؤكَّد مؤكِّد

٤٥١. تختصّ «كِلا» و «كِلتا» بتوكيد المثنى و تُعربان إعرابه، نحو:

والداكَ كلاهما مشتاقان إليك - أكْرِمْ والديك كلَيْهما.

يداك كلتاهما نظيفتان - اِغسل يديك كلتيهما.

تمرين ۱۰۲. عيّن المؤكِّد و المؤكَّد و نوعَ التوكيد في العبارات التالية:

۱. القرآن الكريم: وَ ٱلسَّابِقُونَ ٱلسَّابِقُونَ * أولٰئِكَ ٱلْمُقَرَّبُونَ.[۱]

۲. القرآن الكريم: وَ لَمَّا دَخَلُوا عَلى يُوسُفَ ءَاوَىٰ إِلَيْهِ أخاهُ قَالَ إِنّي أنَا أخُوكَ.[۲]

۳. القرآن الكريم: قَالُوا أَءِنَّكَ لَأنْتَ يُوسُفُ قَالَ أنَا يُوسُفُ وَ هٰذا أخي.[۳]

٤. القرآن الكريم: إِنَّا نَحْنُ نَزَّلْنَا ٱلذِّكْرَ وَ إِنّا لَهُ لَحَافِظُونَ.[٤]

٥. القرآن الكريم: فَسَجَدَ ٱلملائِكَةُ كُلُّهُمْ أجْمَعُونَ * إلاّ إبليسَ.[٥]

٦. الرّسولُ الأكرمُ صلى الله عليه وآله: وَيْلٌ لِمَنْ طَلَبَ ٱلدُّنْيَا بِالدِّينِ، وَيْلٌ لَهُ.[٦]

۷. الرّسولُ الأعظمُ صلى الله عليه وآله: اَلْعِدَةُ دَيْنٌ، وَيْلٌ لِمَنْ وَعَدَ ثُمَّ أخْلَفَ، وَيْلٌ لِمَنَ وَعَدَ ثُمَّ أخْلَفَ، وَيْلٌ لِمَنْ وَعَدَ ثُمَّ أخْلَفَ.[۷]

۸. الإمام عليٌّ عليه السلام: أيُّهَا ٱلنَّاسُ الآنَ الآنَ! مِنْ قَبْلِ ٱلنَّدمِ و من قَبْلِ أنْ تَقُولَ نَفْسٌ:

يَا حَسْرَتىٰ على مَا فَرَّطْتُ في جَنْبِ ٱللهِ.[۸]

تمرين ۱۰۳. أكّد توكيداً معنويّاً الألفاظ المشار إليها بخطّ:

۱. قَضَيْتُ ٱلسَّنَةَ في هذه ٱلمَدينَةِ.

---

۱. سورة الواقعة / الآيتان ۱۰ و ۱۱.

۲. سورة يوسف / الآية ٦۹.

۳. سورة يوسف / الآية ۹۰.

٤. سورة الحجر / الآية ۹.

٥. سورة ص/ الآيتان ۷۳ و ۷٤.

٦. ميزان الحكمة، ج ۷ / ص ٤۷٥.

۷. ميزان الحكمة، ج ۱۰ / ص ٥۳۱.

۸. ميزان الحكمة، ج ٦ / ص ٥٤۰.

٢. وَصَلَ ٱلْجُنُودُ مِنَ ٱلْحَرْبِ سَالِمِينَ.

٣. قَضَيْتُ شَهْرَيْ ٱلصَّيْفِ عَلَى ٱلشَّواطِئ.

٤. حَدَثَ زِلْزَالٌ هائِلٌ فَدُمِّرَتِ ٱلبُيُوتُ.

٥. عَادَ أبوكَ وَ صَديقاهُ مِنَ ٱلرِّحْلَةِ.

٦. سَمِعْتُ هٰذِهِ ٱلنَّصيحَةَ مِنَ ٱلأُسْتَاذِ.

إعراب القرآن و الحديث

القرآن الكريم:

هَلْ يَسْتَوِي ٱلأعْمَىٰ وَ ٱلْبَصِيرُ أمْ هَلْ تَستَوِي ٱلظُّلُماتُ وَ ٱلنُّورُ [١]

هَلْ : حرف استفهامٍ.

يَسْتَوِي : فعلٌ مضارعٌ مرفوعٌ و علامةُ رَفعِه الضّمة المقدّرة على الياء.

اَلأعمى : فاعل مرفوع و علامة رفعه الضّمة المقدّرة على الألف.

وَالبَصيرُ : الواو: حرف عطف، **البصيرُ**: اسم مرفوع بالضّمة الظاهرة لأنه معطوف على (الأعمى) و مرفوع مثله.

أمْ : حرف عطف.

---

١. سورة الرعد/ الآية ١٦.

هَلْ : حرف استفهامٍ.

تَسْتَوي : فعلٌ مضارعٌ مرفوعٌ و علامةُ رَفعِه الضّمة المقدّرة على الياء.

اَلظُّلماتُ : فاعل مرفوع و علامته الضّمة.

و النُّورُ : الواو: حرف عطف، **النُّورُ**: اسم مرفوع بالضمة الظاهرة لأنّه معطوفٌ على (الظُّلمات) مرفوعٌ مثلها.

القرآن الكريم:

فَسَجَدَ ٱلملائِكَةُ كُلُّهُم أجْمَعُونَ ❊ إلَّا إبْلِيسُ[1]

فَسَجَدَ : الفاء: حسب ما قبلها، **سَجَدَ**: فعل ماض مبنيّ على الفتح.

ٱلملائِكَةُ : فاعل مرفوع و علامته ضمة آخره.

كُلُّهُمْ : **كُلُّ**: اسم مرفوع بالضمة لأنَّه توكيد معنوي لـ (الملائكة) و تابع له، **هُمْ**: ضمير متصل مبني على السكون في محل جر مضاف إليه.

أجْمَعُون : اسم مرفوع و علامة رفعه الواو لأنّه ملحق بجمع المذكر السالم و هو توكيد بعد توكيد.

إلاّ : أداة استثناء.

إبْلِيسَ : مستثني بـ (إلاّ) منصوب و علامته الفتحة الظاهرة.

○ و الاستثناء منقطع لأنّ إبليس لم يكن من جنس الملائكة و إنّه كان من الجنّ.

---

١. سورة ص / الآية ٧٣ و ٧٤.

الإمام الصادق عليه‌السلام :

مَلْعُونٌ مَلْعُونٌ رَجُلٌ يَبْدَؤُهُ أخُوهُ بِالصُّلْحِ فَلَمْ يُصَالِحْهُ [١]

مَلْعُونٌ : خبرٌ مقدَّمٌ و علامتُه الضمةُ.

مَلْعُونٌ : توكيدٌ لفظيٌ لـ (مَلْعُونٌ) الأوّل مرفوعٌ مثلُه و علامتُه الضمةُ.

رَجُلٌ : مبتدأٌ مؤخّرٌ مرفوعٌ و علامته الضمّةُ.

يَبْدَؤُهُ : فعلٌ مضارعٌ مرفوعٌ بالضّمة، **الهاء**: ضميرٌ متصلٌ مبنيٌّ على الضم في محل نصبٍ مفعولٌ به.

أخُوهُ : **أخُو**: فاعلٌ مرفوعٌ و علامتُه الواو لأنّه من الأسماء الستة، و هو مضافٌ، **الهاء**: ضميرٌ متصلٌ في محلّ جرٍ مضافٌ إليه.

بِالصُّلْحِ : **الباء**: حرف جر، **الصُّلْح**: اسمٌ مجرورٌ و علامتُه الكسرة، و الجار و المجرور متعلّقان بـ (يَبْدَؤه).

فَلَمْ يُصَالِحْهُ: **الفاء**: فاء النتيجة، **لَمْ**: حرفُ جزمٍ و نفيٍ و قلبٍ، **يُصالِحْ**: فعلٌ مضارعٌ مجزومٌ و علامتُه السكون، و فاعلُه ضميرٌ مستترٌ فيه تقديره هُوَ، **الهاءُ**: ضميرٌ متصلٌ مبنيٌّ على الضّم في محلّ نصب مفعولٌ به.

○ و جملة «يَبْدَؤُهُ»: جملة فعليةٌ في محلّ رفعٍ، نعتٌ لِـ (رَجُلٌ).

---

١. ميزان الحكمة، ج ١/ ص ٥٠.

تمرين١٠٤. أعرب الحديثين التاليين:

١. **رسول الله** صلى الله عليه وآله: لَـوَدَدْتُ أنّي أغْـزُو في سَـبيلِ ٱللهِ فَأُقْتَـلُ ثُمَّ أغْـزُو فَأُقْتَـلُ ثُمَّ أغْزُو فَأُقْتَلُ.[1]

٢. **الإمـام الصـادق** عليه السلام: إنَّ ٱلمُـؤْمنَ أشَـدُّ مِـنْ زُبرِ ٱلْحَديدِ، إنَّ زُبُـرَ ٱلْحَديدِ إذَا أُدْخِلَ ٱلنّارَ تَغيَّرَ وَ إنَّ ٱلمُـؤمنَ لَوْ قُتِلَ ثُمَّ نُشِرَ ثُمَّ قُتِلَ لَمْ يَتَغَيَّرْ قَلْبُه.[2]

---

١. ميزان الحكمة، ج ٥ / ص ١٨٩.

٢. سفينة البحار، ج ١ / ص ٣٧.

- ٢٥ -

التوابع: البدل

٤٥٢. ما هو البدل؟

٤٥٣. كم نوعاً البدل؟

٤٥٤. ما هو بدل الكل؟

٤٥٥. ما هو بدل الجزء؟

٤٥٦. ما هو بدل الاشتمال؟

٤٥٧. ما هو شرط بدل الجزء و الاشتمال؟

٤٥٣. البدل تابعٌ يعيّن مدلول متبوعه، نحو: **جاءَ يوسفُ أخوكَ.**

متبوع ↓ بدل ↓

٤٥٣. البدل ثلاثة أنواع: بدل كل، بدل جزء و بدل اشتمال.

٤٥٤. بدلُ الكل هو ما دلّ على المتبوع عينه، نحو: **أخوكَ إبراهيمُ صديقُنا.**

متبوع ↓ بدل كل ↓

٤٥٥. بدل الجزء هو ما دلَّ على جزء من المتبوع، نحو: **سَقَطَ ٱلبيتُ سَقْفُهُ.**

متبوع ↓ بدل جزء ↓

٤٥٦. بدل الاشتمال هو ما دلَّ على ميزة من ميزات المتبوع، نحو:

أطرَبنى ٱلبلبلُ تَغْريدُه.

متبوع ↓ بدل اشتمال ↓

٤٥٧. شرط بدل الجزء و الاشتمال أن يتصلا بضمير يعود على المبدل منه، نحو:

قَرأتُ ٱلكتابَ نصفَهُ ، يَسُرُّكَ ٱلأميرُ عفوُهُ.

ملحق

معاني بعض الحروف

٤٥٨. معاني «ان»:

* أن: حرفُ مصدرٍ و نصبٍ (عدد ٢٩٨-٣٠٠) و حرفُ تفسيرٍ.
* إن: حرفُ شرطٍ يجزم فعلينِ (عدد ٣٠٥، ٣٠٧، ٣٠٩).
* إنَّ: حرف توكيد مشبه بالفعل (عدد ٣٥٣، ٣٥٨، ٣٥٩).

٤٥٩. معانى الواو:

* «الواو» العاطفة (عدد ٢٧٤، ٤٤٣، ٤٤٦).
* «واو» القسم (عدد ٢٧٣، ٤٢٣، ٤٣٤).
* «الواو» الحالية (عدد ٤٠٩).
* «واو» المعيّة (عدد ٣٩٤ و ٣٩٥).

٤٦٠. معاني «الفاء»:

* «الفاء» العاطفة (عدد ٢٧٤).
* «فاء» الجزاء (عدد ٣١١ و ١١٣).

٤٦١. معاني أحرف النفي:

* «ما»: حرف نفي محض.
* «لا»: حرف نفي محض، حرف جزم للنهي أي للأمر المنفي (عدد ٣٠٤).
* «لَم»: حرف جزم ينفي الحدث الماضي (عدد ٣٠٤).
* «لَن»: حرف نصب ينفي المستقبل (عدد ٢٩٨).
* «لَمّا»: حرف جزم لإثبات أمر لم يحدث بَعدُ (عدد ٣٠۴).

تمريـن١٠٥. اجمـع على حـدة الجمل الواقع فيها بـدل الكلّ و الواقع فيها بـدل الجزء ثمَّ بدل الاشتمال:

١. القرآن الكريم: أَلا لَهُ ٱلخَلْقُ وَ ٱلأَمْرُ تَبارَكَ ٱللَّهُ رَبُّ ٱلْعالَمِينَ.[١]

٢. القرآن الكريم: وَ ٱجْعَلْ لي وَزيراً مِنْ أَهْلي ۞ هٰرُونَ أَخي.[٢]

٣. القرآن الكريم: أَلا بُعْداً لِعَادٍ قَوْمِ هُودٍ.[٣]

٤. القرآن الكريم: يَسْئَلُونَكَ عَنِ ٱلشَّهْرِ ٱلحَرامِ قِتَالٍ فيهِ.[٤]

٥. القرآن الكريم: فَجَعَلَ مِنْهُ ٱلزَّوْجَيْنِ ٱلذَّكَرَ وَ ٱلأُنْثَىٰ.[٥]

٦. الإمـام عـليٌّ عليه السلام: اَلْعِلْمُ عِلْمَانِ: مَطْبُوعٌ و مَسْمُوعٌ، وَ لا يَنْفَعُ ٱلمَسْمُوعُ إِذَا لَمْ يَكُنِ ٱلمَطْبُوعُ.[٦]

٧. الإمـامُ الحسـينُ عليه السلام: اَلإخـوانُ أَرْبَعةٌ: فَأَخٌ لَكَ وَلَـهُ، وَ أَخٌ لَكَ، و أَخٌ عَلَيْكَ، و أَخٌ لا لَكَ وَ لا لَهُ.[٧]

---

١. سورة الأعراف / الآية ٥٤.

٣. سورة طه / الآيتان ٢٩ و ٣٠.

٣. سورة هود / الآية ٦٠.

٤. سورة البقرة / الآية ٢١٧.

٥. سورة القيامة / الآيه ٣٩.

٦. نهج البلاغة / الحكمة ٣٣٨.

٧. ميزان الحكمة، ج ١ / ص ٥٣.

تمرين١٠٦. الكلمات التي تحتها خطّ مِنْ أيّ قسم من التوابع:

١. القرآن الكريمُ: ضَرَبَ ٱللهُ مَثَلاً عَبْداً مَمْلوكاً لا يَقْدِرُ على شيءٍ وَ مَنْ رَزَقناهُ مِنّا رِزْقاً حَسَناً فَهُوَ يُنْفِقُ مِنْهُ سِرّاً و جَهْراً هَلْ يَسْتَوُونَ.[1]

٢. القرآنُ الكريمُ: وَ شَرَوْهُ بِثَمَنٍ بَخْسٍ دَراهِمَ مَعْدُودَةٍ.[2]

١. سورة النحل / الآية ٧٥.

٢. سورة يوسف / الآية ٣٠.

التمارين العامة

تمرين ١٠٧. استخرج الكلمات المرفوعة و الكلمات المنصوبة و الكلمات المجرورة و عيّن علامة إعرابها:

١. القرآن الكريم: وَ إِذْ قالَ عِيسَى ٱبْنُ مَرْيَمَ يا بَني إِسْرائيلَ إِنّي رَسُولُ ٱللهِ إِلَيْكُمْ مُصَدِّقاً لِما بَيْنَ يَدَيَّ مِنَ ٱلتَّورٰىةِ وَ مُبَشِّراً بِرَسُولٍ يَأْتي مِنْ بَعْدِي اسْمُهُ أَحْمَدُ فَلَمَّا جاءَهُمْ بِٱلْبَيِّناتِ قَالُوا هذا سِحْرٌ مُبينٌ ۞ وَ مَنْ أَظْلَمُ مِمَّنِ ٱفْتَرىٰ عَلَى ٱللهِ ٱلكَذِبَ وَ هُوَ يُدْعَى إِلَى ٱلإِسْلامِ وَ ٱللهُ لا يَهْدِي ٱلقَومَ ٱلظّالِمينَ ۞ يُرِيدُونَ لِيُطْفِئُوا نُورَ ٱللهِ بِأَفْواهِهِمْ وَ ٱللهُ مُتِمُّ نُورِهِ وَ لَوْ كَرِهَ ٱلكافِرُونَ ۞ هُوَ ٱلَّذي أَرْسَلَ رَسُولَهُ بِٱلْهُدىٰ وَ دينِ ٱلحَقِّ لِيُظْهِرَهُ عَلَى ٱلدّينِ كُلِّهِ وَ لَوْ كَرِهَ ٱلْمُشْرِكُونَ.[١]

٢. مُناجاة ٱلله مع عيسى (على نَبيّنا و آله و عليه السلام):

ثُمَّ أوصيكَ يَابْنَ مَرْيَمَ ٱلبِكْرِ ٱلبتُولِ بِسَيِّدِ ٱلمُرسَلينَ وَ حَبيبي أَحْمَدَ صَاحِبِ ٱلْجَمَلِ ٱلأَحْمَرِ وَٱلوَجْهِ ٱلأَزْهَرِ، ٱلمُشْرِقِ بِٱلنُّورِ، ٱلطّاهِرِ ٱلقَلْبِ، ٱلشَّديدِ ٱلبَأْسِ، ٱلحَيِيِّ ٱلمُتكَرِّمِ، فإنَّه رَحمةٌ للعَالَمينَ وَ سَيِّدُ وُلْدِ آدمَ يَوْمَ يَلْقاني،

١. سورة الصّف / الآيات ٦-٩.

أكـرَمُ السّـابقينَ عَـلَيَّ، وَأقْـرَبُ ٱلمُسـلمينَ مِـنّي، ٱلعَـرَبِيُّ ٱلأُمِّـيُّ، ٱلدّيّـانُ بِديني، ٱلصّابِرُ في ذَاتي، ٱلمُجاهِدُ لِلمُشْرِكينَ بِذَبِّه عَنْ ديني، وَ أنْ تُخْبِرَ بِهِ بَني إسْرائيلَ وَ تَأمُرَهُمْ أنْ يُصَدِّقُوهُ وَ أنْ يؤمِنُوا بِهِ وَ أن يَتَّبِعُوهُ وَ يَنصُروهُ، قـال: إلهـي! مَنْ هُـوَ حَتّى أُرْضيَهُ ذلِكَ ٱلرِّضَا؟ قال: هُوَ مُحمّدٌ رَسُـولُ ٱللهِ إلى ٱلنّاسِ كافّةً وَ... .[1]

٣. الإمام عليٌّ عليه السلام: فَإنْ أطَعْتُمُوني فَإنّي حَامِلُكُمْ - إنْ شاءَ ٱللّهُ - عَلى سَبيلِ ٱلجَنَّةِ وَ إنْ كانَ ذَا مَشَقَّةٍ شَديدَةٍ وَ مَذاقَةٍ مَريرَةٍ.[2]

إعراب القرآن و الحديث

القرآن الكريم:

وَٱذْكُرْ عَبْدَنَا أيُّوبَ [3]

وَاذْكُرْ : الواو: حسب ما قبلها، أُذْكُرْ: فعل أمر مبني على السكون و الفاعل ضمير مستتر فيه وجوباً، تقديره: أنْتَ.

عَبْدَنَا : عَبْدَ: مفعول به منصوب و علامته الفتحة الظاهرة مضافٌ، نا: ضمير متصل مبني على السكون في محل جرّ مضاف إليه.

---

١. تحف العقول / ص ٤٩٩.

٢. نهج البلاغة / الخطبة ١٥٦.

٣. سورة ص / الآية ٤١.

أَيُّوبَ : بدل (عَبْدَنا) منصوب مثله و علامة نصبه فتحة آخره.

رسولُ الله صلى الله عليه وآله :

إذَا جَاءَ ٱلْمَوْتُ لِطَالِبِ ٱلْعِلْمِ وَ هُوَ على هٰذِهِ ٱلْحَالَةِ مَاتَ وَ هُوَ شَهِيدٌ[1]

إذَا : اسمُ شرطٍ غيرُ جازمٍ في محلِّ نصبٍ مفعولٌ فيه متعلِّقٌ بالجواب.

جاءَ : فعلٌ ماضٍ مبنيٌ على الفتح.

المَوْتُ : فاعلٌ مرفوعٌ و علامتُهُ الضمةُ.

لِطالِبِ : **اللاّم**: حرفُ جرٍ، **طَالِب**: اسمٌ مجرورٌ باللاّم وَ علامتُهُ الكسرة و الجار المجرور متعلِّقان بـ (جاءَ).

العِلْمِ : مضافٌ إليه مجرورٌ بالكسرة.

وَ هُوَ : **الواو**: واوُ الحال: **هُو**: ضميرٌ منفصلٌ مبنيٌ على الفتح في محلِّ رفعٍ مبتدأٌ.

عَلى هذِهِ : **على**: حرفُ جرٍ، **هذِه**: اسمُ إشارةٍ مبنيٌ على الكسر في محلِّ الجرِّ بـ (على) و الجـارُّ و المجرورُ متعلِّقان بخَبَرٍ محذوفٍ.
والتقديـرُ: وَ هُوَ كائِنٌ على هذه الحالَةِ.

الحالَةِ : عطفُ بيانٍ مِن(هذِه) و مجرورٌ مثلُها.

مات : فعلٌ ماضٍ مبنيٌ على الفتح و الفاعل ضميرٌ مستترٌ فيه، تقديرُه: هُوَ.

---

١. ميزان الحكمة، ج ٦ / ص ٤٦٥.

وَ هُوَ : الواو: واوُ الحال: هُو: ضميرٌ منفصلٌ مبنيٌ على الفتح في محلِّ رفعٍ مبتدأٌ.

شَهيدٌ : خبرٌ مرفوعٌ و علامتهُ الضمةُ الظاهرة.

إعرابُ الجمل:

- جملةُ «جاءَ ٱلْمَوْتُ...»: في محلِّ جرٍ مضافٌ إليه.
- و جملةُ «هُوَ على هذِهِ ٱلْحالَةِ»: في محلِّ نصبٍ حالٌ.
- و جملةُ «ماتَ»: جواب شرط غير جازم و لا محلَّ لها من الإعراب.
- وَ جملةُ «هُوَ شَهيدٌ»: في محلِّ نصبٍ حالٌ.

الإمام عليٌّ عليه‌السلام:

إنَّكُمْ إلى إعْرابِ ٱلأعْمالِ أحْوَجُ مِنْكُمْ إلى إعرابِ ٱلأقْوالِ [1]

إنَّكُمْ : إنَّ: حرف مشبَّهٌ بالفعل، كُمْ: ضمير متصل في محل نصب اسم (إنَّ).

إلى : حرف جر مبنيّ على السكون.

إعْرابِ : مجرور بـ (إلى) و علامة جره كسرة آخره، والجار و المجرور متعلّقان بـ (أحْوج) و هو مضافٌ.

الأعمالِ : مضاف إليه مجرور بالكسرة.

أحْوجُ : خبر (إنَّ) مرفوع و علامته الضمة الظاهرة.

مِنْكُمْ : مِنْ: حرف جر، كُمْ: ضمير متصل في محل جر بـ (منْ)، و الجار و المجرور

١. ميزان الحكمة، ج ١٠ / ص ٤١.

متعلِّقان بـ (أحوج).

إلى : حرف جر مبنيّ على السكون.

إعْرابِ : مجرور بـ (إلى) و علامته الكسرةُ، والجار و المجرور متعلّقان بـ (أحْوج) و هو مضافٌ.

الأقوالِ : مضاف إليه مجرور و علامة جرّه كسرة آخره.

بِسْمِ ٱللَّهِ ٱلرَّحْمَٰنِ ٱلرَّحِيمِ

ٱلْحَمْدُ لِلَّهِ رَبِّ ٱلْعَٰلَمِينَ ۞ ٱلرَّحْمَٰنِ ٱلرَّحِيمِ ۞
مَٰلِكِ يَوْمِ ٱلدِّينِ ۞ إِيَّاكَ نَعْبُدُ وَإِيَّاكَ نَسْتَعِينُ ۞
ٱهْدِنَا ٱلصِّرَٰطَ ٱلْمُسْتَقِيمَ ۞ صِرَٰطَ ٱلَّذِينَ أَنْعَمْتَ عَلَيْهِمْ
غَيْرِ ٱلْمَغْضُوبِ عَلَيْهِمْ وَلَا ٱلضَّآلِّينَ [1]

بِسْمِ : البَاءُ: حرفُ جر، اسْمِ: مجرورٌ بـ (الباء) و علامةُ جرّه الكسرةُ و حُذفتِ الهمزةُ لكثرة الاستعمال و الجار و المجرور متعلِّقان بـ (أبْدأُ) أو (أسْتَعِينُ) المقدَّر.

الله : (لفظ الجلالة) مضافٌ إليه مجرور بالكسرة.

اَلرَّحْمٰنِ : اسمٌ مجرورٌ و علامته الكسرةُ لأنّه نعت لـ (الله)

---

١. سورة الفاتحة / الآيات ١-٧.

الرَّحِيمِ : اسمٌ مجرورٌ و علامته الكسرة لأنّه نعتٌ ثانٍ لـ (الله)

اَلحَمْدُ : مبتدأ مرفوع و علامته رفعِه الضمةُ والألفُ واللامُ فيه للاستغراق.

لِلهِ : اللامُ:حرف جرّ، الله: (لفظ الجلالة): مجرورٌ و علامته الكسرةُ والجار و المجرور متعلِّقان بالخبر المحذوف، تقديره: (ثابتٌ).

رَبِّ : اسم مجرور بالكسرة لأنّه نعت لـ (الله) و هو مضافٌ.

العالَمِينَ : مضافٌ إليه مجرور و علامته الياء لأنّه مُلحق بجمع المذكر السالم.

اَلرَّحْمٰنِ : اسم مجرور بالكسرة لأنه نعت لـ (الله).

اَلرَّحيمِ : اسم مجرور بالكسرة لأنه نعت ثانٍ لـ (الله).

مَالِكِ : اسم مجرور بالكسرة لأنّه بدل لـ (الله) و هُو مضافٌ.

يَوْمِ : مضاف إليه مجرور بالكسرة و هو مضاف أيضاً.

اَلدّينِ : مضاف إليه مجرور بالكسرة.

إيَّاكَ : إيّا: ضمير منفصل مبني على السكون في محل نصب مفعول به، و الكاف: حرف خطابٍ.

نَعْبُدُ : فعل مضارع مرفوع و علامته الضمة و الفاعل ضمير مستتر فيه وجوباً، تقديرهُ: نحنُ.

وَ إيَّاكَ : الواو: حرف عطف، إيّا: ضمير منفصل مبني على السكون في محل نصب مفعول به، و الكاف: حرف خطابٍ.

نَسْتَعِينُ : فعل مضارع مرفوع و علامته الضمة و الفاعل ضمير مستتر فيه وجوباً، تقديرهُ: نحنُ.

اِهْدِنَا : اِهْدِ: فعلُ أمرٍ مبني على حذفِ حرفِ العلة نيابةً عن السكون و الفاعلُ ضمير مستتر فيه وجوباً، تقديرهُ: أنتَ، نا: ضمير متصل في محل نصب مفعولٌ به.

اَلصِّرَاطَ : مفعولٌ به ثانٍ منصوب و علامته الفتحة.[1]

المُسْتَقِيمَ : اسم منصوب بالفتحة لأنّه صفة لـ (الصِّراط).

صِرَاطَ : اسم منصوب بالفتحة لأنّه بدل من (الصراط) الأولى منصوبٌ مثلُه و هو مضاف.

اَلَّذِينَ : اسم موصول مبني في محل جر مضافٌ إليه.

أنْعَمْتَ : فعل ماض مبني على السكون، والتاء: ضمير متصل في محل رفع فاعلٌ.

عَلَيْهِمْ : عَلَىٰ: حرف جر؛ هِمْ: ضمير متصل في محل جر بـ (على) والجار والمجرور متعلِّقان بـ (أنْعَمْتَ) و عائد الصِّلة هو ضمير (هم).

غَيْرِ : اسم مجرور بالكسرة إمّا لأنّه بدل من الضمير في (عَلَيْهِمْ) أو بدل من (الذين).

اَلمَغْضُوبِ : مضافٌ إليه مجرور بالكسرة.

عَلَيْهِمْ : عَلَىٰ: حرف جر؛ هِمْ: ضمير متصل في محل جر بـ (على) والجار والمجرور

١. أو منصوب على نزعِ الخافض، أصلُه: اِهْدِنَا إلى الصِّراطِ المستقيمِ.

متعلِّقان بـ (المغضوب).

ولا الضّالّينَ: **الواو**: حرف عطف، **لا**: زائدةٌ لتوكيد النفي، **الضَّالّينَ**: اسم مجرور و علامةُ جرّه (الياء) لأنّه معطوف على (المَغْضُوب) و تابعٌ له.

إعراب الجُمل:

- و جملة «اَلْحَمْدُ لِلَّهِ»: ابتدائيّةٌ لا محل لها من الإعراب.
- و جملة «إِيَّاكَ نَعْبُدُ»: مستأنفةٌ لا محل لها من الإعراب.
- و جملة «إِيَّاكَ نَسْتَعِينُ»: معطوفةٌ على المستأنفة لا محل لها من الإعراب.
- و جملة «اِهْدِنَا ٱلصِّرَاطَ»: مستأنفةٌ لا محلّ لها من الإعراب.
- و جملة «أَنْعَمْتَ»: صلةٌ لا محل لها من الإعراب.

تمرين١٠٨. أعرب الروايات الشريفة التالية:

١. **رسول الله** صلى الله عليه وآله: إِنَّ طالِبَ ٱلْعِلْمِ تَبْسُطُ لَهُ ٱلْمَلائِكَةُ أَجْنِحَتَها وَ تَسْتَغْفِرُ لَهُ.[١]

٢. **المَسيحُ** عليه السلام: كَيْفَ يَكُونُ مِنْ أَهْلِ ٱلْعِلْمِ مَنْ يَطْلُبُ ٱلْكَلامَ لِيُخْبِرَ بِهِ وَ لا يَطْلُبُ لِيَعْمَلَ بِه؟[٢]

٣. **الإمام عليٌّ** عليه السلام: مَنِ ادَّعَى ٱلْعِلْمَ غَايَتَهُ فَقَدْ أَظْهَرَ مِنَ ٱلْجَهلِ نَهَايَتَهُ.[٣]

١. ميزان الحكمة، ج ٦ / ص ٤٦٧.

٢. بحار الأنوار، ج ٢ / ص ٣٩.

٣. ميزان الحكمه، ج ٦ / ص ٥٣٧.

فهرس الكتاب

فهرس قسم الصرف

فهرس قسم النحو

جَدولُ تصريفِ الأفعال

٢ الأفعال المجرّدة و المزيدة

	الماضي المعلوم	الماضي المجهول	المضارع المعلوم	المضارع المجهول	الأمر
مجرّد الثلاثي	فَعِلَ	فُعِلَ	يَفْعَلُ	يُفْعَلُ	اِفعَلْ
	فَعِلَ		يَفْعِلُ		اِفعِلْ
	فَعَلَ		يَفْعِلُ		اِفعِلْ
	فَعَلَ		يَفْعُلُ		اُفعُلْ
	فَعَلَ		يَفْعَلُ		اِفعَلْ
	فَعُلَ		يَفْعُلُ		اُفعُلْ
مزيدات الثلاثي	١ فَعَّلَ	فُعِّلَ	يُفَعِّلُ	يُفَعَّلُ	فَعِّلْ
	٢ فاعَلَ	فوعِلَ	يُفاعِلُ	يُفاعَلُ	فاعِلْ
	٣ أَفْعَلَ	أُفْعِلَ	يُفْعِلُ	يُفْعَلُ	أَفْعِلْ
	٤ تَفَعَّلَ	تُفُعِّلَ	يَتَفَعَّلُ	يُتَفَعَّلُ	تَفَعَّلْ
	٥ تَفاعَلَ	تُفوعِلَ	يَتَفاعَلُ	يُتَفاعَلُ	تَفاعَلْ
	٦ اِنْفَعَلَ	اُنْفُعِلَ	يَنْفَعِلُ	يُنْفَعَلُ	اِنْفَعِلْ
	٧ اِفْتَعَلَ	اُفْتُعِلَ	يَفْتَعِلُ	يُفْتَعَلُ	اِفْتَعِلْ
	٨ اِفْعَلَّ	...	يَفْعَلُّ	...	اِفْعَلَّ
	٩ اِسْتَفْعَلَ	اُسْتُفْعِلَ	يَسْتَفْعِلُ	يُسْتَفْعَلُ	اِسْتَفْعِلْ
	١٠ اِفْعَوْعَلَ	اُفْعوعِلَ	يَفْعَوْعِلَ	يُفْعَوْعَلُ	اِفْعَوْعِلْ
الرّباعي	فَعْلَلَ	فُعْلِلَ	يُفَعْلِلُ	يُفَعْلَلُ	فَعْلِلْ
	تَفَعْلَلَ	تُفُعْلِلَ	يَتَفَعْلَلُ	يُتَفَعْلَلُ	تَفَعْلَلْ
	اِفْعَنْلَلَ	اُفْعُنْلِلَ	يَفْعَنْلِلُ	يُفْعَنْلَلُ	اِفْعَنْلِلْ
	اِفْعَلَلَّ	اُفْعُلِلَّ	يَفْعَلِلُّ	يُفْعَلَلُّ	اِفْعَلِلَّ

المَصْدَر	اسمُ الفَاعِل	اسمُ المفعول	اسم المكان و الزمان	اِسْمُ الآلَة
سماعيّ فَعْل، فُعل، ... الخ	فاعِلٌ	مَفْعولٌ	مَفْعَلٌ مَفْعِلٌ مَفْعِلٌ مَفْعَلٌ مَفْعَلٌ مَفْعَلٌ	مِفْعَلٌ مِفعالٌ مِفْعَلَةٌ
تَفْعيلاً وتَفْعِلَةً	مُفَعِّلٌ	مُفَعَّلٌ	مثل اسم المفعول	غير موجود
مُفاعَلَةً و فِعالاً	مُفاعِلٌ	مُفاعَلٌ		
إفْعالاً	مُفْعِلٌ	مُفْعَلٌ		
تَفَعُّلاً	مُتَفَعِّلٌ	مُتَفَعَّلٌ		
تَفاعُلاً	مُتَفاعِلٌ	مُتَفاعَلٌ		
اِنْفِعالاً	مُنْفَعِلٌ	مُنْفَعَلٌ		
اِفْتِعالاً	مُفْتَعِلٌ	مُفْتَعَلٌ		
اِفْعِلالاً	مُفْعَلٌّ	...		
اِستِفْعالاً	مُسْتَفْعِلٌ	مُسْتَفْعَلٌ		
اِفعيعالاً	مُفْعَوْعِلٌ	مُفْعَوْعَلٌ		
فَعْلَلَةً و فِعْلالاً	مُفَعْلِلٌ	مُفَعْلَلٌ		
تَفَعْلُلاً	مُتَفَعْلِلٌ	مُتَفَعْلَلٌ		
اِفْعِنْلالاً	مُفْعَنْلِلٌ	مُفْعَنْلَلٌ		
اِفْعِلَّالاً	مُفْعَلِلٌّ	مُفْعَلَلٌّ		

	الماضي		المضارع		الأمر	
	المعلوم	المجهول	المعلوم	المجهول		
الغائب	فَعَلَ[1] فَعَلا فَعَلوا	فُعِلَ فُعِلا فُعِلوا	يَفعَلُ[2] يَفْعَلانِ يَفْعَلونَ	يُفْعَلُ يُفْعَلانِ يُفْعَلونَ		اسم الفاعل فاعِلٌ - فاعِلَةٌ
الغائبة	فَعَلَتْ فَعَلَتا فَعَلْنَ	فُعِلَتْ فُعِلَتا فُعِلْنَ	تَفْعَلُ تَفْعَلانِ يَفْعَلْنَ	تُفْعَلُ تُفْعَلانِ يُفْعَلْنَ		اسم المفعول مَفْعولٌ - مَفْعولةٌ
المخاطب	فَعَلْتَ فَعَلْتُما فَعَلْتُمْ	فُعِلْتَ فُعِلْتُما فُعِلْتُمْ	تَفْعَلُ تَفْعَلانِ تَفْعَلونَ	تُفْعَلُ تُفْعَلانِ تُفْعَلونَ	اِفْعَلْ[3] افْعَلا افْعَلو	١. حركة عين الماضي المعلوم ضمة أو فتحة أوكسرة وتُعرف من كتب اللغة. ٢. حركة عين المضارع تُعرف من كتب اللغة. ٣. حركة عين الأمركحركة عين المضارع. وحركة همزة الأمر ضمة أوكسرة (راجع صفحة ٢).
المخاطبة	فَعَلْتِ فَعَلْتُما فَعَلْتُنَّ	فُعِلْتِ فُعِلْتُما فُعِلْتُنَّ	تَفْعَلينَ تَفْعَلانِ تَفْعَلْنَ	تُفْعَلينَ تُفْعَلانِ تُفْعَلْنَ	افْعَلي افْعَلا افْعَلْنَ	
المتكلم	فَعَلْتُ فَعَلْنا	فُعِلْتُ فُعِلْنا	أَفْعَلُ نَفْعَلُ	أُفْعَلُ نُفْعَلُ		

تصريف الفعل المضاعف

	الماضي		المضارع		الأمر	المزيدات			
	المعلوم	المجهول	المعلوم	المجهول		الماضي	المضارع	الأمر	المصدر
	مَدَّ	مُدَّ	يَمُدُّ	يُمَدُّ		مَدَّدَ	يُمَدِّدُ	مَدِّدْ	تَمْديداً
الغائب	مَدّا	مُدّا	يَمُدّانِ	يُمَدّانِ		مادَّ	يُمادُّ	مادَّ	مُمادَّةً
	مَدُّوا	مُدُّوا	يَمُدُّونَ	يُمَدُّونَ		أَمَدَّ	يُمِدُّ	أَمْدِدْ	إِمْداداً
	مَدَّتْ	مُدَّتْ	تَمُدُّ	تُمَدُّ		تَمَدَّدَ	يَتَمَدَّدُ	تَمَدَّدْ	تَمَدُّداً
الغائبة	مَدَّتا	مُدَّتا	تَمُدّانِ	تُمَدّانِ		تَمادَّ	يَتَمادُّ	تَمادَّ	تَمادّاً
	مَدَدْنَ	مُدِدْنَ	يَمْدُدْنَ	يُمْدَدْنَ		اِنْمَدَّ	يَنْمَدُّ	اِنْمَدَّ	اِنمِداداً
	مَدَدْتَ	مُدِدْتَ	تَمُدُّ	تُمَدُّ	مُدَّ	اِمْتَدَّ	يَمْتَدُّ	اِمْتَدَّ	اِمْتِداداً
المخاطب	مَدَدْتُما	مُدِدْتُما	تَمُدّانِ	تُمَدّانِ	مُدّا	اِسْتَمَدَّ	يَسْتَمِدُّ	اِسْتَمِدَّ	اِسْتِمْداداً
	مَدَدْتُم	مُدِدْتُم	تَمُدُّونَ	تُمَدُّونَ	مُدُّوا				
	مَدَدْتِ	مُدِدْتِ	تَمُدِّينَ	تُمَدِّينَ	مُدِّي	**اسم الفاعل**			
المخاطبة	مَدَدْتُما	مُدِدْتُما	تَمُدّانِ	تُمَدّانِ	مُدّا	مادٌّ - مادَّةٌ			
	مَدَدْتُنَّ	مُدِدْتُنَّ	تَمْدُدْنَ	تُمْدَدْنَ	اُمْدُدنَ				
المتكلم	مَدَدْتُ	مُدِدْتُ	أَمُدُّ	أُمَدُّ		**اسم المفعول**			
	مَدَدْنا	مُدِدْنا	نَمُدُّ	نُمَدُّ		مَمدودٌ - مَمدودَةٌ			

تصريف المهموز الفاء

	الماضي		المضارع		الأمر	المزيدات			
	المعلوم	المجهول	المعلوم	المجهول		الماضي	المضارع	الأمر	المصدر
الغائب	أَثَرَ	أُثِرَ	يَأْثُرُ	يُؤْثَرُ		أَثَّرَ	يُؤَثِّرُ	أَثِّرْ	تَأْثِيراً
	أَثَرا	أُثِرَا	يَأْثُرانِ	يُؤْثَرانِ		آثَرَ	يُؤَاثِرُ	آثِرْ	مُؤَاثَرَةً
	أَثَرُوا	أُثِرُوا	يَأْثُرونَ	يُؤْثَرونَ		آثَرَ	يُؤْثِرُ	آثِرْ	إِيثاراً
الغائبة	أَثَرَتْ	أُثِرَتْ	تَأْثُرُ	تُؤْثَرُ		تَأَثَّرَ	يَتَأَثَّرُ	تَأَثَّرْ	تَأَثُّراً
	أَثَرَتا	أُثِرَتا	تَأْثُرانِ	تُؤْثَرانِ		تَآثَرَ	يَتَآثَرُ	تَآثَرْ	تَآثُراً
	أَثَرْنَ	أُثِرْنَ	يَأْثُرْنَ	يُؤْثَرْنَ		اِنْأَثَرَ	يَنْأَثِرُ	اِنْأَثِرْ	اِنْئِثاراً
المخاطب	أَثَرْتَ	أُثِرْتَ	تَأْثُرُ	تُؤْثَرُ	اِيثَرْ	اِيتَثَرَ	يَأْتَثِرُ	ايتَثِرْ	اِيتِثاراً
	أَثَرْتُما	أُثِرْتُما	تَأْثُرانِ	تُؤْثَرانِ	اِيثَرا	اِسْتَأْثَرَ	يَسْتَأْثِرُ	اسْتَأْثِرْ	اسْتِئْثاراً
	أَثَرْتُمْ	أُثِرْتُمْ	تَأْثُرونَ	تُؤْثَرُونَ	اِيثَرُوا				
المخاطبة	أَثَرْتِ	أُثِرْتِ	تَأْثُرِينَ	تُؤْثَرِينَ	اِيثَرِي	**اسم الفاعل** آثِرٌ - آثِرَةٌ			
	أَثَرْتُما	أُثِرْتُما	تَأْثُرانِ	تُؤْثَرانِ	اِيثَرا				
	أَثَرْتُنَّ	أُثِرْتُنَّ	تَأْثُرْنَ	تُؤْثَرْنَ	اِيثَرْنَ				
المتكلم	أَثَرْتُ	أُثِرْتُ	آثُرُ	أُؤْثَرُ		**اسم المفعول** مَأْثورٌ - مَأْثورَةٌ			
	أَثَرْنا	أُثِرْنا	نَأْثُرُ	نُؤْثَرُ					

تصريف المهموز العين

	الماضي		المضارع		الأمر	المزيدات			
	المعلوم	المجهول	المعلوم	المجهول		الماضي	المضارع	الأمر	المصدر
الغائب	سَأَلَ	سُئِلَ	يَسْأَلُ	يُسْأَلُ		سَأَّلَ	يُسَئِّلُ	سَئِّلْ	تَسْئِيلاً
	سَأَلا	سُئِلا	يَسْأَلانِ	يُسْأَلانِ		سَاءَلَ	يُسائِلُ	سائِلْ	مُساءَلَةً
	سَأَلُوا	سُئِلوا	يَسألونَ	يُسْأَلونَ		أَسْأَلَ	يُسْئِلُ	أَسْئِلْ	إِسْآلاً
الغائبة	سَأَلَتْ	سُئِلَتْ	تَسْأَلُ	تُسْأَلُ		تَسَأَّلَ	يَتَسَأَّلُ	تَسَأَّلْ	تَسَؤُّلاً
	سَأَلَتا	سُئِلَتا	تَسْأَلانِ	تُسْأَلانِ		تَساءَلَ	يَتَساءَلُ	تَساءَلْ	تَساؤُلاً
	سَأَلْنَ	سُئِلَنَ	يَسْأَلْنَ	يُسْأَلْنَ		اِنْسَأَلَ	يَنْسَئِلُ	اِنْسَئِلْ	انْسِئالاً
المخاطب	سَأَلْتَ	سُئِلْتَ	تُسْأَلُ	تُسْأَلُ	اِسْأَلْ	اسْتَأَلَ	يَسْتَئِلُ	اِسْتَئِلْ	اِستِئَالاً
	سَأَلْتُما	سُئِلْتُما	تُسْأَلانِ	تُسْأَلانِ	اِسْأَلا	اِسْتَسْأَلَ	يَسْتَسْئِلُ	اِسْتَسْئِلْ	اِسْتِسْآلاً
	سَأَلْتُمْ	سُئِلْتُمْ	تُسْأَلونَ	تُسْأَلونَ	اِسْأَلوا				
المخاطبة	سَأَلْتِ	سُئِلْتِ	تَسْأَلينَ	تُسْأَلينَ	اِسْأَلي	**اسم الفاعل**			
	سَأَلْتُما	سُئِلْتُما	تَسْأَلانِ	تُسْأَلانِ	اِسْأَلا	سائِلٌ - سائِلَةٌ			
	سَأَلْتُنَّ	سُئِلْتُنَّ	تَسْأَلْنَ	تُسْأَلْنَ	اِسْأَلْنَ				
المتكلم	سَأَلْتُ	سُئِلْتُ	أَسْأَلُ	أُسْأَلُ		**اسم المفعول**			
	سَأَلْنا	سُئِلْنا	نَسْأَلُ	نُسْأَلُ		مَسْؤُول - مَسْؤُولَةٌ			

تصريف مهموز اللام

	الماضي		المضارع		الأمر	المزيدات			
	المعلوم	المجهول	المعلوم	المجهول		الماضي	المضارع	الأمر	المصدر
الغائب	قَرَأَ	قُرِئَ	يَقْرَأُ	يُقْرَأُ		قَرَّأَ	يُقَرِّئُ	قَرِّئْ	تَقْرِئَةً
	قَرَأَا	قُرِئَا	يَقْرَآنِ	يُقْرَآنِ		قَارَأَ	يُقَارِئُ	قَارِئْ	مُقَارَأَةً
	قَرَأُوا	قُرِئُوا	يَقْرَأُونَ	يُقْرَأُونَ		أَقْرَأَ	يُقْرِئُ	أَقْرِئْ	إِقْرَاءً
الغائبة	قَرَأَتْ	قُرِئَتْ	تَقْرَأُ	تُقْرَأُ		تَقَرَّأَ	يَتَقَرَّأُ	تَقَرَّأْ	تَقَرُّؤًا
	قَرَأَتَا	قُرِئَتَا	تَقْرَآنِ	تُقْرَآنِ		تَقَارَأَ	يَتَقَارَأُ	تَقَارَأْ	تَقَارُؤًا
	قَرَأْنَ	قُرِئْنَ	يَقْرَأْنَ	يُقْرَأْنَ		اِنْقَرَأَ	يَنْقَرِئُ	اِنْقَرِئْ	اِنْقِرَاءً
المخاطب	قَرَأْتَ	قُرِئْتَ	تَقْرَأُ	تُقْرَأُ	اِقْرَأْ	اِقْتَرَأَ	يَقْتَرِئُ	اِقْتَرِئْ	اِقْتِرَاءً
	قَرَأْتُمَا	قُرِئْتُمَا	تَقْرَآنِ	تُقْرَآنِ	اِقْرَءَا	اِسْتَقْرَأَ	يَسْتَقْرِئُ	اِسْتَقْرِئْ	اِسْتِقْرَاءً
	قَرَأْتُمْ	قُرِئْتُمْ	تَقْرَأُونَ	تُقْرَأُونَ	اِقْرَؤُوا				
المخاطبة	قَرَأْتِ	قُرِئْتِ	تَقْرَئِينَ	تُقْرَئِينَ	اِقْرَئِي	**اسم الفاعل**			
	قَرَأْتُمَا	قُرِئْتُمَا	تَقْرَآنِ	تُقْرَآنِ	اِقْرَءَا	قَارِئٌ - قَارِئَةٌ			
	قَرَأْتُنَّ	قُرِئْتُنَّ	تَقْرَأْنَ	تُقْرَأْنَ	اِقْرَأْنَ				
المتكلم	قَرَأْتُ	قُرِئْتُ	أَقْرَأُ	أُقْرَأُ		**اسم المفعول**			
	قَرَأْنَا	قُرِئْنَا	نَقْرَأُ	نُقْرَأُ		مَقْرُوءٌ - مَقْرُوءَةٌ			

تصريف المثال الواوي

	الماضي		المضارع		الأمر	المزيدات			
	المعلوم	المجهول	المعلوم	المجهول		الماضي	المضارع	الأمر	المصدر
الغائب	وَعَدَ وعَدا وَعَدوا	وُعِدَ وُعِدا وُعِدوا	يَعِدُ يَعِدانِ يَعِدونَ	يُوعَدُ يوعَدانِ يوعَدونَ		وَعَّدَ واعَدَ أَوْعَدَ	يُوَعِّدُ يُواعِدُ يُوعِدُ	وَعِّدْ واعِدْ أَوْعِدْ	تَوْعيداً مُواعَدَةً اِيعاداً
الغائبة	وَعَدَتْ وَعَدَتا وَعَدْنَ	وُعِدَتْ وُعِدَتا وُعِدْنَ	تَعِدُ تَعِدانِ يَعِدْنَ	توعَدُ توعَدانِ يوعَدْنَ		تَوَعَّدَ تواعَدَ اِنْوَعَدَ	يَتَوَعَّدُ يَتواعَدُ يَنْوَعِدُ	تَوَعَّدْ تَواعَدْ اِنْوَعِدْ	تَوَعُّداً تَواعُداً اِنْوِعاداً
المخاطب	وَعَدْتَ وَعَدْتُما وَعَدْتُمْ	وُعِدْتَ وُعِدْتُما وُعِدْتُم	تَعِدُ تَعِدانِ تَعِدونَ	توعَدُ توعَدانِ توعَدونَ	عِدْ عِدا عِدوا	اِتَّعَدَ اِسْتَوْعَدَ	يَتَّعِدُ يَسْتَوْعِدُ	اِتَّعِدْ اِسْتَوْعِدْ	اِتِّعاداً اِسْتيعاداً
المخاطبة	وَعَدْتِ وَعَدْتُما وَعَدْتُنَّ	وُعِدْتِ وُعِدْتُما وُعِدْتُنَّ	تَعِدينَ تَعِدانِ تَعِدْنَ	توعَدينَ توعَدانِ توعَدْنَ	عِدي عِدا عِدْنَ	**اسم الفاعل** وَاعِدٌ - وَاعِدَةٌ			
المتكلم	وَعَدْتُ وَعَدْنا	وُعِدْتُ وُعِدْنا	أَعِدُ نَعِدُ	أُوعَدُ نوعَدُ		**اسم المفعول** مَوْعودٌ - مَوْعودةٌ			

تصريف المثال اليائي

	الماضي		المضارع		الأمر	المزيدات			
	المعلوم	المجهول	المعلوم	المجهول		الماضي	المضارع	الأمر	المصدر
الغائب	يَسُرَ يَسُرَا يَسُروا	يُسِرَ يُسِرا يُسِروا	يَيْسُرُ يَيْسُرانِ يَيْسُرونَ	يُوسَرُ يُوسَرانِ يُوسَرونَ		يَسَّرَ ياسَرَ أَيْسَرَ	يُيَسِّرُ يُياسِرُ يوسِرُ	يَسِّرْ ياسِرْ أَيْسِرْ	تَيْسِيراً مُياسَرَةً اِيساراً
الغائبة	يَسُرَتْ يَسُرَتا يَسُرْنَ	يُسِرَتْ يُسِرَتا يُسِرْنَ	تَيْسُرُ تَيْسُرانِ يَيْسُرْنَ	تُوسَرُ تُوسَرانِ يُوسَرْنَ		تَيَسَّرَ تَياسَرَ اِنْيَسَرَ	يَتَيَسَّرُ يَتَياسَرُ يَنْيَسِرُ	تَيَسَّرْ تَياسَرْ اِنْيَسِرْ	تَيَسُّراً تَياسُراً اِنْيِساراً
المخاطب	يَسُرْتَ يَسُرْتُما يَسُرْتُمْ	يُسِرْتَ يُسِرْتُما يُسِرْتُمْ	تَيْسُرُ تَيْسُرانِ تَيْسُرونَ	تُوسَرُ تُوسَرانِ تُوسَرونَ	أُوسُرْ أُوسُرا أُوسُروا	اِتَّسَرَ اِسْتَيْسَرَ	يَتَّسِرُ يَسْتَيْسِرُ	اِتَّسِرْ اِسْتَيْسِرْ	اِتِّساراً اِسْتيساراً
المخاطبة	يَسُرْتِ يَسُرْتُما يَسُرْتُنَّ	يُسِرْتِ يُسِرْتُما يُسِرْتُنَّ	تَيْسُرينَ تَيْسُرانِ تَيْسُرْنَ	تُوسَرينَ تُوسَرانِ تُوسَرْنَ	أُوسُري اُوسُرا أُوسُرْنَ	**اسم الفاعل** ياسِرٌ- ياسِرَةٌ			
المتكلم	يَسُرْتُ يَسُرْنا	يُسِرْتُ يُسِرْنا	أَيْسُرُ نَيْسُرُ	أُوسَرُ نُوسَرُ		**اسم المفعول** مَيْسورٌ- مَيْسورَةٌ			

تصريف الأجوف الواوي

	الماضي		المضارع		الأمر	المزيدات			
	المعلوم	المجهول	المعلوم	المجهول		الماضي	المضارع	الأمر	المصدر
الغائب	قالَ	قيلَ	يَقولُ	يُقالُ		قَوَّلَ	يُقَوِّلُ	قَوِّلْ	تَقْويلاً
	قالا	قيلا	يَقولانِ	يُقالانِ		قاوَلَ	يُقاوِلُ	قاوِلْ	مُقاوَلَةً
	قالوا	قيلوا	يَقولونَ	يُقالونَ		أَقالَ	يُقيلُ	أَقِلْ	إقالَةً
الغائبة	قالَتْ	قيلَتْ	تَقولُ	تُقالُ		تَقَوَّلَ	يَتَقَوَّلُ	تَقَوَّلْ	تَقَوُّلاً
	قالَتا	قيلَتا	تَقولانِ	تُقالانِ		تَقَاوَلَ	يَتَقاوَلُ	تَقاوَلْ	تَقاوُلاً
	قُلْنَ	قِلْنَ	يَقُلنَ	يُقَلْنَ		اِنْقالَ	يَنْقالُ	اِنْقَلْ	اِنْقِيالاً
المخاطب	قُلْتَ	قِلْتَ	تَقُولُ	تُقالُ	قُلْ	اِقْتالَ	يَقْتالُ	اِقْتَلْ	اِقْتِيالاً
	قُلْتُما	قِلْتُما	تَقولانِ	تُقالانِ	قولا	اِسْتَقالَ	يَسْتَقيلُ	اِسْتَقِلْ	اِسْتِقالَةً
	قُلْتُمْ	قِلْتُمْ	تَقولونَ	تُقالونَ	قولوا				
المخاطبة	قُلْتِ	قِلْتِ	تَقولينَ	تُقالينَ	قولي	**اسم الفاعل**			
	قُلْتُما	قِلْتُما	تَقولانِ	تُقالانِ	قولا	قائِلٌ - قائِلَةٌ			
	قُلْتُنَّ	قِلْتُنَّ	تَقُلْنَ	تُقَلْنَ	قُلْنَ				
المتكلم	قُلْتُ	قِلْتُ	أَقولُ	أُقالُ		**اسم المفعول**			
	قُلْنا	قِلْنَا	نَقولُ	نُقالُ		مَقولٌ - مقولَةٌ			

تصريف الأجوف من وزن فَعِلَ يَفْعَلُ

	الماضي		المضارع		الأمر	المزيدات			
	المعلوم	المجهول	المعلوم	المجهول		الماضي	المضارع	الأمر	المصدر
الغائب	خافَ	خِيفَ[1]	يَخافُ	يُخافُ		خَوَّفَ	يُخَوِّفُ	خَوِّفْ	تَخْويفاً
	خافا	خِيفا	يَخافانِ	يُخافانِ		خاوَفَ	يُخاوِفُ	خاوِفْ	مُخاوَفَةً
	خافوا	خِيفوا	يَخافونَ	يُخافونَ		أَخافَ	يُخيفُ	أَخِفْ	إخافَةً
الغائبة	خافَتْ	خِيفَتْ	تَخافُ	تُخافُ		تَخَوَّفَ	يَتَخَوَّفُ	تَخَوَّفْ	تَخَوُّفاً
	خافَتا	خيفَتا	تَخافانِ	تُخافانِ		تَخاوَفَ	يَتَخاوَفُ	تَخاوَفْ	تَخاوُفاً
	خِفْنَ	خُفْنَ	يَخَفْنَ	يَخَفْنَ		اِنْخافَ	يَنْخافُ	اِنْخَفْ	اِنْخِيافاً
المخاطب	خِفْتَ	خُفْتَ	تَخافُ	تُخافُ	خَفْ	اِخْتافَ	يَخْتافُ	اِخْتَفْ	اِخْتِيافاً
	خِفْتُما	خُفْتُما	تَخافانِ	تُخافانِ	خافا	اِسْتَخافَ	يَسْتَخِيفُ	اِسْتَخِفْ	اِسْتِخافَةً
	خِفْتُمْ	خُفْتُمْ	تَخافونَ	تُخافونَ	خافوا				
المخاطبة	خِفْتِ	خُفْتِ	تَخافينَ	تُخافينَ	خافي	**اسم الفاعل**			
	خِفْتُما	خُفْتُما	تَخافانِ	تُخافانِ	خافا	خائِفٌ - خائِفَةٌ			
	خِفْتُنَّ	خُفْتُنَّ	تَخَفْنَ	تُخَفْنَ	خَفْنَ				
المتكلم	خِفْتُ	خُفْتُ	أَخافُ	أُخافُ		**اسم المفعول**			
	خِفْنا	خُفْنا	نَخافُ	نُخافُ		مَخوفٌ - مَخوفَةٌ			

١. الهدف من مجيء الأفعال اللازمة في جداول التصريف بشكل المبني للمجهول هو اعطاء التمرين للطالب تسهيلاً للوصول إلى كيفية التصريف.

تصريف الأجوف اليائي

	الماضي		المضارع		الأمر	المزيدات			
	المعلوم	المجهول	المعلوم	المجهول		الماضي	المضارع	الأمر	المصدر
الغائب	باعَ	بيعَ	يَبيعُ	يُباعُ		بَيَّعَ	يُبَيِّعُ	بَيِّعْ	تَبْييعاً
	باعا	بيعا	يَبيعانِ	يُباعانِ		بايَعَ	يُبايِعُ	بايِعْ	مُبايَعَةً
	باعوا	بيعوا	يَبيعونَ	يُباعونَ		أباعَ	يُبيعُ	أبِعْ	إباعَةً
الغائبة	باعَتْ	بيعَتْ	تَبيعُ	تُباعُ		تَبَيَّعَ	يَتَبَيَّعُ	تَبَيَّعْ	تَبَيُّعاً
	باعَتا	بيعَتا	تَبيعانِ	تُباعانِ		تَبايَعَ	يَتَبايَعُ	تَبايَعْ	تَبايُعاً
	بِعْنَ	بُعْنَ	يَبِعْنَ	يُبَعْنَ		اِنْباعَ	يَنْباعُ	اِنْبَعْ	اِنْبِياعاً
المخاطب	بِعْتَ	بُعْتَ	تَبيعُ	تُباعُ	بِعْ	اِبْتاعَ	يَبْتاعُ	اِبْتَعْ	اِبْتِياعاً
	بِعْتُما	بُعْتُما	تَبيعانِ	تُباعانِ	بيعا	اِسْتَباعَ	يَسْتَبيعُ	اِسْتَبِعْ	اِسْتِباعَةً
	بِعْتُمْ	بُعْتُم	تَبيعونَ	تُباعونَ	بيعوا				
المخاطبة	بِعْتِ	بُعْتِ	تَبيعينَ	تُباعينَ	بيعي	**اسم الفاعل**			
	بِعْتُما	بُعْتُما	تَبيعانِ	تُباعانِ	بيعا	بائِعٌ - بائِعَةٌ			
	بِعْتُنَّ	بُعْتُنَّ	تَبِعْنَ	تُبَعْنَ	بِعْنَ				
المتكلم	بِعْتُ	بُعْتُ	أَبيعُ	أُباعُ		**اسم المفعول**			
	بِعْنا	بُعْنا	نَبيعُ	نُباعُ		مَبيعٌ - مَبيعَةٌ			

تصريف الناقص الواوي

<table>
<tr><th rowspan="2"></th><th colspan="2">الماضي</th><th colspan="2">المضارع</th><th rowspan="2">الأمر</th><th colspan="4">المزيدات</th></tr>
<tr><th>المعلوم</th><th>المجهول</th><th>المعلوم</th><th>المجهول</th><th>الماضي</th><th>المضارع</th><th>الأمر</th><th>المصدر</th></tr>
<tr><td>الغائب</td><td>غَزا
غَزَوا
غَزَوْا</td><td>غُزِيَ
غُزِيا
غُزوا</td><td>يَغْزو
يَغْزُوانِ
يَغْزونَ</td><td>يُغْزىٰ
يُغْزَيانِ
يُغْزَوْنَ</td><td></td><td>غَزّىٰ
غازىٰ
أَغْزىٰ</td><td>يُغَزِّي
يُغازِي
يُغْزِي</td><td>غَزِّ
غازِ
أَغْزِ</td><td>تَغْزِيَةً
مُغازاةً
أغْزاءً</td></tr>
<tr><td>الغائبة</td><td>غَزَتْ
غَزَتا
غَزَوْنَ</td><td>غُزِيَتْ
غُزِيَتا
غُزِينَ</td><td>تَغْزو
تَغْزُوانِ
يَغْزونَ</td><td>تُغْزىٰ
تُغزَيانِ
يُغْزَيْنَ</td><td></td><td>تَغَزّىٰ
تَغازىٰ
اِنْغَزىٰ</td><td>يَتَغَزّىٰ
يَتَغازىٰ
يَنْغَزِي</td><td>تَغَزَّ
تَغازَ
اِنْغَزِ</td><td>تَغَزِّياً
تَغازِياً
اِنْغِزاءً</td></tr>
<tr><td>المخاطب</td><td>غَزَوْتَ
غَزَوْتُما
غَزَوْتُمْ</td><td>غُزِيتَ
غُزِيتُما
غُزِيتُمْ</td><td>تَغْزو
تَغْزُوانِ
تَغْزونَ</td><td>تُغْزىٰ
تُغْزَيانِ
تُغْزَوْنَ</td><td>أُغْزُ
أُغْزُوَا
أُغزوا</td><td>اِغْتَزىٰ
اِسْتَغْزىٰ</td><td>يَغْتَزِي
يَسْتَغْزِي</td><td>اِغْتَزِ
اِسْتَغْزِ</td><td>اِغْتِزاءً
اِسْتِغْزاءً</td></tr>
<tr><td>المخاطبة</td><td>غَزَوْتِ
غَزَوْتُما
غَزَوْتُنَّ</td><td>غُزِيتِ
غُزِيتُما
غُزِيتُنَّ</td><td>تَغْزِينَ
تَغْزُوانِ
تَغْزونَ</td><td>تُغْزَيْنَ
تُغْزَيانِ
تُغْزَيْنَ</td><td>أُغْزِي
أُغْزُوَا
أُغْزونَ</td><td colspan="4">اسم الفاعل
غازٍ (الغازي) - غازيان
غازون - غازِيَةٌ</td></tr>
<tr><td>المتكلم</td><td>غَزَوْتُ
غَزَوْنا</td><td>غُزِيتُ
غُزِينا</td><td>أَغْزو
نَغْزو</td><td>أُغْزىٰ
نُغْزىٰ</td><td></td><td colspan="4">اسم المفعول
مَغْزُوٌّ- مَغْزُوَّةٌ</td></tr>
</table>

تصريف الناقص اليائي

	الماضي		المضارع		الأمر	المزيدات			
	المعلوم	المجهول	المعلوم	المجهول		الماضي	المضارع	الأمر	المصدر
الغائب	رَمَىٰ	رُمِيَ	يَرْمِي	يُرْمَىٰ		رَمَّىٰ	يُرَمِّي	رَمِّ	تَرْمِيَةً
	رَمَيا	رُمِيا	يَرْمِيانِ	يُرْمَيانِ		رامَىٰ	يُرامِي	رامِ	مُراماةً
	رَمَوْا	رُمُوا	يَرْمُونَ	يُرْمَوْنَ		أَرْمَىٰ	يُرْمِي	أَرْمِ	إِرْماءً
الغائبة	رَمَتْ	رُمِيَتْ	تَرْمِي	تُرْمَىٰ		تَرَمَّىٰ	يَتَرَمَّىٰ	تَرَمَّ	تَرَمِّياً
	رَمَتا	رُمِيَتا	تَرْمِيانِ	تُرْمَيانِ		تَرامَىٰ	يَتَرامَىٰ	تَرامَ	تَرامِياً
	رَمَيْنَ	رُمِينَ	يَرْمِينَ	يُرْمَيْنَ		اِنْرَمَىٰ	يَنْرَمِي	اِنْرَمِ	اِنْرِماءً
المخاطب	رَمَيْتَ	رُمِيتَ	تَرْمِي	تُرْمَىٰ	اِرْمِ	اِرْتَمَىٰ	يَرْتَمِي	اِرْتَمِ	اِرْتِماءً
	رَمَيْتُما	رُمِيتُما	تَرْمِيانِ	تُرْمَيانِ	اِرْمِيا	اِسْتَرْمَىٰ	يَسْتَرْمِي	اِسْتَرْمِ	اِسْتِرْماءً
	رَمَيْتُمْ	رُمِيتُمْ	تَرْمُونَ	تُرْمَوْنَ	اِرْمُوا				
المخاطبة	رَمَيْتِ	رُمِيتِ	تَرْمِينَ	تُرْمَيْنَ	اِرْمِي	**اسم الفاعل**			
	رَمَيْتُما	رُمِيتُما	تَرْمِيانِ	تُرْمَيانِ	اِرْمِيا	رامٍ (الرّامِي) - رامِيانِ			
	رَمَيْتُنَّ	رُمِيتُنَّ	تَرْمِينَ	تُرْمَيْنَ	اِرْمِينَ	رامُونَ - رامِيَةٌ			
المتكلم	رَمَيْتُ	رُمِيتُ	أَرْمِي	أُرْمَىٰ		**اسم المفعول**			
	رَمَيْنا	رُمِينا	نَرْمِي	نُرْمَىٰ		مَرْمِيٌّ - مَرْمِيَّةٌ			

تصريف الناقص اليائي

	الماضي		المضارع		الأمر	المزيدات			
	المعلوم	المجهول	المعلوم	المجهول		الماضي	المضارع	الأمر	المصدر
الغائب	رَضِيَ	رُضِيَ	يَرْضىٰ	يُرْضىٰ		رَضَّىٰ	يُرَضِّي	رَضِّ	تَرْضِيَةً
	رَضِيا	رُضِيا	يَرْضَيانِ	يُرْضَيانِ		راضىٰ	يُراضي	راضِ	مُراضاةً
	رَضُوا	رُضوا	يَرْضَوْنَ	يُرْضَوْنَ		أَرْضىٰ	يُرْضي	أَرْضِ	إِرْضاءً
الغائبة	رَضِيَتْ	رُضِيَتْ	تَرْضىٰ	تُرْضىٰ		تَرَضَّىٰ	يَتَرَضَّىٰ	تَرَضَّ	تَرَضِّياً
	رَضِيَتا	رُضِيَتا	تَرْضَيانِ	تُرْضَيانِ		تَراضىٰ	يَتَراضىٰ	تَراضَ	تَراضِياً
	رَضِينَ	رُضِينَ	يَرْضَينَ	يُرْضَيْنَ		اِنْرَضىٰ	يَنْرَضي	اِنْرَضِ	اِنْرِضاءً
المخاطب	رَضِيتَ	رُضيتَ	تَرْضىٰ	تُرْضىٰ	اِرْضَ	اِرْتَضىٰ	يَرْتَضي	اِرْتَضِ	اِرْتِضاءً
	رَضِيتُما	رُضيتُما	تَرْضَيانِ	تُرْضَيانِ	اِرْضَيا	اِسْتَرْضىٰ	يَسْتَرْضي	اِسْتَرْضِ	اِسْتِرْضاءً
	رَضِيتُمْ	رُضيتُمْ	تَرْضَوْنَ	تُرْضَوْنَ	اِرْضَوا				
المخاطبة	رَضِيتِ	رُضيتِ	تَرْضَينَ	تُرْضَيْنَ	اِرْضَي	**اسم الفاعل**			
	رَضِيْتُما	رُضيتُما	تَرْضَيانِ	تُرْضَيانِ	اِرْضَيا	راضٍ (الرَّاضي) - راضيانِ			
	رَضِيتُنَّ	رُضيتُنَّ	تَرْضَينَ	تُرْضَيْنَ	اِرْضَيْنَ	راضونَ - راضِيَةٌ			
المتكلم	رَضِيتُ	رُضيتُ	أَرْضىٰ	أُرْضىٰ		**اسم المفعول**			
	رَضِينا	رُضينا	نَرْضىٰ	نُرْضىٰ		مَرْضِيٌّ - مَرْضِيَّةٌ			

تصريف اللفيف المفروق

	الماضي		المضارع		الأمر	المزيدات			
	المعلوم	المجهول	المعلوم	المجهول		الماضي	المضارع	الأمر	المصدر
الغائب	وَقَى	وُقِيَ	يَقِي	يُوقَى		وَقَّى	يُوَقِّي	وَقِّ	تَوْقِيَةً
	وَقَيَا	وُقِيَا	يَقِيَانِ	يُوقَيَانِ		وَاقَى	يُوَاقِي	وَاقِ	مُوَاقَاةً
	وَقَوْا	وُقُوا	يَقُونَ	يُوقَوْنَ		أَوْقَى	يُوقِي	أَوْقِ	إِيقَاءً
الغائبة	وَقَتْ	وُقِيَتْ	تَقِي	تُوقَى		تَوَقَّى	يَتَوَقَّى	تَوَقَّ	تَوَقِّيًا
	وَقَتَا	وُقِيَتَا	تَقِيَانِ	تُوقَيَانِ		تَوَاقَى	يَتَوَاقَى	تَوَاقَ	تَوَاقِيًا
	وَقَيْنَ	وُقِينَ	يَقِينَ	يُوقَيْنَ		اِنْوَقَى	يَنْوَقِي	اِنْوَقِ	اِنْوِقَاءً
المخاطب	وَقَيْتَ	وُقِيتَ	تَقِي	تُوقَى	قِ	اِتَّقَى	يَتَّقِي	اِتَّقِ	اِتِّقَاءً
	وَقَيْتُمَا	وُقِيتُمَا	تَقِيَانِ	تُوقَيَانِ	قِيَا	اِسْتَوْقَى	يَسْتَوْقِي	اِسْتَوْقِ	اِسْتِيقَاءً
	وَقَيْتُمْ	وُقِيتُمْ	تَقُونَ	تُوقَوْنَ	قُوا				
المخاطبة	وَقَيْتِ	وُقِيتِ	تَقِينَ	تُوقَيْنَ	قِي	**اسم الفاعل**			
	وَقَيْتُمَا	وُقِيتُمَا	تَقِيَانِ	تُوقَيَانِ	قِيَا	واقٍ (الواقي) - واقِيَانِ			
	وَقَيْتُنَّ	وُقِيتُنَّ	تَقِينَ	تُوقَيْنَ	قِينَ	واقُونَ - وَاقِيَةٌ			
المتكلم	وَقَيْتُ	وُقِيتُ	أَقِي	أُوقَى		**اسم المفعول**			
	وَقَيْنَا	وُقِينَا	نَقِي	نُوقَى		مَوْقِيٌّ - مَوْقِيَّةٌ			

	الماضي		المضارع		الأمر	المزيدات			
	المعلوم	المجهول	المعلوم	المجهول		الماضي	المضارع	الأمر	المصدر
الغائب	طَوىٰ	طُوِيَ	يَطْوي	يُطْوىٰ		طَوَّىٰ	يُطَوِّي	طَوِّ	تَطْوِيَةً
	طَوَيا	طُوِيا	يَطْوِيانِ	يُطْوَيانِ		طَاوىٰ	يُطاوي	طاوِ	مُطاوَاةً
	طَوَوْا	طُوُوا	يَطْوونَ	يُطْوَوْنَ		أَطْوىٰ	يُطْوي	أَطْوِ	اِطْواءً
الغائبة	طَوَتْ	طُوِيَتْ	تَطْوي	تُطْوىٰ		تَطَوَّىٰ	يَتَطَوَّىٰ	تَطَوَّ	تَطَوِّياً
	طَوَتا	طُوِيَتا	تَطْوِيانِ	تُطْوَيانِ		تَطاوىٰ	يَتَطاوىٰ	تَطاوَ	تَطاوِياً
	طَوَيْنَ	طُوِينَ	يَطْوِينَ	يُطْوَيْنَ		إِنْطَوىٰ	يَنْطَوي	اِنْطَوِ	اِنْطِواءً
المخاطب	طَوَيْتَ	طُويتَ	تَطْوي	تُطْوى	اِطْوِ	اِطَّوىٰ	يَطَّوي	اِطَّوِ	اِطِّواءً
	طَوَيْتُما	طُوِيْتُما	تَطْوِيانِ	تُطْوَيانِ	اِطْوِيا	اِسْتَطْوىٰ	يَسْتَطْوي	اِسْتَطْوِ	اِسْتِطْواءً
	طَوَيْتُمْ	طُويتُم	تَطْوونَ	تُطْوَوْنَ	اِطْووا				
المخاطبة	طَوَيْتِ	طُويتِ	تَطْوينَ	تُطْوَيْنَ	اِطْوي	**اسم الفاعل**			
	طَوَيْتُما	طُويتُما	تَطْوِيانِ	تُطْوَيانِ	اِطْوِيا	طاوٍ (الطَّاوي) - طاويانِ			
	طَوَيْتُنَّ	طُويتُنَّ	تَطْوينَ	تُطْوَيْنَ	اِطْوينَ	طاوون - طاوِيَةٌ			
المتكلم	طَوَيْتُ	طُويتُ	أَطْوي	أُطْوىٰ		**اسم المفعول**			
	طَوَيْنا	طُوينا	نَطْوي	نُطْوىٰ		مَطْوِيٌّ - مَطْوِيَّةٌ			

تصريف اللفيف المقرون

	الماضي		المضارع		الأمر	المزيدات			
	المعلوم	المجهول	المعلوم	المجهول		الماضي	المضارع	الأمر	المصدر
الغائب	حَيِيَ	حُيِيَ	يَحْيا	يُحْيا		حَيَّا	يُحَيِّي	حيِّ	تَحِيّةً
	حَيِيا	حُيِيا	يَحْيَيانِ	يُحْيَيانِ		حايا	يُحايي	حايِ	مُحاياةً
	حَيُوا	حُيُوا	يَحْيَوْنَ	يُحْيَوْنَ		أَحيا	يُحْيِي	أَحْيِ	إحْياءً
الغائبة	حَيِيَتْ	حُيِيَتْ	تَحْيا	تُحْيا		تَحَيَّا	يَتَحَيَّا	تَحَيَّ	تَحَيُّياً
	حَيِيَتا	حُيِيَتا	تَحْييانِ	تُحْيَيانِ		تَحايا	يَتَحايى	تَحايَ	تَحايِياً
	حَيِينَ	حُيِينَ	يُحْيَيْنَ	يُحْيَيْنَ		اِسْتَحْيا	يَسْتَحْيِي	اِسْتَحِي	اِسْتِحْياءً
المخاطب	حَيِيتَ	حُيِيتَ	تَحْيا	تُحيا	اِحْيَ				
	حَيِيتُما	حُيِيتُما	تَحْيَيانِ	تُحْيَيانِ	اِحْيا				
	حَيِيتُمْ	حُيِيتُمْ	تَحْيَوْنَ	تُحْيَوْنَ	اِحْيَوْا				
المخاطبة	حَيِيتِ	حُيِيتِ	تَحْيِينَ	تُحْيَيْنَ	اِحْيَيْ	**اسم الفاعل**			
	حَيِيتُما	حُيِيتُما	تَحْيَيانِ	تُحْيَيانِ	اِحْيَيا	لا يستعمل			
	حَيِيتُنَّ	حُيِيتُنَّ	تَحْيَيْنَ	تُحْيَيْنَ	اِحْيَيْنَ				
المتكلم	حَيِيتُ	حُيِيتُ	أَحْيا	أُحْيا		**اسم المفعول**			
	حَيِينا	حُيِينا	نَحْيا	نُحْيا		مَحْيِيٌّ - مَحْيِيَّةٌ			

تصريف المهموز الفاء و الأجوف

	الماضي		المضارع		الأمر	المزيدات			
	المعلوم	المجهول	المعلوم	المجهول		الماضي	المضارع	الأمر	المصدر
	آبَ	إِيب	يَؤُوبُ	يُؤابُ		أَوَّبَ	يُؤَوِّبُ	أَوِّبْ	تَأْويباً
الغائب	آبا	إِيبا	يَؤُوبانِ	يُؤابانِ		آوَبَ	يُؤَاوِبُ	آوِبْ	مُؤَاوَبَةً
	آبوا	إِيبوا	يَؤُوبونَ	يُؤابونَ		آوَبَ	يُئِيبُ	أَئِبْ	إِئابَةً
	آبَتْ	إِيبَتْ	تَؤُوبُ	تُؤابُ		تَأَوَّبَ	يَتَأَوَّبُ	تَأَوَّبْ	تَأَوُّباً
الغائبة	آبَتا	إِيبَتا	تَؤُوبانِ	تُؤابانِ		تَآوَبَ	يَتَآوَبُ	تَآوَبْ	تَآوُباً
	أُبْنَ	إِبْنَ	يَؤُبْنَ	يُؤَبْنَ		اِنْأَوَبَ	يَنْأَوِبُ	اِنْأَوِبْ	اِنْئِياباً
	أُبْتَ	إِبْتَ	تَؤُوبُ	تُؤَابُ	أُبْ	اِئْتابَ	يَأْتابُ	اِيتَبْ	اِئْتِياباً
المخاطب	أُبْتُما	إِبْتُما	تَؤُوبانِ	تُؤَابانِ	أُوبا	اِسْتَآبَ	يَسْتَئِيبُ	اِسْتَئِبْ	اِسْتِئَابَةً
	أُبْتُمْ	إِبْتُمْ	تَؤُوبونَ	تُؤَابونَ	أُوبوا				
	أُبْتِ	إِبْتِ	تَؤُوبينَ	تُؤابينَ	أُوبي	**اسم الفاعل**			
المخاطبة	أُبْتُما	إِبْتُما	تَؤُوبانِ	تُؤابانِ	أُوبا	آئِبٌ - آئِبَةٌ			
	أُبْتُنَّ	إِبْتُنَّ	تَؤُبْنَ	تُؤَبْنَ	أُبْنَ				
المتكلم	أُبْتُ	إِبْتُ	أَؤُوبُ	أُؤَابُ		**اسم المفعول**			
	أُبْنا	إِبْنا	نَؤُوبُ	نُؤَابُ		مَؤُوبٌ - مَؤُوبَةٌ			

تصريف المهموز الفاء و الناقص

	الماضي		المضارع		الأمر	المزيدات			
	المعلوم	المجهول	المعلوم	المجهول		الماضي	المضارع	الأمر	المصدر
الغائب	أَتىٰ	أُتِيَ	يأتي	يُؤْتى		أَتَّى	يُؤَتّي	أَتِّ	تَأْتِيَةً
	أَتَيا	أُتِيا	يأْتِيان	يُؤْتَيانِ		آتىٰ	يُؤَاتي	آتِ	مُؤاتاةً
	أَتَوْا	أُتوا	يأتونَ	يُؤْتَوْنَ		آتىٰ	يُؤْتي	آتِ	إيتاءً
الغائبة	أَتَتْ	أُتِيَتْ	تَأتي	تُؤْتى		تَأَتَّىٰ	يَتَأَتّي	تَأَتَّ	تَأَتِّياً
	أَتَتا	أُتِيَتا	تَأتيانِ	تُؤْتَيانِ		تَآتىٰ*	يَتَآتي	تَآتَ	تَآتِياً
	أَتَيْنَ	أُتِينَ	يأتِينَ	يُؤْتَيْنَ		اِنْأَتىٰ*	يَنْأَتي	اِنْأَتِ	اِنْئِتاءً
المخاطب	أَتَيْتَ	أُتِيتَ	تَأْتي	تُؤْتى	تِ وإيتِ	اِيتَتىٰ*	يَأْتَتي	اِيتَتِ	اِيتِتاءً
	أَتَيْتُما	أُتِيتُما	تَأْتِيانِ	تُؤْتَيانِ	تِيا	اِسْتَأْتىٰ	يَسْتَأْتي	اِسْتَأْتِ	اِسْتِئْتاءً
	أَتَيْتُمْ	أُتِيتُمْ	تَأْتونَ	تُؤْتَوْنَ	تُوا				
المخاطبة	أَتَيْتِ	أُتِيتِ	تأْتِينَ	تُؤْتَيْنَ	تي و اِيتي	**اسم الفاعل**			
	أَتَيْتُما	أُتِيتُما	تأْتِيانِ	تُؤْتَيانِ	تِيا	آتٍ (الآتي) - آتِيانِ			
	أَتَيْتُنَّ	أُتِيتُنَّ	تأْتِينَ	تُؤْتَيْنَ	تِينَ	آتونَ - آتِيَةٌ			
المتكلم	أَتَيْتُ	أُتِيتُ	آتي	أُؤْتى		**اسم المفعول**			
	أَتَيْنا	أُتِينا	نَأْتي	نُؤْتى		مَأْتِيٌّ - مَأْتِيَّةٌ			

* هذه الموازين ليست بمأنوسة.

	الماضي		المضارع		الأمر	المزيدات			
	المعلوم	المجهول	المعلوم	المجهول		الماضي	المضارع	الأمر	المصدر
الغائب	رَأى	رُئِيَ	يَرَىٰ	يُرىٰ		رَأَّى	يُرَئِّي	رَىءِّ	تَرْئِيَةً
	رَأيا	رُئِيا	يَرَيانِ	يُرَيانِ		راءَىٰ	يُرائـي	راءِ	مُراءَاةً
	رَأَوْا	رُؤُوا	يَرَوْنَ	يُرَوْنَ		أَرىٰ	يُري	أَرِ	إراءَةً
الغائبة	رَأَتْ	رُئِيَتْ	تَرَىٰ	تُرىٰ		تَرَأَّىٰ	يَتَرَأَّىٰ	تَرَأَّ	تَرَئِّياً
	رَأَتَا	رُئِيَتا	تَرَيانِ	تُرَيانِ		تَراءَىٰ	يَتَراءَىٰ	تَراءَ	تَرائِياً
	رَأَيْنَ	رُئِينَ	يَرَيْنَ	يُرَيْنَ		اِنْرَأَىٰ	يَنْرَئِي	اِنْرَءِ	اِنْرِياءً
المخاطب	رَأَيْتَ	رُئِيتَ	تَرىٰ	تُرىٰ	رَ	اِرْتَأَىٰ	يَرْتَئِي	اِرْتَىءِ	اِرْتِئاءً
	رَأَيْتُما	رُئِيتُما	تَرَيانِ	تُرَيانِ	رَيا	اِسْتَرْأَىٰ	يَسْتَرْئِي	إسْتَرْءِ	اِسْتِرْءَاءً
	رَأَيْتُمْ	رُئِيتُمْ	تَرَوْنَ	تُرَوْنَ	رَوْا				
المخاطبة	رَأَيْتِ	رُئِيتِ	تَرَيْنَ	تُرَيْنَ	رَيْ	**اسم الفاعل**			
	رَأَيْتُما	رُئِيتُما	تَرَيانِ	تُرَيانِ	رَيا	راءٍ (الرَّائي) ـ رائِيانِ			
	رَأَيْتُنَّ	رُئِيتُنَّ	تَرَيْنَ	تُرَيْنَ	رَيْنَ	راؤُونَ ـ رائِيَةٌ			
المتكلم	رَأَيْتُ	رُئِيتُ	أَرىٰ	أُرىٰ		**اسم المفعول**			
	رَأَيْنا	رُئِينا	نَرىٰ	نُرىٰ		مَرْئِيٌّ ـ مَرْئِيَّةٌ			

	الماضي		المضارع		الأمر	المزيدات			
	المعلوم	المجهول	المعلوم	المجهول		الماضي	المضارع	الأمر	المصدر
الغائب	جاء جاءَا جاؤُوا	جِيءَ جِيئَا جِيئُوا	يَجيءُ يَجيئانِ يَجيئُونَ	يُجَاءُ يُجاءَانِ يُجاؤُونَ		جَيَّأَ* أَجاءَ جايَأَ	يُجَيِّئُ يُجيئُ يُجايِئُ	جَيِّئْ أَجِئْ جائِئْ	تَجْيِئَةً إِجاءَةً مُجايَأَةً
الغائبة	جاءَتْ جاءَتا جِئْنَ	جِيئَتْ جِيئَتَا جِئْنَ	تَجيءُ تَجيئَانِ يَجِئْنَ	تُجاءُ تُجاءَانِ يُجَأْنَ					
المخاطب	جِئْتَ جِئْتُما جِئْتُمْ	جِئْتَ جِئْتُما جِئْتُمْ	تَجيءُ تَجيئَانِ تَجيئُونَ	تُجاءُ تُجاءَانِ تُجاؤُونَ	جِئْ جِيئَا جِيئُوا				
المخاطبة	جِئْتِ جِئْتُما جِئْتُنَّ	جِئْتِ جِئْتُما جِئْتُنَّ	تَجيئِينَ تَجيئَانِ تَجِئْنَ	تُجاءِينَ تُجاءَانِ تُجَأْنَ	جِيئِي جِيئَا جِئْنَ	**اسم الفاعل** جاءٍ (الجائي) - جائِيانِ جاؤُونَ - جائِيَةٌ			
المتكلم	جِئْتُ جِئْنا	جِئْتُ جِئْنَا	أَجيءُ نَجيءُ	أُجاءُ نُجاءُ		**اسم المفعول** مَجيءٌ - مَجيئَةٌ			

* لم نذكر إلّا ما كان مستعملاً من هذه الأوزان، مأنوساً في الكتابة.

	الماضي		المضارع		الأمر	المزيدات			
	المعلوم	المجهول	المعلوم	المجهول		الماضي	المضارع	الأمر	المصدر
الغائب	أَوىٰ	أُوِيَ	يَأْوِي	يُؤْوىٰ		أَوَّىٰ	يُؤَوِّي	أَوِّ	تَأْوِيَةً
	أَوَيا	أُوِيا	يَأْوِيانِ	يُؤْوَيانِ		آوىٰ	يُؤَاوِي	آوِ	مُؤاواةً
	أَوَوْا	أُوُوا	يَأْوُونَ	يُؤْوَوْنَ		آوىٰ	يُؤْوِي	آوِ	إيواءً
الغائبة	أَوَتْ	أُوِيَتْ	تَأوي	تُؤْوىٰ		تَأَوَّىٰ	يَتَأَوَّي	تَأَوَّ	تَأَوِّياً
	أَوَتا	أُوِيَتا	تَأوِيانِ	تُؤْوَيانِ		تَآوىٰ	يَتَآوىٰ	تَآوَ	تَآوِياً
	أَوَيْنَ	أُوِينَ	يأوِينَ	يُؤْوَيْنَ		اِنْأَوىٰ	يَنْأَوِي	اِنْأَوِ	اِنْئِواءً
المخاطب	أَوَيْتَ	أُوِيتَ	تَأْوي	تُؤْوَىٰ	اِئوِ	اِتَّوىٰ	يَتَّوِي	اِتَّوِ	اِتِّواءً
	أَوَيْتُما	أُوِيتُما	تَأْوِيانِ	تُؤْويانِ	اِئوِيا	اِسْتَأْوىٰ	يَسْتَأْوِي	اِسْتَأْوِ	اِسْتِئْواءً
	أَوَيْتُمْ	أُوِيتُمْ	تَأْوُونَ	تُؤْوَوْنَ	اِئوُوا				
المخاطبة	أَوَيْتِ	أُوِيتِ	تَأْوِينَ	تُؤْوَيِنَ	اِئوِي	**اسم الفاعل**			
	أَوَيْتُما	أُوِيتُما	تَأْوِيانِ	تُؤْوَيانِ	اِئوِيا	آوٍ (الآوي) - آوِيانِ			
	أَوَيْتُنَّ	أُوِيتُنَّ	تَأْوِينَ	تُؤْوَيْنَ	اِئوِينَ	آوُونَ - آوِيَةٌ			
المتكلم	أَوَيْتُ	أُوِيتُ	آوي	أُؤْوىٰ		**اسم المفعول**			
	أَوَيْنا	أُوِينا	نأْوي	نُؤْوىٰ		مَأْوِيٌّ - مَأْوِيَّةٌ			

	الماضي		المضارع		الأمر	المزيدات			
	المعلوم	المجهول	المعلوم	المجهول		الماضي	المضارع	الأمر	المصدر
الغائب	وَأَىٰ	وُئِيَ	يَئِي	يُوأَىٰ		وَأَّىٰ	يُوَئِّي	وَئِّ	تَوْئِيَةً
	وَأَيا	وُئِيا	يَئِيانِ	يُوأَيانِ		واءىٰ	يُوَائِي	وَاءِ	مُواءَاةً
	وَأَوْا	وُؤُوا	يَؤُونَ	يُوأَوْنَ		أَوْأَىٰ	يُوئِي	أَوْءِ	إِيئَاءً
الغائبة	وَأَتْ	وُئِيَتْ	تَئِي	تُوأَىٰ		تَوَأَّىٰ	يَتَوَأَّىٰ	تَوَأَّ	تَوَئِّياً
	وَأَتا	وُئِيَتا	تَئِيان	تُوأَيانِ		تَواءىٰ	يَتَواءىٰ	تَوَاءَ	تَوَائِياً
	وَأَيْنَ	وُئِينَ	يَئِينَ	يُوأَيْنَ		اِنْوَأَىٰ	يَنْوَئِي	اِنْوَءِ	اِنْوِياءً
المخاطب	وَأَيْتَ	وُئِيتَ	تَئِي	تُوأَىٰ	إِ	اِتَّأَىٰ	يَتَّئِي	اِتَّىءِ	اِتِّئاءً
	وَأَيْتُما	وُئِيتُما	تَئِيانِ	تُوأَيانِ	إِيا	اِسْتَوْأَىٰ	يَسْتَوْئِي	اِسْتَوْءِ	اِسْتِيئَاءً
	وَأَيْتُمْ	وُئِيتُم	تَؤُونَ	تُوأَوْنَ	أُوا				
المخاطبة	وَأَيْتِ	وُئِيتِ	تَئِينَ	تُوأَيْنَ	إِي	**اسم الفاعل**			
	وَأَيْتُما	وُئِيتُما	تَئِيانِ	تُوأَيانِ	إِيا	واءٍ (اَلوائِي) - وائِيانِ			
	وَأَيْتُنَّ	وُئِيتُنَّ	تَئِينَ	تُوأَيْنَ	إِينَ	واؤُونَ - وائِيَةٌ			
المتكلم	وَأَيتُ	وُئِيتُ	أَئِي	أُوأَىٰ		**اسم المفعول**			
	وَأَيْنا	وُئِينَا	نَئِي	نُوأَىٰ		مَوْئِيٌّ - مَوْئِيَّةٌ			

تصريف المضارع المنصوب و المجزوم

	السالم والمهموز		المضَاعَف		الأجوف		الناقص	
	المنصوب	المجزوم	المنصوب	المجزوم	المنصوب	المجزوم	المنصوب	المجزوم
الغائب	يَفْعَلَ	يَفْعَلْ	يَمُدَّ	يَمُدِّ ويَمْدُدْ	يَقُولَ	يَقُلْ	يَغْزُوَ	يَغْزُ
	يَفْعَلا	يَفْعَلا	يَمُدَّا	يَمُدَّا	يَقولا	يَقولا	يَغْزُوَا	يَغْزُوَا
	يَفْعَلوا	يَفْعَلوا	يَمُدّوا	يَمُدّوا	يَقولوا	يَقولوا	يَغْزُوا	يَغْزُوا
الغائبة	تَفْعَلَ	تَفْعَلْ	تَمُدَّ	تَمُدِّ أوتَمْدُدْ	تَقولَ	تَقُلْ	تَغْزُوَ	تَغْزُ
	تَفْعَلا	تَفْعَلا	تَمُدَّا	تَمُدَّا	تَقولا	تَقولا	تَغْزُوَا	تَغْزُوَا
	يَفْعَلْنَ	يَفْعَلْنَ	يَمْدُدْنَ	يَمْدُدْنَ	يَقُلْنَ	يَقُلْنَ	يَغْزُوْنَ	يَغْزُوْنَ
المخاطب	تَفْعَلَ	تَفْعَلْ	تَمُدَّ	تَمُدِّ أوتَمْدُدْ	تَقولَ	تَقُلْ	تَغْزُوَ	تَغْزُ
	تَفْعَلا	تَفْعَلا	تَمُدَّا	تَمُدَّا	تَقولا	تَقولا	تَغْزُوَا	تَغْزُوَا
	تَفْعَلوا	تَفْعَلوا	تَمُدُّوا	تَمُدُّوا	تَقولوا	تَقولوا	تَغْزوا	تَغْزوا
المخاطبة	تَفْعَلي	تَفْعَلي	تَمُدِّي	تَمُدِّي	تَقولي	تَقولي	تَغْزِي	تَغْزِي
	تَفْعَلا	تَفْعَلا	تَمُدَّا	تَمُدَّا	تَقولا	تَقولا	تَغْزُوَا	تَغْزُوَا
	تَفْعَلْنَ	تَفْعَلْنَ	تَمْدُدْنَ	تَمْدُدْنَ	تَقُلْنَ	تَقُلْنَ	تَغْزُوْنَ	تَغْزُوْنَ
المتكلم	أَفْعَلَ	أَفْعَلْ	أَمُدَّ	أَمُدِّ أوأَمْدُدْ	أَقولَ	أَقُلْ	أَغْزُوَ	أَغْزُ
	نَفْعَلَ	نَفْعَلْ	نَمُدَّ	نَمُدِّ أونَمْدُدْ	نَقولَ	نَقُلْ	نَغْزُوَ	نَغْزُ

	السالم والمهموز		المضَاعَف		الأجوف		الناقص	
	الثقيلة	الخفيفة	الثقيلة	الخفيفة	الثقيلة	الخفيفة	الثقيلة	الخفيفة
الغائب	يَفْعَلَنَّ يَفْعَلانِّ يَفْعَلُنَّ	يَفْعَلَنْ يَفْعَلُنْ	يَمُدَّنَّ يَمَدَّانِّ يَمُدُّنَّ	يَمُدَّنْ يَمُدُّنْ	يَقولَنَّ يَقولانِّ يَقولُنَّ	يَقولَنْ يَقولُنْ	يَغْزُوَنَّ يَغْزُوانِّ يَغْزُنَّ	يَغْزُوَنْ يَغْزُنْ
الغائبة	تَفْعَلَنَّ تَفْعَلانِّ يَفْعَلْنانِّ	تَفْعَلَنْ	تَمُدَّنَّ تَمُدَّانِّ يَمْدُدْنانِّ	تَمُدَّنْ	تَقولَنَّ تَقولانِّ يَقُلْنانِّ	تَقولَنْ	تَغْزُوَنَّ تَغْزُوانِّ يَغْزونانِّ	تَغْزُوَنْ
المخاطب	تَفْعَلَنَّ تَفَعلانِّ تَفْعَلُنَّ	تَفْعَلَنْ تَفْعَلُنْ	تَمُدَّنَّ تَمُدَّانِّ تَمُدُّنَّ	تَمُدَّنْ تَمُدُّنْ	تَقولَنَّ تَقولانِّ تَقولُنَّ	تَقولَنْ تَقولُنْ	تَغْزُوَنَّ تَغْزُوانِّ تَغْزُنَّ	تَغْزُوَنْ تَغْزُنْ
المخاطبة	تَفْعَلِنَّ تَفْعَلانِّ تَفْعَلْنانِّ	تَفْعَلِنْ	تَمُدِّنَّ تَمُدَّانِّ تَمْدُدْنانِّ	تَمُدِّنْ	تَقولِنَّ تَقولانِّ تَقُلْنانِّ	تَقولِنْ	تَغْزِنَّ تَغْزُوانِّ تَغْزونانِّ	تَغْزِنْ
المتكلم	أَفْعَلَنَّ نَفْعَلَنَّ	أَفْعَلَنْ نَفْعَلَنْ	أَمُدَّنَّ نَمُدَّنَّ	أَمُدَّنْ نَمُدَّنْ	أقولَنَّ نَقولَنَّ	أقولَنْ نَقولَنْ	أَغْزُوَنَّ نَغْزُوَنَّ	أَغْزُوَنْ نَغْزُوَنْ

	السالم والمهموز		المضاعف		الأجوف		الناقص	
	الثقيلة	الخفيفة	الثقيلة	الخفيفة	الثقيلة	الخفيفة	الثقيلة	الخفيفة
المخاطب	اِفْعَلَنَّ	اِفْعَلَنْ	مُدَّنَّ	مُدَّنْ	قُولَنَّ	قُولَنْ	أُغْزُوَنَّ	أُغْزُوَنْ
	اِفْعَلانِّ		مُدَّانِّ		قُولانِّ		أُغْزُوانِّ	
	اِفْعَلُنَّ	اِفْعَلُنْ	مُدُّنَّ	مُدُّنْ	قُولُنَّ	قُولُنْ	أُغْزُنَّ	أُغْزُنْ
المخاطبة	اِفْعَلِنَّ	اِفْعَلِنْ	مُدِّنَّ	مُدِّنْ	قُولِنَّ	قُولِنْ	أُغْزِنَّ	أَغْزِنْ
	اِفْعَلانِّ		مُدَّانِّ		قُولانِّ		أُغْزُوانِّ	
	اِفْعَلْنانِّ		أُمْدُدْنانِّ		قُلْنانِّ		أُغْزونانِّ	

الأفعال الجامدة هي التي لا تتصرف في كل أزمنتها
لَيْسَ: لا يتصرّف إلّا في الماضي: لَيْسَ لَيْسَا لَيْسُوا - لَيْسَتْ لَيْسَتا لَسْنَ لَسْتَ لَسْتُما لَسْتُمْ - لَسْتِ لَسْتُما لَسْتُنَّ لَسْتُ لَسْنا
عَسىٰ: لا يتصرّف إلّا في الماضي: عَسَىٰ عَسَيا عَسَوْا - عَسَتْ عَسَتا عَسَيْنَ عَسَيْتَ عَسَيْتُما عَسَيْتُمْ - عَسَيْتِ عَسَيْتُما عَسَيْتُنَّ عَسَيْتُ عَسَيْنا
نِعْمَ ، بِئْسَ و ساءَ: المستعمل منها: نِعْمَ (ونِعِمَّا) نِعْمَتْ - بِئْسَ ، بِئْسَتْ - ساءَ ، ساءَتْ
هَلُمَّ و هاتِ: المستعمل منها: هَلُمَّ هَلُمَّا هَلُمُّوا - هَلُمِّي هَلُمَّا هاتِ هاتِيا هاتُوا - هاتي هاتِيا هاتِين
حَبّذا: لا يتصرّف مطلقاً. **أَفْعَلَ و أَفْعِلْ بِـ**: هما فعلا التعجّب ولا يتصرّفان مطلقاً.